Louis Hennepin

Beschreibung der Landschafft Louisiana

Louis Hennepin

Beschreibung der Landschafft Louisiana

ISBN/EAN: 9783743412200

Hergestellt in Europa, USA, Kanada, Australien, Japan

Cover: Foto ©Andreas Hilbeck / pixelio.de

Weitere Bücher finden Sie auf **www.hansebooks.com**

Beschreibung
Der Landschafft
LOVISIANA
Welche/
Auf Befehl des Königs in Frankreich/ neulich gegen Sudwesten Neu-Frankreichs
In America
entdecket worden.

Nebenst einer Land-Carte, und Bericht von den Sitten und Lebens-Art der Wilden in selbiger Landschafft.

In Französischer Sprache heraus gegeben durch

P. Ludwig Hennepin/ Miſſion. Recoll und Notarium Apoſtolicum.

Nun aber ins Teutſche überſetzet.

Nürnberg/ In Verlag Andreä Otto 1689.

.

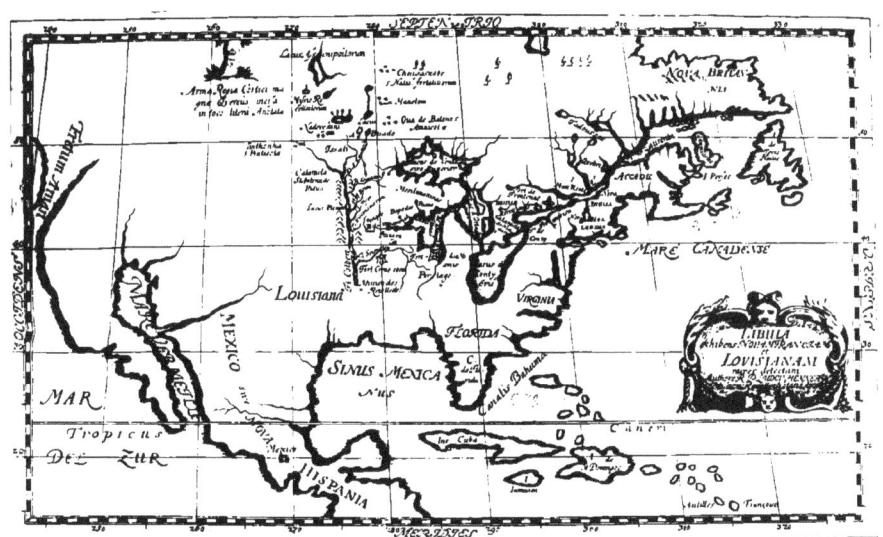

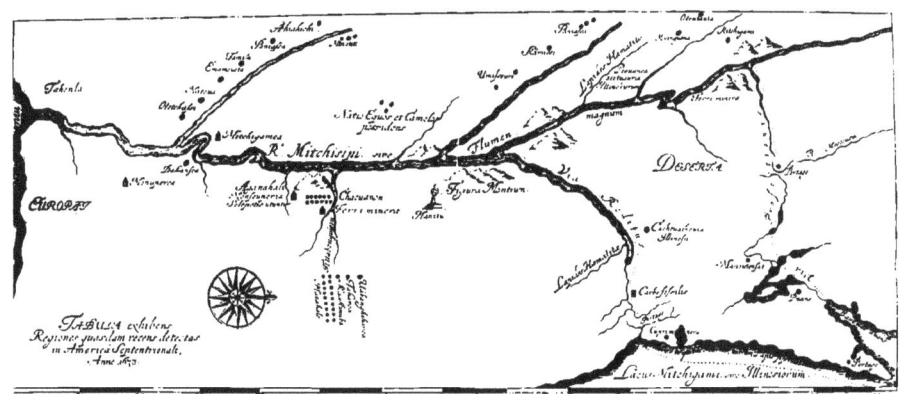

Beschreibung
Der Landschafft
LOVISIANA.

Welche neulich auf Befehl Ihro Königl. Majeſtät in Frankreich/ gegen Süd-Weſten in Neu-Frankreich iſt endecket worden.

ES iſt eine geraume Zeit / ſeint dem der Herꝛ Robert / Ritter de la Salle / durch die von allerley Nationen Wilden erhaltene ſichere Nachricht/ gäntzlich auf dieſe feſte Meinung gebracht worden / daß man nicht allein jenſeit der groſſen Seen gegen Südweſten in einem groſſen Theil Landes ſich feſte ſetzen / ſondern auch/ vermittelſt eines groſſen Fluſſes / welchen die Jroquoſen Hohio nennen/ und ſich in den Meſchaſipi welches auf Illineſiſch ſo viel/ als ein groſſer Fluß/ heiſſet/ ausgieſſet/ gäntzlich bis an das Meer gelangen könne.

A 2 Dieſen

Diesen Anschlag ins Werk zu
richten / kauffte er eine Wohnung auf
der Insul Monreal / an dem Ort / den
man la Chine nennet / an welchem man
zu Schiffe tritt / wenn man höher aufwarts am grossen Flusse S. Laurentii
gehen will. Er entdeckte hiernechst sein
Vorhaben dem Herren de Courcelles/
Regenten in Neu-Frankreich / welcher
selbes wolgegründet / befand / und ihn
seinen Anschlag ins Werk zu richten
mehr anfrischete. Er nahm derohalben
unterschiedene Reisen auf sich / bald in
Gesellschafft einiger Frantzosen / bald
von denen Wilden begleitet; insonderheit im Jahr 1669. eine von hundert
Frantzösischen Meilen bis an das Ende
des Sees Frontenac/auf welcher er die
Herren Dolier und Galinee / Priester
des heiligen Sulpitii/ zu Gefexten hatte.   Es muste aber dieser Letztere diese
feine Gesellschafft beym Eingange des
Sees de Comin verlassen / weil er mit
einem hefftigen Fieber befallen ward/
und die andern beyden wurden einige
Zeit hernach/durch andere unversehene
                                    Zufälle

Zufälle genöthiget abzulassen / und
nach Canada zurück zu kehren / so daß
sie forthin ihren ersten Anschlag weiter
fortzusetzen / alle Gedanken haben fallen
lassen. Zweiffels ohne ist solches durch
Göttliche Verhängnis geschehen / welche sothanes Werk denen Geistlichen
unsers Ordens hat vorbehalten wollen.

Es unterliessen aber der Herr de
Courcelles und der Herr Talon / Ober-
Auffseher in Neu-Frankreich / nicht / ihn /
den Herrn de la Salle / durch Schreiben zu ermahnen diese seine Entdeckungen ferner fortzusetzen: und hierzu er-
eignete sich auch nachfolgende erwünschte Gelegenheit.

Nachdem der Herr Tracy / welchen der König im Jahr 1665 in Canada gesandt hatte / die Jroquosen
Friede zu bitten gezwungen hatte / hielte er für nöthig / an denen Pässen / durch
welche die Jroquosen bishero kommen
waren / wann sie unsere Wohnungen
angefallen / einige Werke und Schan-
zen aufzubauen / um selbige forthin im
Zaum zu halten. In diesem Absehen
A 3 bauete

bauete man die Festungen Sorel und
Chambly in dem Fluß Richelieu / welcher in den Fluß St. Laurentii sich er-
gieffet: und etliche Jahre hernach die
Festung Frontenac 120. Franßösische
Meilen beffer gegen Suden / nahe an
dem Außfluß des Sees Frontenac oder
Ontario / welches so viel heiffet / als / der
schöne See. Diese Festunge so in vier
Pasteyen bestunde / wurde aus Erden
gebauet / mit Rasen belegt / und mit
groffen Pfählen umschloffen / durch Anordnung und Fleiß des Herrn Grafen
von Frontenac / obersten Regenten dieses Landes / um denen Iroquosen zu widerstehen.   Dieser tapffere Herr / hat
durch seine zehnjährige Regirung sich
sehr beliebet gemacht / indem er diese
Barbaren / durch Erbauung dieser Festung / mitten in ihrem Lande in Furch-
ten bracht: und hat durch selbe den Namen seiner Vorfahren / welche bey einem unserer gröffesten Könige / Hein-
rich dem IV. in der höchsten Gnade ge-
standen / und die Regirung des Castells
zu St. Germain en Laye verwaltet haben /

ben / wiederum in America erwecket.
Und / denen Regenten / so vor ihm gewesen / nichts zu nahe geredet / so ist er
ein Vatter der Armen / ein Beschützer
der Unterdruckten / und ein vollkomme-
nes Muster der Frömmigkeit und Religion gewesen. Die jenige / so künfftig
nach uns in Canada kommen werden /
werden ein Verlangen nach ihm tragen / und sich über sein kluges Verfah-
ren / und den Eifer / den er in dem Dienst
des Königes hat sehen lassen / indem er
sich öffters auf denen Kähnen zum
Schutz und Besten des Landes in Gefahr gesetzet / verwundern müssen.

Weil nun die Regenten-Stelle
in der Festung Frontinac leer wurde /
entschloß sich der Herr de la Salle / den
Weg über die Wasserfälle und schnellen Ströme / welche bey dreyssig Französische Meilen lang / von Monreal an /
bis an die Festung Frontenac gefunden worden / zu kommen / sehr beschwerlich befunden nach Frankreich zu gehen /
und von dem Könige diese Regirung
auszubitten.

Er langete im Jahr 1675. zu
Rochelle an / und erboth sich / diese Festung für sein Geld zu erkauffen / und in
selber eine genugsame Besatzung zu
unterhalten / und weil der Herr Graff
de Frontenac mehr als 15000. Pfund
voraus hergeschossen hatte / so wol zur
Unterhaltung der Festung / als der Besatzung / erboth er sich / selbe auch zu bezahlen / dafern man ihm bey Hose die
Regirung samt der Festung zum Ei-
genthum übergeben wollte. Diese Vor-
schläge wurden vom Herrn Colbert angenommen / und verschaffte er ihm die
dißfals nöthige Versicherung durch
den Herrn Beligani / welcher zu diesem
edelmüthigen Unterfangen / und denen
Colonien / welche ins künfftige werden
angelegt werden / nicht wenig beyge-
tragen.

So bald als er nun wieder nach
Canada zurück gekommen / verfügte
sich der Herr Graff de Frontenac selbst
an den Ort / um ihm in Niederrassung
der alten Festung / so bloß aus einem
erdenen und mit grossen Pfählen um-
gebenen

gebenen Wall bestunde / behülflich zu
seyn.

Er ließ hingegen eine andere auf-
führen / welche dreyhundert und sechzig
Klafftern im Umfang begriff / wie die
aus gehauenen Steinen erbaueten Pasteyen verwahret / woran mit solchem
Fleiß gearbeitet worden / daß selbe innerhalb zweyer Jahre Frist zu günst-
licher Vollkommenheit gebracht wurde /
wiewol der Herz de la Salle keines weges schuldig war / so grosse Unkosten
aufzuwenden.

Diese Festung liget Nord-warts /
hart an dem Ausfluß des Sees Frontinac / auf einer Halb-Insul / welche er
durch einen Graben vom Lande hat abschneiden lassen : die andern Seiten
sind mit dem See und einem grossen
Hafen umgeben / in welchem allerhand
Gattung Schiffe gantz sicher für Ihrer
liegen können.

Der Frontenac See ist 80. Frantzösische Meilen lang und 25. oder 30.
breit / sehr Fisch-reich / tieff und durchaus wol zu besegeln. Die fünff Flecken

Der

der Jroquosen ligen den meistentheils
gegen Mittag von diesem See/ und einige derselben gegen Norden.

Der Herz Graff de Frontenac
hatte etliche Jahr nacheinander pfle-
gen/ in Begleitung seiner Soldaten
und 40. mit denen bravesten und zum
Schlagen resolvirtesten Leuten beseß-
ten Kähnen/ nach der Festung zu kom-
men/ durch welche seine Gegenwart er
auch in denen grimmigsten unter diesen
Barbaren eine Furcht und Ansehen
gegen die Französische Nation erwecket hatte. Er versammlete jährlich die
Vornehmsten derer Iroquosen/ und
gab ihnen zu vernehmen/ durch was
für Mittel und Wege sie solten zum
Christenthum gelangen; er vermahnete sie denen Missionariis zuzuhören/
und sagte ihnen/ wie sie die Sache ins
künfftig anders anstellen solten/ damit
die Handlung mit denen Franzosen/
welche er/ nach derer Wilden Art zu re-
den/ seine Enkel und die Iroquosen seine Kinder nennete/ ferner unterhalten
würde. Und durch diese Mittel/ hat die-

ser kluge Regente die gantze Zeit / weil
er in Canada gewesen / Friede erhalten,
auch denen Missionarien zum besten /
die Wilden öffters beschenket.

Es liget diese Festung so fortheil-
hafftig / daß man / vermittelst derselben
Iroquosen / den Ausfall und den Ruck-
weeg verwehren / oder sie innerhalb 24.
Stunden in ihren eignen Dörffern /
vermittelst der Barquen der Festung
Frontinac / bekriegen kan / wann sie auf
ihre Streiffereien ausgegangen sind.

Es hat der Herr de la Salle drey
wol bedeckte Barquen auf diesem See
machen lassen / und seine Leute / die
Kähne durch die erschröcklichen schnellen Ströme zu leiten / so wol abgerichtet / daß sie nunmehr die erfahrnesten
Schiffleute im gantzen America sind.

Weil der Boden um diesen See
sehr fruchtbar ist / hat er etliche viel Ge-
wende desselben angebauet / und ist das
Getreide / der Hülsen-Früchte / und Kü-
chen-Kräuter sehr wol gerathen / wiewol das Getreide bald Anfangs von
denen Heuschrecken Noth gelitten; wie

A 6   dann

dann gewöhnlich auf denen neuen auf-
gebrochenen Aeckern in Canada zu geſchehen pflegt / wegen des allzufeuchten
Erdreichs, Er hat allerhand Arten Ge-
flügels und gehörntes Vich aufziehen
laſſen / deſſen er vor itzo mehr denn 3 f.
Stücke hat. Und weil es alda auch
ſchönes Holtzwerk hat / ſo zum Haus-
und Schiff-Bau ſehr wol gebraucht
werden kan/auch der Winter allda faſt
drey Monat kürzer iſt als in Canada/
ſo iſt glaublich / daß allda eine anſehnli-
che Colonie werde aufgerichtet wer-
den/ maſſen bereits dreyzehen bis vierzehen Familien / nebſt einem geiſtlichen
Hauſe der Miſſionarien / welche ich
durch unſern lieben Pater Lucas Büſſ-
ſet / von Baarfüſſer Recollecten-Or-
den/ mit Hülffe des Herrn de la Salle/
allda ſtabiliret habe / ſich daſelbſt befinden. Hier haben wir ein anſehnlich
Dorff der Frantzoſen herzu gezogen/
deren Kinder wir mit und neben
unſern kleinen Frantzoſen leſen lernen/
und dieſe lernen eine die andern die
Sprache/welches denn ein gutes Vernehmen

nehmen mit denen Iroquosen stifftet/
die den Acker arbeiten / um Indianisch
Korn darein zu säen/ wovon sie sich ausser der Zeit ihrer Jagd/ das übrige gantze Jahr erhalten.

Indem aber der Herr de la Salle
in Erbauung seiner Festung beschäffti-
get war / erwecketen einige seiner Mißgönner / welche aus dem guten Anfan-
ge leicht urtheileten/ was er künfftig
durch Hülffe unserer Barfüsser Mün-
che Missionarien/ welche mit ihrem von
allem Eigennutz entferneten Leben viel
Familien/ bey dieser Festung sich wohn-
hafft zu setzen/ hertzu locketen/ würde
ausrichten/ den Herrn Joliet/ daß er
ihm/ dem Herrn de la Salle/ in seinen
Entdeckungen zuvor kommen solte.
Dieser reisete durch den Meer-Busem
der Stinckenden nach dem Fluß Me-
schasipi/ auf welchem er abwarts biß zu
den Islinesen schiffete/ und kam durch
die Seen wieder nach Canada/ ohne
daß er weder dasselbe mal/ noch hernach einigen festen Fuß zu setzen verla-
het / oder einige Nachricht von seiner

A 7 Verrich-

Verrichtung nach Hoffe eingeſchicket
hatte.

Zu Ende des 1677ſten Jahres
reiſete der Herr de la Salle nach Frank-
reich/ um dem Herrn Colbert von dem/
was er zu Vollziehung ſeiner Ordre
verrichtet hatte/ Rechenſchafft zu geben: Er ſtellete ihm zugleich vor/ daß dieſe Feſtung Frontenac ihme/ mit Hülffe
unſeres Barfüſſer-Ordens/ zu neuen
Entdeckungen gute Gelegenheit an die
Hand gebe; und daß ſein vornehmſtes
Abſehen in Erbauung dieſer Feſtung
geweſen/ die Entdeckungen derer tem-
perirten Länder/ ſo zugleich reich und
fruchtbar wären/ fortzuſetzen/ indem
die einzige Handlung mit den Fellen
und Wolle von denen wilden Ochſen/
welche Wolle die Spanier Cibolla
nennen/ mächtige Colonien daſelbſt zu
unterhalten kräfftig wäre.   Weil es
aber ſchwehr fallen würde/ ſelbige Felle
auf denen gewöhnlichen Kähnen fort
zu bringen/ bath er den Herrn Colbert/
ihme den Befehl zu ertheilen/ daß er
möchte hinreiſſen/ und bey Ort des
groſſen

groſſen Fluſſes Meſchaſipi / auf welchem man Schiffe/ um von dar nach
Frankreich zu seegeln / bauen könte / in
welchem er ſich ins Meer ergeuſt / zu
entdecken. Und daß er / in Anſehung der
groſſen Unkoſten / ſo er in Erbauung der
Feſtung Frontenac fürnehmlich aufge-
wendet / bewilligen wolte / daß ihm ein
Privilegium gegeben würde / ſolche
Handlung mit denen wilden Ochſen-
Fellen / derer eines er zur Probe mit
gebracht hatte / allein zu treiben / welches er auch erhielt.

Hierauf reiſete er im Monat Ju-
lio 1678. wiederum aus Frankreich
ab / vergeſellſchaftet durch die Herren
la Motte und Tonty / nebſt einem Piloten / einigen Bootsknechten / und bis
dreiſſig andern Perſonen; und nahm
Ancker / zu denen Barken / welche
er wolte bauen laſſen / Waffen und nöthige Kauffmans-Wahren / mit ſich.
Er langete endlich zu Ende des Septembers zu Quebec an / von dannen er
ſeine Leute um die Kauffmanns-Wahren und Gerethſchafft nach der Feſtung
Fronte-

Frontinac überzubringen voran schi-
ckete.   Er brachte mir aus Frankreich
von unserm Ehrwürdigen Vatter
German Allart / welcher itzo Bischoff
zu Vences ist / einen schrifftlichen Ge-
horsams-Befehl / und Schreiben von
dem Ehrwürdigsten Vatter Hiacin-
thus le Fevre / würklichen Provincial
derer Barfüsser in Artois; in welchen
er seinen grossen Eifer wegen des guten
Fortgangs und Zunehmens derer Mis-
sionen in America bezeugete / und mich
bat / ich möchte dem Herrn de la Salle
in denen Entdeckungen Gesellschafft
leisten, Pater Valentin le Roux unser
Provincial Commissarius in Canada
verehrete mir eine vollständige Capelle
auf die Reise / und ich empfieng endlich
die Benediction vom Herrn de la Val-
le / vornehmsten Bischoff zu Quebec /
und seine Genehthabung schrifftlich /
darauf speiseten wir an des Herrn
Grafen de Frontenac / Regentens im
Lande / Tafel / welcher unter währender
Mahlzeit uns die Ehre that / für der
ganzen Gesellschafft zu sagen / daß er
                                    den

den Eifer derer Barfüſſer/ und die
Großmütigkeit unſersUnternehmens/
bey Hofe rühmen wolle.

Wir ſetzten uns denn unſer drey
auf unſern kleinen ausRinden gemachten Kahn/ und hatten bey uns unſere
Capelle/ eine Decke und eine aus Binſen geflochtene Matte/ welche uns/ anſtatt eines Strohſackes/drauf zu ligen/
diente/ und dieſes war unſere gantze
Rüſtung. Die Leute/ ſo am Ufer zwiſchen Quebec und Montreal wohnen/
bathen mich inſtändig/ ihnen Meſſe zu
leſen/und ſie zu communiciren/mir vor-
ſtellend/ daß ſie das Jahr über/ mehr
nicht als fünff oder ſechs-mal beym
Gottesdienſt erſcheinen könten/ weil in
der gantzen breiten Gegend/ ſo ſich auf
fünffzig Frantzöſiſche Meilen erſtre-
cket/ ſich mehr nicht als vier Miſſionarien aufhielten. Zu St. Hour tauffte
ich ein Kind/ wovon ich dem damals
abweſenden Miſſionario Nachricht ertheilte.

Wir ſetzten unſre Reiſe fort durch
Harpentine/ da mir der Herz deſſelb-
gen

gen Ortes einen seiner Söhne mit auf
die Reise gegeben hätte / wann unser
Kähnlein groß genug gewesen wäre/
vier Personen auf einmal zu tragen.

Als wir zu Monreal angelanget/
hielt man mir meine Schiffleute ab/
welches mich nöthigte/ mit zweyen andern welche uns in ihrem gebrechlichen
Schifflein so viel Platz einräumeten/
zu fahren. Und nachdem wir durch die
strengen Fluthen/welche bey 30. Französische Meilen lang währen/ glücklich kommen/gelangeten wir am Tage
aller Seelen im Jahr 1678. des Nachts
um 11. Uhr an der Festung Frontenac
an. Ich wurde vom Pater Gabriel de
la Ribourde/und Pater Lucas Buisset/
denen beyden Missionarien/ mit ungemeiner Freude im Hause unserer Mis-
sion empfangen. Einige Zeit hernach/
als er seine Geschäffte in Richtigkeit ge-
bracht/ kam der Herr de la Salle auch
hernach/und schickte zu Ende des Jahrs
15. Mann mit einer Summa Kauffmanns-Wahren / so sich auf sechs bis
sieben tausend Pfund belieff/ voraus/
mit

…ahnen bis zu den Illi-
…he beym Fluß Meſcha-
…ehen/ uñ unſer daſelbſt
…r wolte daſelbſt anfan-
…nehmen zu ſtifften/ und
…tund andere Dinge/ſo
…g unſerer Entdeckung
…kben/zu verſchaffen.
…erdeſſen unterredeten
…beyden Geiſtlichen in
…ie wir uns würden zu
…/ damit das Reich un-
…u Chriſti unter dieſen
…ationen/ welche noch
…GOtt etwas gehöret/
…Europäern umgegan-
…gebreitet werden.
…tovember 1678. nahm
…dieſen Patribus/ wel-
…lſſer des Sees das Ge-
…D wir traten mit noch
…uf ein Brigantin zu
…eute hatten Bedenken/
…n ohngefehr 10. Ton-
…weil die Herbſt-Kälte
…damals bereits ſehr
heftig

hefftig waren/ dannenhero der Herr de
la Motte/ ſo auf dem Schiffe commen-
direte/ genöthigt wurde / ſich jederzeit
nach dem Nordlichen Uffer des Sees
Frontenac zu halten/ um vor dem
Nordweſt-Wind / welcher uns würde
an das Sudliche Uffer verſchlagen ha-
ben/bedeckt zu ſeyn. Den 26. als unſer
kleines Schiff zwey ſtarke Frantzöſiſche
Meilen von Land abwerts gerathen
war / muſten wir die gantze Nacht für
Anker ligen auf 50. Klaffter Tauen
lang/ mit gantz augenſcheinlicher Gefahr; bis zuletzt ſich der Wind aus dem
Oſten in Nord-Oſten wandte / da wir
denn am Ende des Sees Frontenac
an einem Irquoſiſchen Dorffe / Namens Teſajagon / ſo Nord-Wetts und
ohngefehr 70. Frantzöſiſche Meilen von
der Feſtung Frontenac entfernet liget/
anländeten: Wir erhandelten Indianiſch Korn von denen Iroquoſen/ die
öfters uns in unſerer Brigantin beſuchten: Wir hatten es / Sicherheit
halber/ in einen Fluß gebracht; wiewol
wir drey unterſchiedne mal auf den

Grund

Grund stiessen / ehe wir hinein kamen/
und muste man 14. Personen aussteigen lassen / und ein Theil des Ballasts
auswerffen/damit wir endlich loß würden. Im Fluß aber musten wir das Eiß
mit Aexten aushauen / damit wir nicht
verfrohren. Wir konten/ aus Mangel
bequemen Windes / nicht eher / als biß
auf den 5. December 1679. von diesem
Ort abfahren / und ob wir zwar wol
15. Frantzösische Meilen vom Ende des
Sees hinüber bis nach Niagara hatten / konten wir doch nicht mehr als
zehne / nach der Mittags Seite zu/ zurück legen / und musten ohngefehr drey
Meilen fern vom Lande das Anker
answerffen / und wurden die gantze
Nacht von ungestimmen Wetter hefftig herum geworffen. Den 6. am Tage
St. Nicolai fuhren wir in den schönen
Fluß Niagara/ in welchen noch nie keine Barke kommen war. Als wir das
Te Deum laudamus gesungen/ und
unser gewöhnlichs Gebete / GOtt zu
danken / verrichtet hatten / fiengen die
gefangen Irroquosen von dem Geschlecht

ſchlecht Tſonnontovan / aus dem kleinen Dörfflein / ſo am Eingange dieſes
Fluſſes lieget / auf einen Zug mehr denn
300. weiſe Fiſche / ſo gröſſer ſind als
Karpffen / ſehr gut am Geſchmack / und
die unter allen Fiſchen am wenigſten
ſchaden; ſelbige ſchenketen uns dieſe
Wilden alle mit einander / weil ſie den
glücklichen Fiſchzug der Ankunfft unſers groſſen hölzernen Kahnes zuſchrie-
ben. Den ſiebenden fuhren wir auf einem Kahn aus Rinden gemacht / zwey
Franzöſiſche Meilen den Fluß hinauf /
einen bequemen Ort zum bauen auszu-
ſuchen / und weil wir mit dem Kahn / des
allzuſtrengen Stroms halber / höher
aufwarts nicht kommen konten / giengen wir zu Fuſſe noch drey Meilen höher aufwerts / konten aber kein beque-
mes Erdreich zum anlänben finden: wir
legten uns nahe an einem Fluß welcher
vom Weſten kommt / eine Meile oberhalb den groſſen Waſſerfall des Fluſſes Niagara / und muſten den Schnee /
welcher eines Schuhes tief lag / weg-
raumen / damit wir Feuer anmachen
konten:

onten. Den folgenden Morgen/ giengen wir den Weg/ den wir kommen
waren wieder zurücke/da wir eine grof-
se Menge wilde Böcke/ und unterschiedene Hauffen wilder Indianischer
Bahnen sahen; und nach Vollendung
der allerersten Messe/ so an diesen Orten gehalten worden/ wurden die Zimmerleute mit dem andern Volk zur Arbeit angewiesen/unter der Aufsicht des
Herrn de la Motte welcher/ weil er die
Härtigkeit eines so mühseligen Lebens
unmöglich ausstehen konte / wurde er
einige Zeit hernach gezwungen abzu-las-
sen/ und wider zuruck nach der Festung
Frontenac zu kehren.

Es hatte der Herr de la Salle zwar
Willens/ bey der itzt-gemeldeten Festung Frontenac eine Barque bauen zu
lassen / er muste es aber unterlassen wegen des grossen Wasserfalls auf dem
Fluß Niagara/ als um welches willen
man alles/ was hinauf soll / zwey Frantzösische Meilen lang über Land tragen
muß ; sonst/ wann dieser Fall nicht
wäre/ könte man mit grossen Barquen

vom See Frontenac bis ans Ende des
Dauphin-Sees fahren / durch lauter
Seen/ welche man/mit gutem Rechte/
ſüſſe Meere nennen könte.

Der groſſe Fluß St. Laurenti
entſpringet aus unterſchiedenen groſ
ſen Seen / unter denen ſind fünffe von
ganz ungewöhnlicher Gröſſe / welche
alle mit einander in denen gewöhnlichen Land-Carten ganz falſch verge-
ſtellet ſind. Dieſe fünff Seen ſind folgende: der erſte der See Conde oder
Tracy; der andere der See Dauphin
oder der Illinoſen: der dritte der See
Orleans oder der Huronen: der vierte
der See de Conty oder Erie / und der
fünffte der See Ontario / den wir
Frontenac nennen: ſie haben alle ſüſſes
Waſſer / ſo gut zu trinken iſt / ſind ſehr
Fiſch-reich und mit fruchtbarem Boden umgeben / auſſer dem erſten; es iſt
leicht darauf zu ſchiffen / auch mit groſſen Schiffen/ doch iſt es Winters-Zeit
wegen der hefftigen Winde / ſo daraus
regieren/gefährlich.

Der See de Conde und Dauphin
ſind

Und am weitesten gegen Westen entfernet: der erste/welcher sich von Osten
gegen Westen erstrecket/ist 150. Frantzösische Meilen lang/ etwan 60. breit/
und hat ohngefehr 500. solche Meilen
im Umkreis: der andere so gegen Norden und Süden liget/ ist 120. oder
130. Meilen lang/ vierzig bis funffzig
breit/ und hat fast 400. im Umfang.
Diese beyde Seen ergiessen sich in den
See de Orleans/ der erste durch einen
schnellen Strom voller Klippen/ welcher unmöglich befahren werden kan/
und der andere durch die Enge von
Missilimaninac. Der See de Orleans
entschüttet sich durch einen langen sehr
schönen und schiffbahren Canal in den
See Conty: so daß/ weil diese letztere
beyde Seen beynahe gleich groß sind
als der Dauphin See/ noch durch einige strenge Fluth von einander abgeson-
dert sind/ man auf Barquen vom Ende des Dauphin Sees 400. Frantzösische Meilen/bis zum Ausfluß des Sees
Conty/ allwo die Schiffarth durch den
grossen Wasser-Fall von Niagara un-

B   terbrochen

terbrochen wird/ ungehindert reisen
kan.

Der See de Conty ergeust sich in
den See Frontenac/ indem er auf 10.
Meilen lang durch eine grosse Insul/
welche ihn in zwey Arme theilet/ in die
Enge gebracht wird; und diese Enge
wo es noch viel kleine Insuln gibt/wird
der Fluß Niagara genennet/ welcher/
nachdem er vierzehen Meilen gelauf-
fen/ sich in den See Frontenac stürzet/
unter dem 42. Grad und 20. Minuten
Norder-Breite. Das Wasser in dieser
Enge oder diesem Theil des Sees
Conty schiesset schnell fort/ und kan
man durch Hülffe der Seegel schwerlich denselben hinauf kommen/ besonders eine Meile vom Ausfluß des Sees
Conty. Vier Meilen vom See Frontenac hat es einen unglaublichen Was-
serfall/dessen gleichen wol sonst schwerlich wird zu finden seyn. Der Fluß
Niagara ist nahe bey diesem Ort nur
eine halbe Viertel Meile breit/ ist aber
sehr tieff an etlichen Orten/ und oberhalb dem Wasserfall so schnelle/ daß er
alle

alle Thiere ſo daſelbſt durchſchwim-
men wollen / ohne alle Hülffe mit ſich
reiſſet: Es fället das Waſſer von einer
mehr denn 500. Schuh hohen Höhe
herab / und beſtehet dieſer Fall aus
zweyen Fluth-Betten / (nappes d'eau)
und einer Abſtürzung (caſcade) mit einer Inſul in Geſtalt einer Abdachung.
Mitten ſchäumet und brauſet das
Waſſer erſchrecklich / mit einem ſo hef-
tigen Krachen und Gedonner / daß
wenn der Wind aus dem Suden blä-
ſet / man das Getöſe bis auf 15. Meilen weit höret. Vier Meilen von dieſem
Waſſer-Fall / ſchieſet der Fluß Niagara / fürnemlich zwey Meilen lang mit
einer ganz ungewöhnlichen Schnellig-
keit in den See Frontenac: Dieſe zwey
Meil Weges lang muß man die Kauf-
manns-Wahren zu Lande übertra-
gen; es iſt aber der Weg ſehr gut / wenig oder nichts ſtruppicht / ſondern gehet durch lauter Wieſen / ſo hin und her
gegen den Ufern ſo alſo hoch ſind / daß
man ſich entſetzet / wenn man hinab ſiehet / mit Eichen und Tannen bewachſen
ſind.   B 2   Bey

Bey dem Munde des Sees Frontenac fing man an eine Festung anzule-
gen/welche die Iroquosen/insonderheit
die Tsonnontovanen/ welche die Volk-
reichesten und mächtigsten sind/ hätte
im Zaum halten/ und ihre mit denen
Engelländern und Holländern haben-
de Handlung des Rauchwerks/so sie in
denen gegen Westen ligenden Ländern
holen/und im Hin- und Wieder-reisen
über den Fluß Niagara gehen müssen/
sperren können/ maßen man sie in Frie-
dens-Zeit mit Freundschafft und zur
Krieges-Zeit mit Gewalt hätte aufhalten können. Allein es schöpffeten die
Iroquosen aus Anstifftung einiger
Mißgönner des Herrn de la Salle darüber einen Argwohn; so daß/ weil man
nicht stark genug war ihnen zu wider-
stehen/ man sich vergnügen muste mit
Erbauung eines mit Pallisaden befestigten Hauses/ welches man die Festung Conty nennete; dieser Ort kan
von Natur sich defendiren und hat einen sehr schönen Hafen zur Seiten/ in
welchem die Barquen sicher seyn können.

ven. Man fischet auch daselbst allerhand Gattung Fische in grosser Men-
ge/ insonderheit sind die weissen Fische
sehr köstlich und könte man mit selbigen
eine der besten Städte in Europa genugsam versehen.

Es machte auch der grosse Wasserfall des Flusses Niagara / daß der
Herr de la Salle seine Barque zwey
Meilen oberhalb demselben und sechs
Meilen vom Munde des Flusses / muste bauen lassen. Ehe man aber dieselbe
zu bauen anfieng / gieng der Herr de la
Motte/ Sicherheit halber / wie ihm
war mit gegeben worden / in das grosse
Dorff der Tsonnentovanischen Iroquosen / und bemühete sich denenselben
den Argwohn zu benehmen/ welchen
unsere Mißgönstige über allem unserm
Fürnehmen in ihren Gemüthern erwecket hatten. Ich war damals in Erbauung einer Hütten aus Baumrinden
beschäfftiget/ um selber mich zur Wohnung und zugleich zur Capellen/worinn
unserm Volk Messen lesen möchte / zu
bedienen/ als mich der Herr de la Mot-

te anſprach / ihme zu denen Irequoſen/
und ſonſt Zeit wehrender ſeiner Ge-
ſandſchafft/Geſellſchafft zu leiſten : Ich
bath ihn zwar / mich bey dem gröſten
Hauffen unſerer Leute zu laſſen; allein
er ſagte / er nehme ihrer ſieben mit ſich/
und ich hätte einige Wiſſenſchafft von
der Sprache / und von der Art der
Irequoſen; es hätten mich dieſe Barbaren in der Feſtung Frontenac bey
der Raths-Verſammlung ſo der Gu-
bernator des Landes aus ihnen hätte
beruffen laſſen / geſehen; er gienge dahin zum Dienſt des Königes / und ab-
ſonderlich des Herrn de la Salle; und
könne denen andern ſo er mit ſich nehme ſich nicht vertrauen. Um ſolcher
Gründe willen konte ich mich ihm zu
folgen nicht entbrechen. Wir reiſeten
mitten durch die Wälder / in die 32.
Meil Weges;das Erdreich war durchaus mit Schnee bedecket / wir trugen
alle unſere Mäntel/ und kleinen Hausrath mit uns / und brachten öffters die
Nacht unter freyem Himmel zu: Und
ob wir gleich ſonſt nichts als etliche kleine

ƷⱯSäcklein mit gebratenem Jndiani-
ſchen Korne bey uns hatten / ſo traffen
wir doch unterwegens etliche Jroquoſen auf der Jagt an / welche uns mit
wilden Bock-Fleiſch / und 1 5. bis 16.
ſchwarzen Eichhörnlein / ſo delicat zu eſſen waren / verehreten.

Nach fünfftägiger Reiſe kamen
wir zu Tegarondies dem groſſen Flecken der Tſonnontovaniſchen Jroquoſen an: und weil unſere Franzoſen dißmal wol mit Waffen und Kleidungen
mondiret waren / führeten uns die
Wilden in die Hütte des Ober-
Haupts / wohin alle Weiber und Kinder uns anzuſchauen kamen; nachdem
nun / ihrer Gewonheit nach / ein alter
Mann im Flecken ausgeſchrien hatte /
erſchienen folgenden Morgen / nach
vollendeter Meſſe und Predigt / weil
es der erſte Tag des 1679. Jahres
war / 42. alte Greißen mit uns im
Rath; und ob zwar dieſe Wilden / welche faſt alle lange ſtarke Leute ſind / nur
in Mäntel / aus Bieber-Fellen und
Wolffs-Häuten oder ſchwarzen Eich-
B 4 hörn-

hörnlein-Fellen gemacht/ eingehüllet/
und meiſt mit der Taback-Pfeiffe im
Munde erſchienen; ſo gläub ich doch
nicht/ daß einige von denen Venetia-
niſchen Senatoren ſich im Rath ſo
ernſthafft geberden/ oder ſo nachdrück-
lich reden/ als die Aelteſten der Jroquoſen in ihren Verſamlungen zu thun
pflegen.

Einer unſerer Leute/ Namens
Anton Braſſart/ ſo uns an ſtatt eines
Dolmetſchers dienete/ trug ihnen vor/
daß wir Sie von wegen des Onentio/
(alſo nennen dieſe Wilden durchge-
hends die Franzöſiſchen Regenten) zu
beſuchen/ und aus ihrem Calumet auf
ihren Matten zu ſchmauchen kommen
wären; daß der Herz de la Sälle/ ihr
Freund/ einen groſſen hölzernen Kahn
zu bauen Vorhabens wäre/ um auf ſelben ihnen Wahren aus Europa durch
einen viel bequemeren Weg/ als die
ſchnellen Ströme des Fluſſes St. Laurentii ſind/ zu holen/ damit er ſie ihnen
in leichterem Preiſſe verkauffen könte:
Hiezu ſetzte er noch unterſchiedene andere

dere Gründe/unser Vorhaben dadurch
leichter zu machen; und über dieses
schenkete man ihnen im Namen der
ganzen Nation/ fast für 400. Pfund
Kauffmanns-Gütter/ weil es da zu
Land/wo die richtigsten Gründe nichts
werth sind/ wann sie nicht durch Geschenke gültig gemachet werden/ also
bräuchlich ist.

Der Herz de la Motte ließ/denen
Iroquosen/ ehe er mit ihnen zu tracti-
ren anfieng/ sagen/ daß er eher nicht reden würde/bis sie einen Franzosen/wel-
cher ihm verdächtig war/würden haben
hinaus gehen lassen : worauf ihn die
Aeltesten baten abzutretten/und damit
ihm nicht der Schimpff wiederführe/
als ob er deßwegen abgeschaffet wür-
de/ weil er sich unberuffen in Rath mit
eingefunden hätte/ gieng ich mit ihm
hinaus/um ihm Gesellschafft zu leisten/
und entzog mich also dieses erste mal
von denen Vorträgen so denen Iroquosen geschehen. Folgenden Tag antworteten sie auf jeden Articul besonders nach Anleitung unserer Geschen-

B 5   ke;

ke; ſie legten kleine Hölzlein auf die Erde / um ſich dabey des jenigen / was ihnen war vorgetragen worden / zu erinnern.　Der Redner / oder der ſo das
Wort führete / hielt bey jedweder Antwort eines von denen Hölzlein in der
Hand / und warff mitten in der Ver-
ſamlung uns ſchwarze und weiſſe ein-
geſädelte Glaß-Corallen zu; und bey
jedem Geſchenke / vom erſten bis zum
letzten / ſchrie einer derer Aelteſten mit
vollem Halſe Niáova / auf Teutſch / es
iſt gut / habe Dank; und die andern wiederholeten die letzte Syllabe zu dreyen
malen alle zugleich / mit einem aus der
Tieffe geholten Thon. Unterdeſſen ſtelleten ſie ſich doch nur als ob ſie unſeren
Gründen und Urſachen Beyfall geben;
dann dieſe Barbaren haben inſonderheit dieſe Grundrege / daß ſie ihnen alles gleich gelten laſſen und gut heiſſen /
und würde der jenige für einen unge-
ſchickten Tölpel gehalten werden / welcher nicht alles gut heiſſen / ſondern in
gehaltenem Rath dem jenigen / was
vorgetragen würde / widerſpräche; und
ob

ob man ihnen auch die ungereimtesten
Dinge/und grössesten Narrheiten sag-
te/ werden sie doch allezeit sprechen
Niaoya/ es ist wahr/ Bruder/ du hast
recht. Indessen glauben sie doch für sich
was sie wollen; und ich habe an dem
grösten Hauffen der jenigen Wilden/
welche ich aufs genaueste erforschet ha-
be/ wahr genommen/ daß die gröste
Hindernus an der Ausbreitung unsers Glaubens unter diesen Leuten sey/
daß ihnen/ alle Regeln unserer Religion gleich viel gelten. Am letzten Tage
unserer Versammlung/ brachten der
Iroquosen Soldaten einen Sclaven
oder Gefangenen mit sich/ welchen sie
von denen Hontovagahen/ welches so
viel heisset/ als Plauderer oder Groß-
sprecher/ aufgefangen hatten; ich bin
gänzlich der Meinung/ daß weder Ne-
ro noch Maximinus jemals grössere
Grausamkeit gegen die Gedult derer
Märtirer auszuüben erfunden haben/
als die Iroquosen ihre Feinde empfinden lassen. Und weil wir sahen/ daß von
denen Kindern jedes ein Stück Fleisch

von dem Sclaven / welchen die Eltern
mit unbeschreiblicher Marter hinge-
richtet hatten/ riffen/ und selbes in unserer Gegenwart zu fressen begunten/
giengen wir aus der Hütten des
Hauptmanns / assen auch nichts mehr
bey ihnen / sondern nahmen unsern
Weg wieder zurücke durch die Wälder nach dem Fluß Niagara zu.

Der Herz de la Salle war indessen von der Festung Frontenac mit einer Barquen ausgefahren / um uns
mit Proviant zu versehen und Ruder
zu überbringen/ eine Barque so wir im
Eingange des Sees Conty banden /
selben damit auszurüsten; es hatte
aber aus Versehen zweyer widersinni-
scher Piloten am Südlichen Ufer des
Sees Frontenac zehen Meilen von
Niagara / an einem Orte / welchen die
Schiffleute die raasende Caap nen-
nen/ die Barque mit dem Kauffmanns
Gütern Schiffbruch gelitten/ wovon
man doch noch die Anker und Tauen
rettete; es giengen auch etliche Kähne
mit vielem Kauffmanns-Gut verloh-
ren/

ren/ und hatte sonst allerhand Hinder-
nüsse/ welche einen andern als ihn/ ge-
wißlich von seinem Vorhaben würde
abwendig gemacht haben.　Als er nun
gute Anstalt gemacht/ und die Arbeiter
auf der Zimmer-Stätte/ welche oberhalb dem grossen Wasser-Fall Niagara war/ angewiesen hatte/ eine andere
Barque zu bauen: reisete er/ weil es die
Noth erforderte/ wieder zurück nach
der Festung Frontenac / einen Weg
von 80. Meilen und zwar nur zu Fuß/
keinen andern Proviant bey sich ha-
bend/ als einen kleinen Sack mit gerö-
steten Indianischen Korne; welches
aufgezehret war/ als er noch zwey Tag-
reisen zu thun hatte: nichts desto weniger langete er in der Festung mit seinem Hunde/ welche ihm sein weniges
Geräthe auf dem Eiß nachschleppete/
glücklich an.

　Der gröste Hauffe der Iroquosen war/ weil wir unsere Barque baue-
ten/ jenseits des Sees Conty zu Felde
gegangen: wiewol nun dieser Abwe-
senheit verursachte/ daß die/ so zu Hause

geblie-

geblieben/so verwegen nicht waren/als
sie sonst würden gewesen seyn; nichts
desto weniger kamen sie offters auf unsern Zimmier-Platz/ wo man an der
Barquen arbeitete/ihr Mißvergnügen
zu bezeigen/ so daß auch einer unter ih-
nen/ so sich stellete als wenn er sehr
trunken wäre/ sich unsern Schmied zu
ermorden unterstehen wolte; als sie
aber sahen/ welcher Gestalt sich unsere
Franzosen setzten um ihnen zu widerste-
hen/ und ich ihnen ihr Unterfangen
ernstlich verwiese/zogen sie sich zurücke/
ohne grosses Wesen zu machen. Einige
Tage hernach/ bekamen wir durch ein
Weib Nachricht/daß sie vorhätten unsere Barque auf dem Zimmer-Platz
zu verbrennen; welches sie gewiß würden werkstellig gemacht haben/ wann
wir nicht fleissig Wache dabey gehalten hätten.

Die so offten Allarme/die Furcht/
daß uns/weil die Barque von Frontenac zu scheitern gegangen/die nöthigen
Lebens-Mittel ermangeln würden/
und die derer Tsonnontovanischen
Iroquo-

Iroquoſen Verweigerung / uns In-
dianiſchs Korn zu verkauffen / erſchre-
cketen unſere Zimmerleute / welche auſſer dem durch einen leichtfertigen
Schelmen / welcher bereits unterſchiedne mal ſich unterſtanden hatte zu denen
Holländern über zu lauffen / verleitet
und gereitzet wurden uns zu verlaſſen.
Er würde uns auch ohne allen Zweiffel
die Arbeiter abſpenſtig gemachet haben / wann ich ſie nicht nach verrichte-
tem Gottesdienſt an denen Feſt- und
Sonntägen durch meine Predigten
und Ermahnungen erhalten hätte / indem ich ihnen vorſtellete / daß unſer
Vornehmen einzig zu GOttes Ehre /
zu der Franzöſiſchen Colonie Beſtem /
und zu ihrer eigenen Ehre angeſehen
wäre: auf ſolche Weiſe machte ich ihnen ein Herz mit gröſſerem Eifer zu arbeiten / damit ſie deſto eher der Unruhe
ſich befreieten. Im übrigen / als ſie ſahen welcher Geſtalt ich verſchaffete /
daß die Wilden von der Wolffs-Na-
tion / uns zu unſerer Unterhaltung mit
wilden Böcken verſahen / kriegten ſie
wieder

wieder Muth/ daß ſie der Arbeit fleiſſi
ger oblagen/ und unſer Schiff in kur
zen in ſolchen Stand ſetzeten/ daß es
konte ins Waſſer gebracht werden;
und nachdem ich es/ nach unſerer Kir
chen Gebrauch/ geweihet hatte/ wurde
es ins Waſſer geſetzt/ ob es gleich noch
nicht ganz ausgebauet war/ damit es
für dem Feuer/ womit ihm gedräuet
wurde/möchte ſicher ſeyn.

Wir nenneten es den Greiff: lö
ſeten drey Stück dazu/ und ſungen
GOtt zu Lobe/ das Te Deum Lauda-
mus/worauf/Es lebe der König mit
Freuden geruffen wurde. Die Iroquo-
ſen/ſo dieſe Einweihung mit Verwunderung anſahen/ genoſſen auch unſerer
Freuden/ indem man einem jeglichen
unter ihnen/ ſo wol als denen Franzo-
ſen/ein Glas voll Aqua vitä reichete.

Wir verlieſſen hierauf unſere aus
Baum-Rinde gemachte Hütten/ und
logirten uns auf unſer Schiff/ wo wir
mit Ruhe und auſſer Geſahr für denen
Wilden ſchlaffen konten. Als die Iroquoſen von ihrer Biber-Jagt wieder
zurü

zurücke kommen/ erstauneten sie darob/
und sagten/ die Frantzosen wären Gei-
ster/ und konten nicht begreiffen/ wie
wir in so kurtzer Zeit und mit so geringer Mühe einen so grossen hölzernen
Kahn gebauet hätten/ wiewol dieses
Schiff kaum 45. Tonnen fassete; man
konte es füglich eine gehende Festung
nennen/ welche die Wilden so auf einer
Strecke von mehr denn 500. Meilen
Landes wohnen/ zittern machte.

Nichts desto weniger als die
Mißgönstige sahen/ daß/ ungeachtet aller Schwürigkeit das Schiff-Geräthe
zu überbringen/ und der Widersetzung
der Iroquosen/ nichts desto weniger
die Barque ausgebauet war/ unterliessen selbe nicht auszustreien/ daß unser Vornehmen eine thum-kühne Verwegenheit wäre/ daß wir nimmer würden wieder zurücke kommen/ und tausend andere dergleichen Verleimdun-
gen: und durch diese Discurse brachten
sie alle des Herrn de la Salle Credito-
res auf/ daß sie/ seiner Wiederkunfft un-
erwartet/ und ihn unverwarnet/ alle
seine

ſeine Güter / ſo er zu Monreal un
Quebec hatte / auch bis aufs Bette ſe
nes Secretarii / verarreſtiren / und ſi
dieſelbe in ſolchem Preiß / wie ſie ſelbe
wolten / gerichtlich zuſprechen lieſſen
ungeachtet die einzige Feſtung Fronte
nac worüber er Eigenthums-Herr iſt
genug geweſen wäre mehr denn zwey
mal ſo viel / als er ſchuldig war / zu be
zahlen.

Er war damals in der Feſtun
Frontenac / als er die erſte Zeitung vor
dieſer Unordnung bekam / weil ihn abo
dauchte / daß dieſem Unglück nicht zu
ſteuren wäre und daß dabey kein anbe
res Abſehen wäre / als ihn an ſeine
Reiſe / worauf er ſich mit ſo viel Müh
und ſo groſſen Unkoſten geſchickt ge
macht hatte / zu verhindern / beſtel
tete er alles auf der Feſtung / au
das beſte als er nöthig zu ſeyn erachte
te. Indeſſen als unſer Schiff aufs
Waſſer gebracht worden / und vor
allem Uberfall ſicher war / reiſet
ich wider auf der kleinen Brigantir
durch den See Frontenac nach der Fe
ſtung

lung / mich noch einmal mit unsern
Baarfüsser Brüdern zu besprechen/
mich mit ihnen geistlich zu trösten/
Wein zu Celebrirung der Messe zu ho-
en/und den Herrn de la Salle von un-
erem Zustande zu berichten / und ka-
nen er und wir drey Missionarien
Baarfüsser-Ordens zu Anfangs des
Monats Augusti 1679. wieder nach
Niagara: da er seine Barque Segel-
ertig fand: seine Leute aber sagten
hm / daß sie sie nicht höher hinauf hät-
en bringen könen als bis zum Eingan-
je des Sees de Conty/weil sie über den
chnellen Strom des Flusses Niagara
icht hätten seegeln können. Wir gien-
en zwey und dreissig Personen stark zu
Schiffe/worunter nebst mir auch unse-
e beyde Baarfüsser Patres / so mir
Gesellschafft leisteten/ waren. Unsere
leute hatten sich wol mit Waffen/
Rauffmanns-Güttern / und sieben
netallinen Stücken Geschützes ver-
ehen.

Endlich brachten wirs/wider die Mei-
ung des Piloten zuwege / daß wir den
Fluß

Fluß Niagara hinauf fuhren. Er ließ
die Barque mit vollen Seegeln gehen/
als der Wind ſtarck genug war/ auch
in den ſchlimmeſten Oertern/ ſo daß
wir glücklich am Eingange des Sees
de Conty anlangeten. Wir giengen
unter Seegel den 7. Auguſti 1679.
und nahmen unſern Lauff Weſt gen
Süden: Nachdem wir das Te Deum
Laudamus geſungen hatten/ wurde alles Geſchütz und Doppelhacken/ in Gegenwart vieler Jroquoſiſchen Solda-
ten/ welche einige Sclaven von denen
Nationen/ ſo auf den Wieſen woh-
nen/ und bis in die fünffhundert Meilen weit entfernet ſind/ mit ſich heim-
brachten/ gelöſſet; und dieſe Barbaren
werden nicht unterlaſſen denen Holländern in Neu-Jork/ mit welchen die
Jroquoſen ſtarke Handlung treiben/ in
dem ſie ihnen vor ihre Rauchwerk-
Wahren Feuer-Röhre und Zeuge/ ſich
damit zu kleiden/ bekommen/ von dieſem unſerm Schiffe/ und deſſen Gröſſe/
ausführliche Nachricht zu geben.
Unſere Schiffart gieng ſo glücklich

ich von statten / daß wir den Zehenden
dieses Monats / am Tage St. Laurentii frühe / am Eingange der Enge / durch
welche der See de Orleans sich in den
See de Conty ergeust / 100. Meilen
vom Fluß Niagara / anlangeten. Diese Enge ist dreissig Meilen lang / und
fast durchaus eine Meile breit / ausgenommen in seiner Mitten wo sie sich er-
weitert / und einen runden See machet /
so zehen Meilen breit ist / welchen wir
den St. Claren See nenneten / weil
wir ihn an diesen Tage durchseegelten.
Das Land an beyden Seiten dieser
schönen Enge bestehet aus offenen Feldern / worauf man grosse Hauffen Hirschen / Rehe / wilde Böcke / und Beeren
so nicht sehr wilde / und sehr gut zu essen
sind / Indianische Hüner / und Schwanen siehet.   Unsere Speise-Kammer
wurde allhier mit einer zimlichen Menge Wildbret versehen / welche unser
Wilde und die Franzosen schossen. Das
übrige von dieser Enge ist mit Wäldern bedeckt / welche aus allerhand
fruchtbaren Bäumen bestehen / als
Nuß-

Nuß-Bäumen/ Caſtanien-Bäumen/
Pflaum- und Apffel-Bäumen / wilden
Weinſtöcken / ſo voller Trauben wa-
ren/aus welchen wir etwas Wein preſ-
ſeten: es hat auch zum Bauen tichtiges
Holtz allhier/und iſt dieſes eben der Ort/
wo ſich das Wild am meiſten heget.

Wir funden beym Eingange dieſer Enge einen Strom/welcher ſo ſtark
iſt als die Fluth für Roan iſt/ nichts
deſto weniger ſegelten wir hinüber
Nord und Nord-Oſt / bis an den See
de Orleans/haltende. Beym Ein- und
ſonderlich beym Ausgang des St. Claren Sees iſt es ſehr ſeichte. Der Ausfluß des Sees de Orleans theilet ſich
an dieſem Ort in unterſchiedene kleine
Canäle / welche meiſtentheils mit
Sand-Bänken verſetzet ſind / daher
man ſie alle mit dem Loth erforſchen
muſte/bis man endlich einen fand/wel-
cher bey nah drey Klafftern tieff Waſſer hatte/ und faſt durchaus eine Meile
breit war. Unſere Barque muſte hier/
wegen conträren Windes / etliche Tage ſtille ligen / und als dieſe Ungelegenheit

eit vorbey war / fand ſich beym Eingange des Sees de Orleans eine noch
gröſſere; nemlich es hatte der Nord-
Wind / welcher bisher einige Zeit zimlich ungeſtüm / geweſen war / und das
Waſſer aus dreyen groſſen Seen in
dieſe Enge treibet / den ſchnell ſchieſſen-
den Strom dergeſtalt vermehret / daß
er ja ſo ungeſtüm war / als die Barre
für Caudebec iſt. Wir konten denſelben nicht hinauf ſeegeln ungeachtet wir
einen ſtarken Sud-Wind zu Hülffe
hatten; weil aber das Ufer ſehr ſchön
gleiche war; lieſſen wir zwölffe von unſern Leuten ausſteigen / welche das
Schiff an einem Seil längſt dem Ge-
ſtade eine halbe Viertel Stunde lang
fort zogen/und durch ſolches Mittel kamen wir den 23. Auguſti in den See de
Orleans / und ſungen zum andern mal
das Te Deum Laudamus / GOtt den
HErrn zu danken / welcher uns in dieſem See einen groſſen Meer Buſem zei-
gete/wo unſere alte Franziſchkaner ſich
vor dieſem aufgehalten hatten/die Hec-
onen im Glaubē zu unterweiſen:als die
Fran-

Frantzosen das erste mal in Canada
kommen waren: es sind aber diese
Wilden meistentheils von denen Jroquosen ausgerottet worden. Diesen
Tag gieng unsere Barque mit vollen
Seegeln längst der Ostlichen Küste
des Sees bey gutem Winde/ Nord-
gen Osten/ bis man auf den Abend/ da
der Wind Sudwest wurde und unge-
stimmiglich bließ/ Nordwest halten
muste; und folgenden Morgen funden
wir uns fürm Lande/ und hatten diese
Nacht den grossen Meer-Bussem Sa-
kinam so über dreissig Meilen weit ist/
durchstrichen.

Den 24. hielten wir noch immer
unsern Strich Nordwest/ bis auf den
Abend/da uns zwischen den Insuln/wo
wir nur eine bis zwey Klafftern tieff
Wasser hatten/ eine Wind-Stille
überfiel. Wir giengen ein Theil der
Nacht mit widrigen Segeln/um einen
Ort/wo wir ankern möchten zu finden.
Weil wir aber keinen guten Anker-
grund finden kunten/ und der Wind
begunte von Westen zu blasen/ wan-
deß

den wir uns gegen Norden / um uns/
bis es Tag würde / vom Lande zu entfernen / und brachten die Nacht mit
Senkung des Lotes/ vom Vordertheil
des Schiffes zu/ weil wir gewahr worden waren/ daß unser Pilote sehr nach-
lässig sey / und hielten / auf dergleichen
Weise/ wach zu seyn / an / bis zu Ende
unserer Reise.

Den 25. hielt die Wind-Stille
bis auf den Mittag an/ da wir unsren
Strich Nord-West / mit Hülffe eines
bequemen Sud-Windes fortsetzeten/
er wandelte sich aber bald in einē Sud-
West-Wind. Um Mitternacht musten
wir nach Norden lauffen / wegen einer
hervor schiessenden Spitze Landes: als
wir aber selbe kaum vorbey kommen
waren / wurden wir von einem hessti-
gen Sturmwind überfallen / welcher
uns zwunge mit zwey kleinen Segeln
zu laviren / um nach und nach bis auf
den Tag um das Vor-Gebürge zu
kommen.

Den 26. nöthigte uns der hessti-
ge Wind den Korb-Mast abzuneh-
men

C

men/ und die Stangen an den Orbern
anzubinden / damit ſie zwerch über ſtehen blieben. Nachmittag als die Wellen allzuhoch / und das Meer zu unge-
ſtümm wurde/muſten wir dem Winde
weichen / weil wir bis Abends weder
Anker-Grunde noch einigen Ort / vor
dem Winde bedeckt zu ſeyn/finden koñ-
ten. Bey dieſem Ungemach gieng der
Herꝛ de la Salle in ſeine Kammer/und
ſagte voller Verwirrung zu uns; Er
befehle ſein Vorhaben GOtt: und ob
wir zwar ſonſten die ganze Reiſe über
gewohnet waren / insgeſamt kniende
das gemeine Gebet Morgens und
Abends zu verrichten / und ein und andern Kirchen Geſang mit einander zu
ſingen / konten wir uns doch vor dißmal / wegen des Sturms / unmöglich
auf dem Uberlauff des Schiffes halten / und muſten es dabey bewenden
laſſen/ daß jeder für ſich ſelbſt ſeine
Sünden prüfete und bereuete / auſſer
dem einzigen Piloten / welcher keines
weges dazu zu bringen war. Der Herꝛ
De la Salle nahm zugleich mit uns/ bey
Dieſem

dieſem Zuſtande/ den heiligen Anto-
nium von Padua zum Beſchützer un-
ſres Vorhabens an / und gelobte
GOtt / daß/ wenn er uns von dieſem
Ungewitter erledigen würde/ er die erſte Capelle/ ſo er in der Landſchafft Loviſiana aufbauen würde/ dieſem Heiligen weihen wolte. Als ſich hierauf der
Wind ein wenig geleget hatte/trachte-
ten wir die ganze Nacht um das Vor-
Gebürg zu kommen;brachten aber über
eine Meile oder zwey nicht vor uns.

Den 27.Frühe ſegelten wir Nord-
weſt mit einem Südweſt-Wind / welcher ſich gegen Abend in einen ſchwa-
chen Sud-Oſt-Wind verwandelte/
durch deſſen Hülffe wir noch ſelbigen
Tag zu Miſſilimakinac ankamen / al-
wo wir in einer Bucht/auf ſechs Klafftern tieff Waſſer / in einem guten kie-
ſichten Grunde ankerten. Dieſe Bucht
iſt vom Sudweſten bis ins Norden be-
deckt/ eine Sand-Bank decket ſie ein
wenig gegen Nord-Oſten/ gegen Süden aber/welcher Wind hier ſehr ungeſtüm iſt/iſt ſie offen.

C 2   Miſ-

Missilimakinac ist eine vorschies-
sende Land-Spitze, beim Eingang und
gegen Norden der Enge / durch welche
der See Dauphin sich in den See de
Orleans ergeust. Diese Enge ist eine
Meile breit / und drey Meilen lang/
und strecket sich West-Nord-West:
Fünfzehn Meilen von Missilimakinac
trifft man eine andere Spitze an/ welche am Eingange des jenigen Canals
ist/ durch welchen der See de Conde
sich in den See de Orleans ergeust.
Dieser Canal ist fünff Meilen weit/
und funffzehen lang; es sind in demselben viel Insuln/ und wird immer enger
und enger bis an den Wasser-Fall
St. Mariä / welcher ein schnell-schies-
sender Strom ist voller Stein-Felsen/
zwischen welchen sich der See de Condee ausgeust/ und gewaltsam herab
stürzet; man kan zwar an einer Seiten
Land-werts mit Kähnen hinauf kommen: um mehrerer Sicherheit willen
aber trägt man die Kähne und Kauffmanns-Wahren / so man / um mit denen Nationen / so am See de Condee
wohnen

ohnen zu handeln / mit sich führet /
ber Land.

Die Wilden haben an diesen bey-
en Orten ihre Wohnungen; die so
ich zu Missilimakinac aufhalten / er-
stauneten/als sie den 26. Augusti 1678.
in welchem Tage wir bey ihnen ankamen / unser Schiff sahen / und das
Donnern unserer Stücke erschreckete
sie hefftig: Wir hielten bey denen At-
aävacten Messe / und unter wehren-
em Gottesdienst ließ der Herr de la
Salle / welcher sehr wol gekleidet / in einem mit göldenen Borten verbremeten
Scharlackenen Mantel aufzoge / das
Gewehre längst hin in der Capel-
en niederlegen / und der Sergent
stellete eine Schildwacht dabey / welche sie bewachte. Die Häupter der
Atcaävacten erwiesen uns/als wir aus
er Messe kamen / auf ihre Art alle
höflichkeit: Und wir besahen unsern
Greiff in dieser Bucht / worinnen er
böl montiret für Ancker lag / mit Lust/
zwischen mehr denn 100. oder 120. von
Bautta-Rinde gemachten Kähnen/

C 3 　　　　　wel-

welche theils auf die Fischerey der weissen Fische / welche diese Wilden mit
Netzen fangen / so sie offt auf 15. bis 20.
Klafftern tieff ins Wasser stellen / und
ohne welche sie sich schwerlich erhalten
könten / ausliefern / theils von derselben wieder zurücke kamen.

Folgenden Morgen bezeugeten
die Huronen / derer Dorff an einer
grossen Land-Spitze / nahe an der In-
sel Missilimakinac liget / welches sie mit
25. Schuh hohen Pallisaden umschlos-
sen haben / als ob sie besser Französisch
gesinnet wären / als die Uttaovacten / indem sie zu dreyen unterschiedenen ma-
sen alle ihre Feuer-Röhre löseten / und
mit diesen Salven unser Schiff und
die Frantzosen ehreten: es geschah aber
solches nur zum Schein / massen sie solches zu thun von einigen Frantzosen
waren angestifftet worden / welche dahin zu reissen / und mit diesen Völckern
ansehnliche Handlung zu treiben pflegen; Denn diese trachteten allein hiermit den Herrn de la Salle / dessen Vorhaben ihnen bedencklich fürkam / zu ge-
wiñ-

vinnen/ damit sie hernach ihre Tücke
esto besser ausüben könten; massen sie
ichts anders suchten/ als den jenigen/
velcher die Barque bauen lassen/ um
urch Hülffe derselben die Handlung
erer Particulir-Personen zu ruiniren/
ey diesen Leuten verhasset zu machen.

Die Huronen und Uttaovacten
stehen mit einander in Bündnis/ und
widersetzen sich ihren geschwornen
Feinden/ den Jroquosen/ mit gesamter
Hand: Sie bauen Jndianisch Korn/
wovon sie das gantze Jahr leben: Sie
würtzen oder machen mit denen Fi-
schen/ so sie fangen/ ihr Sagamite/ so
sie mit Wasser und Meel von ihrem
Korn/ welches sie in einem durch Hülf-
se des Feuers ausgehöleten Stocke
stampffen/ kochen lassen.

Die Wilden von St. Maria
zum langen Wasser-Fall/ werden von
uns die Faller genannt/ von dem Orte
ihrer Wohnung/ so nahe bey diesem
Wasserfall liget: Sie erhalten sich von
der Jagt der Hirsche/ der Elend/ und
einiger Bieber/ wie nicht weniger von

C 4 der

der Fiſcherey der weiſſen Fiſche / welche
ſehr köſtlich ſind / und hie in groſſer
Menge gefunden werden/auch von keinen andern Wilden mit weniger Mühe gefangen werden/als von dieſen/als
welche von ihrer Kindheit an dazu abgerichtet werden. Sie ſäen kein Jndianiſch Korn/weil ihr Land dazu nicht geſchickt iſt/und die Nebel/ ſo zum öfftern
aus dem See de Condee aufſteigen/
alle ihr geſäetes Korn erſticken würden.

Die Waſſer-Fälle bey St. Maria und Miſſilimakinac ſind die vornehmſten zween Päſſe der Weſtlichen
und Nordlichen Wilden / welche ihre
Peltzwerk-Wahren nach denen Franzöſiſchen Wohnungen bringen / und
jährlich mit mehr denn zwey Hundert
beladenen Kähnen nach Montreal kommen.

Weil wir in Miſſilimakinac ſtille
lagen/ traffen wir mit höchſter Beſtür-
tzung den gröſſeſten Theil derer jenigen
an/welche der Herr de la Salle/bis 15.
an der Zahl / voran geſchicket hatte/
und

und die er ſchon längſt bey denen Illi-
neſen angelanget zu ſeyn geglaubet
hatte. Die, ſo er unter denſelben für
die getreueſten gehalten hatte / ſagten
ihm / daß ſie / als ſie bis Miſſilimakinac
kommen wären / durch einiger Leute
Diſcurſen / wären irre gemacht worden / indem man ihnen geſaget hätte /
daß ſein Vorhaben nur Thorheit wäre / und die Barque nimmermehr zu
Miſſilimakinac ankommen würde /
daß man ſie ungezweiffelt ins Verderben führte / und was dergleichen Reden mehr geweſen / wodurch der gröſte
Theil ihrer Cameraden kleinmüthig
und abtrünnig gemachet worden / daß
ſie ſelbe unmöglich zu Fortſetzung der
Reiſe hätten bereden können: Es wären
auch ſechs derſelben gar durchgegan-
gen / und hätten mehr denn um 3000.
Pfund Kauffmanns-Wahren mitge-
nommen, unter dem Vorwand / ſich be-
zahlt zu machen / würden ſie was meh-
rers genommen haben / als man ihnen
ſchuldig wäre / wolten ſie es wieder geben : die andern hätten mehr denn
E 5   1200.

1200. Pfund entweder liederlich durch-
gebracht / oder zu ihrer Unterhaltung
zu Miſſilimakinac / wo ſie worden angehalten worden / und wo die Lebens-
Mittel ſehr theuer ſind / angewendet.
Den Herrn de la Salle verdroß ſolches um ſo viel deſto mehr / weil er dieſe
ſeine Leute wol gehalten / und ihnen
ſämtlich einige Beſoldung voraus be-
zahlt hatte; inſonderheit hatte er für einen unter ihnen zu Monreal 1200.
Pfund / ſo er unterſchiedenen Perſonen
war ſchuldig geweſen / bezahlet: Er lieſe
viere aus ihnen / ſo am meiſten Schuld
hatten / gefangen nehmen / aber ſonſten
kein Leid thun / und weil er erfuhr / daß
zweene von dieſen Abtrünnigen beym
Waſſer-Fall St. Maria ſich aufhielten / ſchickte er den Herrn de Tonty
nebſt ſechs andern dahin / und ließ ſie
gefangen nehmen / und aller ihrer Güter / ſo er bey ihnen fand / ſich bemächtigen; von denen andern hat er niemals
einige Satisfaction durch Recht erhalten können. Die hefftigen Winde /
ſo zu dieſer Jahres-Zeit wehen / verzögerten

ꝛerten lange Zeit die Zuruckkunfft des
Herꝛn de Tonty / so daß er erst im No-
ꝛember wieder zu Missilimakinac an-
angete; dannenhero / weil wir fürchte-
ꝛen / es möchte uns der Winter über-
ꝛallen/wurden wir schlüssig/unsere Rei-
ꝛe/ohne Erwartung seiner Rückkunfft/
ꝛortzusetzen.

Den andern September fuhren
ꝛir von Missilimakinac ab/und kamen
ꝛn den Dauphin-See / und gelangeten
ꝛis an eine Insul im Eingange der
Stäncker Bay vierzig Meilen vom
Missilimakinac gelegen / welche von
ꝛen Wilden vom Geschlecht der Puto-
ꝛatanen bewohnet wird: Wir traffen
ꝛllda etliche Frantzosen an / welche vor
ꝛtlichen Jahren zu den Illinosen wa-
ꝛen geschicket worden/ welche auch dem
Herꝛn de la Salle eine grosse Menge
Peltz-Wahren mit zurücke gebracht
ꝛatten.

Der Hauptmann dieser Nation/
ꝛelcher eine innigliche Wolgewogen-
ꝛeit gegen dem Herꝛn Grafen de Fron-
ꝛenac / der ihn zu Monreal beschen-

ket

ket hatte/trug/ empfieng uns aufs beſte
als er konnte; er ließ durch ſeine Soldaten dem Herrn de la Salle den Calumet kanzen: und als unſer Schiff/ welches auf dreiſſig Schritt vom Uſer für
Anker lag/ vier Tage lang durch hefftti-
gen Sturm geplaget worden/ kam er/
weil er beſorgte/ unſer Schiff würde zu
ſcheitern gehen/ mit Lebens-Gefahr/
ungeachtet der hefftigen Wellen auf
einem Kahne zu uns/ und als wir ihn
mit ſeinem Kahne zu uns in unſer
Schiff hinauf gezogen hatten/ ſagte er
mit mannlicher Stimme/ daß er ſich
wagte/ und wollte mit des Onon-
tio/ oder Franzöſiſchen Gouver-
neurs/ ſeines lieben Vatters und
Freundes/Kindern umkommen. Der
Herz de la Salle/ welcher ſich niemals
einigen Menſchen einreden ließ/ entſchloß ſich/ wider unſer aller Willen/
von hier die Barque wieder zurück zu
ſenden/ und ſeine Reiſe auf Kähnen
fort zu ſetzen/weil er aber nur viere derſelben hatte/muſte er viel Kauffmanns-
Gut/ allerhand Geräthe und Werk-
zeugs

zeugs auf der Barquen lassen: Er be-
sahl dem Schiffer / alles zu Missilimakinac auszuladen / wo er es bey seiner
Rückkunfft abfordern wollte; er lud
auch alle seine Pelzwerk-Wahren auf
die Barque/bestellete einen Factor dazu / und gab noch fünff gute Schiff-
Knechte mit. Ihnen ward befohlen bis
an den grossen Wasser-Fall Niagara
zuruck zu gehen/allwo sie die Pelzwerk-
Wahren ausladen / und anderes
Kauffmanns-Gut / so eine andere
Barque von der Festung Frontenac/
welche bey der Festung Conty ihrer
warten würde/dahin bringen solte/ dagegen einzunehmen; dann solten sie alsbald wieder zurück nach Missilimakinac kommen / wo sie eine Instruction
finden würden / in welchem Orte sie die
Barque würden sollen überwintern
lassen.

Sie giengen den 18. September
mit einem linden sehr favorablen West-
Wind unter Seegel / und nahmen ihren Abschied mit Lösung eines einigen
Stücks: man hat weiter nicht erfah-

C 7   ren

ren können / wo ſie ihren Lauff hinge-
nommen / und ob man wol nicht zweiſ-
ſelt / daß ſie verlohren gegangen / ſo hat
man doch keine andere Umſtände von
ihrem Schiffbruch vernommen / als
daß ſie gegen Norden des Sees Dauphin vor Anker gelegen / und daß der
Schiffer / ungeachtet ihn die Wilden.
gewarnet / und verſichert / daß es mitten
auf dem See hefftig ſtürmete / dennoch
keine Reiſe fortſetzen wollen; nicht be-
trachtende / daß er die hefftige Gewalt.
des Windes nicht empfinden könne /
weil der Ort / wo die Barque ankerte /
für ſelbem bedecket war. Als ſie nun
kaum eine Viertel Meile vom Uffer abkommen geweſen / hätten die Wilden.
geſehen / daß die Barque grauſamlich
hin und her geworffen worden wäre /
ohne daß ſie auf einigerley Weiſe dem
Sturm hätte widerſtehen können / ſo
daß ſie ſie in kurzer Zeit gänzlich aus
dem Geſichte verlohren / dannenhero
ſie geglaubet / daß ſie Zweiffels ohne
wider eine Sandbank geſchmiſſen
worden / wo ſie würde begraben ſeyn:
und

und diese Zeitung erfuhren wir erst fol=
gendes Jahr. Es belaufft sich der
Schaden / so durch Verlust dieser
Barque geschehen / ohngezweiffelt auf
mehr denn 40000. Pfund / so wol an
Kauffmanns=Gut / Werkzeug / und
Rauchwahren / als an Menschen und
Schiff=Geräthe/welches der Herz Dela
Salle aus Frankreich nach Canada
bringen / und von Monreal nach der
Festung Frontenac/ auf Kähnen / aus
Baumrinden gemacht / führen lassen;
ob gleich solches denen / welchen bekant
ist / wie eine gar liederliche Art Schiffe
dieses seyn / und was hingegen die An=
ker und Tauen für eine Last wiegen/
unmöglich scheinen wird.

Indessen setzten wir am 19. Sep=
tember / selbst vierzehn in vier Kähnen
unsere Reise fort: Auf dem kleinesten
derselben / auf welchen 500. Pfund ge=
laden waren / fuhr ich mit einem Zim=
mermann / welcher erst neulich aus
Frankreich kommen war / und weil er
bey ungestimmen Wetter den Wellen
nicht auszuweichen wuste / hatte ich
grosse

groſſe Mühe / dieſes kleine Schiff zu re-
giren. Dieſe vier Kähne waren beladen mit einer Schmiede / ſamt aller ihrer Zugehör / mit Zimmer- Schreiner-
und Bretſchneider- Werkzeug / mit
Gewehr und Kauffmanns-Gütern.

Wir lieſen gegen Suden / nach
dem feſten Lande zu / und als wir vier
ſtarke Meilen von der Putovatameſen
Inſel uns entfernet hatten / mitten in
der Uberfahrt / und bey dem ſchönſten
ſtillem Wetter / erhub ſich plötzlich eine
geſährliche Ungeſtüm / welche uns / ſo
wol der Barque halber / als wegen unſer ſelbſt in groſſe Sorge ſetzte; und
weil wir zumal dieſe groſſe Uberfahrt
bey finſterer Nacht anfiengen / rufften
wir immer einer dem andern zu / damit
wir nicht einander verlieren möchten.
Wir bekamen öffters Waſſer genug
in unſere Kähne / und der ungeſtümme
Wind währete vier Tage mit ſolcher
Grauſamkeit / als irgend bey einem
Sturm auf dem hohen Meere ſeyn
mag. Wir erreicheten nichts deſto weniger endlich das Land / und lieffen in einem

nen ‚kleinen sandichten Busem ein/
wo wir fünff Tage verharreten/
bis der See wieder ruhig und stille
würde. Die gantze Zeit über/weil wir
hier stille lagen/konte unser wilder Jäger mehr nicht als ein einiges Stachel-
Schwein schiessen/ mit welchem wir
unsere Kürbis/und Indianisches Korn
wolgeschmackt hätten machen können.

Den 25. reiseten wir den gantzen
Tag/ und einen Theil der Nacht bey
Mondenschein fort/ längst der West-
Küste des Dauphin-Sees hin: als
aber sich der Wind ein wenig zu starck
hub/wurden wir gezwungen/auf einem kahlen Felsen auszusteigen/ auf
welchem wir zwey Tage lang/ im Regen und Schnee/ bey einem kleinen
Feuer/ welches wir mit dem Holtze/
das die Wellen ans Land trieben/ un-
terhielten/ unter dem Dach unserer
Mäntel aushalten musten.

Den 28. nach gehaltener Messe/
fuhren wir wieder fort/ bis in die
Nacht/ da uns ein Wirbel-Wind
zwunge/ auf einen mit Gestrittig be-
wachse-

wachſenen Felſen auszuſteigen: wir
blieben auf ſelbem zween Tage / und
verzehrten den Reſt unſerer Victualien / nemlich das Indianiſche Korn/
und Kürbiſſe/ die wir von denen Putovatamiſen gekaufft hatten. Wir hatten uns mit keinen gröſſern Vorrath
nicht verſehen können / weil unſere
Kähne vorhin allzuſehr beladen waren / und wir unterwegens nach Nothdurfft Speiſe anzutreffen verhoffeten.
Wir ſtieſen von dieſem Felſen
den erſten October ab / und als wir 12.
Meil mit nüchternen Munde geſchiffet
hatten/ langeten wir unweit von einem
andern Dorffe der Putovatamiſen
an: Dieſe Wilden lieſſen bey unſerer
Ankunfft häuffig zu / uns zu empfan-
gen/ und uns aus den Wellen / ſo über
die maſſen groß zu werden begunnten/
heraus zu reiſſen. Der Herz de la Salle
weil er befürchtete / es möchten ihm ſeine Leute entlauffen; oder einer und der
andere unter ihnen die Kauffmanns-
Güter zur Unzeit verſchläudern / ſuhr
weiter fort / und wir muſſen ihm bis
drey

rey Meilen jenseit des Dorffs der
Wilden nachfolgen: und weil er kein
ander Mittel sahe / sicher ans Land zu
ommen/sprang er mit seinen drey Ru-
der-Knechten ins Wasser/sasseten ins-
gesamt den Kahn mit seiner Last an/
und zogen ihm / ohngeachtet der Wel-
en / welche ihnen zuweilen über den
Köpffen hinschlugen / also ans Land;
hernach kam er zu unserm Kahn / wel-
hen ich nebst dem in dergleichen Ubun-
gen unerfahrnen Menschen regierte/
ich sprang bis an den Gürtel ins Was-
ser/und nachdem wir ganz leichtlich mit
einander unser Schifflein zu Lande getragen hatten/ brachten wir auf gleiche
Weise auch die andern beyden Kähne
aufs Trockne. Und weil die Wellen/
wenn sie sich am Lande zerschlagen/ in
die Zwerch lauffen/und offt die jenigen/
die sich bereits auf trocknen Lande zu
seyn vermeinen / wieder mit sich in die
Tieffe reissen / fassete ich alle meine
Kräffte zusammen/und trug den guten
alten Vater / unsern lieben Francisca-
ner/ welcher uns auf unserer Reise Ge-

sellschafft

sellschafft leistete / auf meinen Achseln
bis aufs trockne Land / welcher / als er
sich ausser Gefahr sahe/nicht unterließ/
so naß er auch immer war/ eine sonder=
bare Freude zu bezeigen.

Weil wir nun mit denen Wilden
jetzt = gemeldetes Dorffes keine Be=
kandschafft hatten / ließ unser Ober=
Haupt alles Gewehr zurecht und fertig
machen / und lagerte sich auf einer Hö=
he / wo man uns schwerlich überfallen
konte / und von welcher man sich mit
wenig Mannschafft gegen einer gros=
sen Menge Defendiren möchte. Als die=
ses geschehen/schickte er drey seiner Leu=
te unter den Schluß des Calumet des
Friedens / welchen die Patavatamisen
auf der Insul dem Herrn de la Salle
mit denen bey ihnen gewöhnlichen Ce=
remonien und Tänzen geschenket hat=
ten/ins Dörff/ Speise zu kauffen.

Itztgemeldeter Calumet ist eine
Art von grossen Tabackpfeiffen / derer
Kopff aus einem schönen röthen und
wol = polirten Steine gemacht ist / die
Pfeiffe aber bestehet aus einem ziemlich
starken/

starken / und dritthalb Schuh langen
Rohr / welches mit allerhand Farben
Federn/ so gar artig untereinander ge-
mischet und geordnet sind / bekleidet/
und mit einem Hauffen aus Weiber-
Haaren / auf unterschiedene Arten geflochtenen Schnüren behänget ist:
woran noch härene Flügel/auf die Art/
wie man des Mercurii Stab zu mahlen pfleget / geheftet sind; und zieret
jehwede Nation denselben auf ihre besondere Art aus. Ein solcher Calumet
ist ein sicherer Paß / bey allen Bunds-
Genossen der jenigen / welche ihn gegeben haben: und sie glauben festiglich/
daß ihnen alles Unglück über den Hals
kommen würde / wenn sie den beym
Calumet gegebenen Glauben und
Treue zu brechen sich unterstehen solten. Alle ihre Anschläge/sie mögen zu
Krieg oder Friede gereichen / und alle
andere wichtige Händel/werden durch
den Calumet bekräfftiget / und gleichsam versiegelt / indem sie aus selbem
dem jenigen zu schmäuchen geben / mit
welchem sie eine Sache von Wichtig-
keit beschliessen. Diese

Dieſe drey Männer / als ſie mit
itzt-gemeldeter Salve-Garde und ihren Waffen in dem kleinen drey Meilen weit von unſerem Lager entferneten Dorffe ankamen / funden keinen einigen Menſchen darinnen. Denn dieſe
Wilden / als ſie geſehen / daß wir mit
unſern Kähnen bey ihnen nicht hatten
landen wollen / ſondern fürüber gefahren waren / hatten ſie aus Furcht ihr
Dorff verlaſſen / und waren davon ge-
floben. Weil nun unſere Leute / wie ſehr
ſie ſich deßwegen bemühet hatten / niemand finden können / mit dem ſie hätten
reden können / hatten ſie endlich aus ihren Hütten ſo viel Indianiſch Korn
genommen / als ſie ertragen können /
und unterſchiedene andere / denen Wilden ſonſt anſtändige Wahren an die
Stelle geleget / und hatten ſich wieder
nach uns zu auf dem Rückweg damit
begeben.

Unterdeſſen naheten ſich zwanzig
von dieſen Wilden / mit Feuer-Röhren / Aexten / Pfeil und Bogen und
Streit-Kolben bewaffnet / dem Orte /

wo

wo wir uns gelagert hatten. Der Herr
de la Salle in Gesellschafft vier mit
Feuer-Röhren / Pistolen und Säbeln
gegürteter Soldaten/ gieng ihnen entgegen mit ihnen zu reden / und fragte
sie/was ihr Begehren wäre? und als er
sahe/daß sie erschrocken waren / hieß er
sie zu sich kommen/ damit sie von seinen
Leuten / so er auf die Jagt ausgegangen zu seyn vorgab; wann sie sie antreffen / nicht niedergemacht würden/
alleine er ließ sie unten am Fusse der
Höhe / worauf wir uns gelagert hatten / sich niedersetzen / da wir alle ihr
Thun und Lassen genau beobachten
kunten : und fieng an von allerhand
Sachen mit ihnen zu reden / um sie so
lange aufzuhalten/bis unsere drey aus-
gesandte Männer von ihrem Dorffe
wieder zurücke kämen. Als diese nun
über eine Weile hernach wieder kamen/
und die Wilden den Friedens Calu-
met/den einer von ihnen truge/erblick-
ten / sprungen sie mit einem lauten
Freuden-Geschrey auf / und fiengen an
auf ihre Art zu tanzen/ohne daß sie den
gering-

geringſten Unwillen wegen des Jndia-
niſchen Korns / ſo ſie unſere Leute mit
ſich bringen ſahen / und ihnen war genommen worden / bezeuget hatten: Ja
ſie ſandten vielmehr hin / und lieſſen
noch mehr aus ihrem Dorffe holen / und
ſchenkten uns den folgenden Morgen
deſſelben ſo viel / als wir in unſeren
Kähnen einnehmen konten.

Deſſen aber ungeachtet hielten
wir für rathſam / daß die umſtehenden
Bäume niedergehauen würden / und
unſere Leute die Nacht über im Gewehr blieben / aus Furcht / daß wir etwan unverſehens möchten überfallen
werden. Des andern Tages gegen zehn
Uhren kamen die Aelteſten aus dem
Dorffe mit ihren Friedens-Calumet zu
uns / und gaben unſern Franzoſen
ſämtlichen eine Freuden-Mahlzeit;
wofür ſie der Herr de la Salle zur
Dankſagung mit etlichen Aexten /
Meſſern und gebündern Glaß-Corallen / zum Zierrath ihrer Weiber be-
ſchenkete / und höchſt vergnüget wieder
von ſich ließ.

Wir

Wir machten uns selbigen Tags/
war der andre October) wieder auf/
und fuhren vier Tage lang immer am
Strande hin/ welcher mit grossen Hü-
eln/so abschiessig bis in den See herab
essen besetzet war/so/daß man schwerlich einen bequemen Ort zum ausstei-
en finden konte; wir musten derohal-
en alle Abend an selben bis auf die
Höhe hinan klettern/ und die Kähne/
damit sie nicht/die ganze Nacht über/in
der Wellen Gewalt verblieben/ mit
ins tragen; ja wir wurden diese vier
Tage über/ und hernach noch öffters/
durch die widerwärtigen und allzu un-
bestimmen Winde gezwungen/ mit
grosser Ungelegenheit an Land zu stei-
en; und wann wir wieder zu Schiffe
gehen wolten/ mussten unserer zweene
is an den Gürtel ins Wasser steigen/
und so lange den Kahn oberhalb der
Wellen/ welche denselben bald gegen
as Land trieben / bald wieder von
emselben abrissen/ erhalten/ bis er geben war/ alsdenn ließ man ihn indes-
en herwarts gehen / bis die andern

D   auch

auch auf gleiche Weiſe geladen waren.
Als uns nun das Indianiſche Korn
und andere Victualien / ungeachtet
wir ſehr ſparſam damit umgiengen / zu
mangeln begunten / fiel unſer guter alter Franciſcaner Pater unterſchiedne
mal in Ohnmacht / welchen ich aber
zweymal mit einem wenig Confection
de Hyacintho / welche ich als einen ſon-
derbaren Schatz bey mir verwahrete /
wieder zu ſich ſelber brachte: wir aſſen
in vier und zwantzig Stunden mehr
nicht als eine Hand voll Indianiſch
Korn / unter der Aſchen gebraten / oder
im ſchlechten Waſſer gekocht / und dieſe gantze Zeit über muſten wir uns nach
dem Lande halten / und offt gantze Tage
lang aus allen Kräfften rudern. Unſere Leute lieſen offt nach den kleiner
Sträuchern / und aſſen die wilden
Früchte mit groſſer Begierde; es wurden ihrer unterſchiedliche kranck / und
glaubten gäntzlich daß dieſe Früchte ſi
vergifftet hätten. Je mehr wir aber
ausſtehen muſten / je mehr Kräfft
ſchiene mir GOtt zu verleihen / ſo da
i

h, offters im Rudern unter unſern
Kähnen der forderſte war. In dieſer
unſerer Noth und Mangel ꝛc. ließ uns
GOtt / welcher auch für die kleineſten
Vögelein ſorget / einen Hauffen Ra-
en und Adler am Uffer des Sees er-
licken: wir ruderten bald mit aller
Macht gegen dem Orte zu / wo dieſe
fleiſch-freſſige Raub-Vögel waren
nd. funden die Helffte von einem ſehr
etten wilden Bocke / welchen die
Wölffe niedergeriſſen/und halb gefreſ-
en hatten; wir hielten darauf von ſol-
hem Wildpret Mahlzeit / und danke-
en der Göttlichen Vorſorge / welche
ns ſo eben zu rechter Zeit mit Hülffe
rſchienen war.

Solcher Geſtalt nun kamen wir
nit unſer kleinen Flotte immer weiter
gegen Suden / und funden das Land
on Tag zu Tage ſchöner und tempe-
irter.

Den 16. October begunnten wir
as Wild in groſſer Menge anzutref-
en/ da denn unſer Wilder/ welcher ein
ehr guter Jäger war/Hirſche und wil-

D 2   de

de Böcke / und unsere Franzosen viel
junge Indianische Hüner / so sehr sett
waren / schossen: und am 28. October
langeten wir endlich am End des Dauphin-Sees an/ allwo wir / wegen starken Windes / an Land steigen musten:
Wir giengen / wie wir in Wäldern
und Wiesen zu thun gewohnet waren/
auf Kundschafft aus / und funden an
diesem Ort zeitige Weintrauben eines
sehr guten Geschmacks / derer Beeren
so groß / als die Damascener Pflaumen
waren. Wir musten aber die Bäume/
an welchen diese Weinstöcke hoch hinauf gewachsen waren / umhauen / damit wir die Trauben bekommen konnten; aus se ben presseten wir Wein/
und fülleten ihn in hole Kürbis / welche
wir stets in Sand einscharreten/ damit
er uns nicht sauer würde/ und erhielten
ihn also bis in vierdthalb Monat / und
auf daß er desto länger währete / hielten wir nur an denen Fest- und Sonn-
tagen Messe / einer um den andern.
Alle Wälder waren hier voller Weinstöcke / so von sich selbst ungebauet
wachsen;

ſachſen; wovon wir mit Luſt aſſen/
weil wir uns damit den Eckel vom
Fleiſch/ welches wir ohne Brod eſſen
muſten/benahmen.

Wir funden hier gantz friſche
Menſchen-Fußſtapffen/ dannenhero
er Herr de la Salle unſere Leute auf
guter Hut ſeyn ließ/und ihnen verboth/
iniges Geſchrey oder Geräuſch zu ma-
hen. Dieſem Verboth gehorcheten ſie
war eine Zeitlang/ als aber einer auß
ihnen eines Bärens gewahr wurde/
konte er ſich nicht halten/ ſondern gab
mit ſeinem Rohr Feuer/ traff ihn auch
ſo wol/ daß er den Berg herab bis an
unſere Hütten ſtürzete.

Dieſer Schuß verurſachte/ daß
ſich auf die 125. Wilden/von der Nation der Utovagamiſen/ welche zu Ende des Stänker-Buſens wohnen/ und
itzt nicht weit von uns ihre Hütten aufgeſchlagen hatten/ ſehen lieſſen. Der
Herr de la Salle war auſſer dem der-
geſundenen Fußſtapffen halber in groſſen Sorgen/ und ſchalt unſere Leute/
daß ſie ſo gar unbedachtſam wären;

D 3 und

und damit wir nicht unverſehens mö
ten überfallen werden/ſtellete er bey i
Kähne/ unter welche man alles Kau
manns-Gut/ um ſelbes für dem Reg
zu bedecken/ geleget hatte/ eine Schil
wacht.

Deſſen aber ungeachtet/ kam
doch des Nachts dreiſſig Uttovagan
ſen/ welche/ als es ſtark regnete/ u
der/ſo auf der Schildwache ſtund/ vi
leicht ſchlieff/ ihrer gewöhnlichen Be
ſchlagenheit nach/ſachte längſt dem L
ſer bis zu unſern Kähnen herzu ſch
chen/ und ſich einer hinter dem ander
auf den Bauch legeten/ da denn d
Nächſte ein Camiſol/ ſo dem Laquey
des Herrn de la Salle gehörte/ und e
nige andere Sachen/ſo darunter lage
erwiſchete/ und ſelbiges dem Nächſte
hinter ihm/ und dieſer wieder einem a
dern zureichete. Als aber unſere Schil
wach einiges Geräuſche vermerkte
weckte er uns auf/ und lief ein jeglich
zu ſeinem Gewehr. Als nun die Wi
den ſahen/ daß ſie entdecket waren/ rie
ihr Capitain/ ſie wären Freunde; ihne
wurd

urde geantwortet / daß dieses nicht
ie Zeit wäre/ Freundschafft zu suchen/
an käme des Nachts nur stehlen oder
Nordens halber: jener aber wendete
agegen ein/ daß sie freilich insgesamt/
ls sie den Schuß gehöret hatten / ge-
oiß vermeinet hätten / es sey eine Par-
hey Iroquosen / ihre Feinde / vorhan-
en / weil die andern Wilden ihre
Nachbarn/ keine Feuer-Röhre führe-
en / und wären derohalben kommen/
am selbe nieder zu machen / als sie aber
gewahr worden / daß wir Franzosen
wären / welche sie für ihre Brüder hiel-
en/ hätten sie/ aus Ungedult/ uns bald
zu sehen/ des Tages nicht erwarten können / sondern wären itzo kommen / uns
zu besuchen / und mit uns aus unserm
Calumet zu schmauchen: Dieses ist das
gewöhnliche Compliment der Wil-
den/ womit sie ihre grosse Gewogenheit
pflegen zu verstehen zu geben.

 Wir stelleten uns hierauf/ als ob
wir ihren Worten glaubeten/ und sag-
ten/ es solten ihrer vier oder fünffe/ und
nicht mehr/ herzu kommen / weil ihre

     junge

junge Leute gewohnet wären zu stehlen/
und wir Franzosen solches durchaus
nicht leiden könten. Als nun vier oder
fünff alte Männer zu uns kamen / un-
terhielten wir sie so lange bis es Tag
worden/ hernach liessen wir sie wieder
frey ihres Weges gehen.

Als sie nun weg waren / wurden
unsere Schiff-Zimmerleute gewahr/
daß wir bestohlen wären; und weil uns
derer Wilden Art nicht unbekandt
war/ und wir wol wusten/ daß sie/
wann wir zu geschehenem Diebstahl
stille schwiegen/ alle Nächte dergleichen
Anschläge werkstellig zu machen sich
unterstehen würden/ entschloß man sich
sie deßwegen zu rechtfertigen; Um solcher Ursach willen stieg der Herr de la
Salle für seinen Leuten vorher auf eine
Höhe/ so wie eine Halb-Insel aussahe/
und versuchte in eigner Person/ ob er
etwan einen Wilden allein antreffen
möchte: und als er kaum 300. Schrit-
te gegangen war/ fand er ganz frische
Fußstapffen eines Jägers; welchem er
stracks mit aufgezogenem Pistol in der
Hand/

Hand/nachgieng/ und kurz darauf unweit von dem Orte/wo ich und der Pater Gabriel Weintrauben lasen/ antraff: Er ruffte mir/ und bat mich/ ihm
zu folgen/ bemächtigte sich hierauf des-
selbigen/ und als er von ihm alle Um-
stände des Diebstals erfahren/ gab er
ihn seinen Leuten zu verwahren. Er
machte sich hierauf mit zweyen andern
ins Feld/ und als er einen von den ansehnlichsten dieser Wilden angetrof-
fen/ hieß er ihn stille stehen/ und zeigte
ihm den Gefangenen von fernen/ und
befahl ihm/ seinen Landsleuten zu sa-
gen/daß/wofern sie nicht alles das jeni-
ge/ was sie bey Nacht gestohlen hät-
ten/ wiederbringen würden/ er ihren
Cameraden wolte erwürgen lassen.

Dieser Vortrag verursachte unter diesen Barbaren eine solche Ver-
wirrung/ daß sie nicht wusten/ was sie
thun solten: Dann sie hatten das Cami-
sol in Stücke zerschnitten/ und selbes
nebst denen Knöpffen unter sich getheilet. Weil sie nun solches nicht ganz wiedergeben konten/ und gleichwol auch

D 5   nicht

nicht wuſten / wie ſie ihren Cameraden
(dann ſie laſſen einander nicht /) los
machen ſollen/wurden ſie endlich ſchlüſ-
ſig / ihn mit Gewalt wieder frey zu
machen.

Den andern Morgen frühe/ war
der 30. October / kamen ſie ingeſamt
mit bewehrter Hand uns anzugreiffen.
Es war zwiſchen der Halb-Inſul/wor-
auf wir lagen / und dem Walde / in
welchem ſich die Wilden ſehen lieſſen/
eine ſandige Fläche / zweyer Büch-
ſen-Schüſſe breit / worauf viel
kleine Hügel waren/unter denen der je-
nige/welcher uns am nächſten war/ die
andern alle überhöhete/ dieſen nam der
Herr de la Salle ein/und commendirte
fünff ſeiner Leute / welche ihre Mäntel
die Helffte um den linken Arm gewi-
ckelt hatten/ die Pfeile der Wilden damit aufzufangen / voran / denen er mit
denen andern folgete / um ſie zu ſecun-
diren. Als jene aber ſahen / daß die
Franzoſen auf ſie zukamen / um Feuer
auf ſie zu geben / liefen die jüngſten unter ihnen beyſeits/ und verſteckten ſich
unter

nter einen groſſen Baum/ ſo auf dem
Hügel ſtund; deſſen aber ungeachtet/
leben doch ihre Hauptleute unweit
von uns halten: es waren ihrer mehr
nicht als ſieben oder achte/ die Feuer-
Röhre hatten/ die andern alle hatten
nur Pfeile und Bogen: Indeſſen nun
weil dieſer Lermen gemacht worden/re-
ſitirten wir drey Franciſcaner unſer
Officium/ und weil ich unter uns
dreyen am meiſten geſehen/ wie es im
Kriege herzugehen pfleget/ (denn ich
habe unter der Aufſicht des Ehrwür-
digſten Vatters Hyacinthuß le Fevre
dem Könige für Allmoſen-Pfleger ge-
dienet) gieng ich aus unſerer Hütten
heraus/ zu ſehen/ wie ſich unſere Leute
ins Gewehr ſchicketen/und zweyen von
denen jüngſten/ welche ganz erblaſſet
waren/ und nichts deſto weniger ſich
frech und muthig/ gleich ihrem Hauptmann ſtelleten/ein Herz einzuſprechen.
Hierauf näherte ich mich nach der
Seiten/ wo die Aelteſten der Wilden
waren/ welche/ weil ſie ſahen/ daß ich
unbewehret war/merketen ſie bald/daß

ich

ich käme Friede zu machen / und mich
zum Schiedesmann zwiſchen beyden
Partheyen zu ſtellen: indeſſen wurde
einer von unſern Leuten gewahr / daß
einer von denen Wilden einen Streiſ-
ſen rothen Zeuges / ſtatt eines Stirn-
bandes / um den Kopff gebunden hatte;
lieff derowegen hin / rieß es ihm vom
Kopff / und gab ihm zu verſtehen / daß
er es uns geſtohlen hätte.

Dieſe Kühnheit eilff gewaffneter
Franzoſen / ſich gegen 125. Wilde zu
ſetzen / jagte dieſen Barbaren eine ſolche Furcht ein / daß zweene von ihren
Aelteſten / bey denen ich war / uns den
Friedens-Calumet präſentirten; und
als ſie / auf gegebene Verſicherung / daß
ſie es ohne alle Furcht thun möchten /
näher zu uns kommen / ſagten ſie / daß
ſie aus keiner andern Urſach zu dieſer
Extremität kommen wären / als weil
ſie unmöglich zu ſeyn geſehen hätten /
uns das jenige / was uns geraubet
worden / alſo / wie ſie es genommen /
wieder zu geben: ſie wären bereit / das
jenige / was noch ganz wäre / zurück zu
geben /

oben/ und das andere zu bezahlen. Sie
richteten zugleich dem Herrn de la
Salle etliche Kleider aus Bieberfellen/
mit ihn durch dieses Geschenke desto ge=
neigter zum Frieden zu machen; und
entschuldigten sich/ daß sie nichts bes=
sers zu geben hätten/ weil es bereits zu
tieff ins Jahr wäre. Man war endlich
mit ihren Entschuldigungen zu frieden:
und als sie das/ was sie versprochen/
werkstellig gemachet hatten/ wurde der
Friede wieder bestättiget.

Der folgende Tag wurde mit
Tantzen/ Gastirung und Reden oder
Orationen zugebracht: da denn der
vornehmste Hauptmann dieser Wil=
den/ sich gegen die Frantziscaner wen=
dende/ sagte: Sehet hier die Graurö=
cke! Wir halten sehr viel von ihnen/
denn sie gehen baarfuß wie wir; sie ach=
ten die Röcke von Bieberfellen/ welche
wir ihnen ohne Hoffnung einiges Ent=
gelts verehren wollen/ nichts; sie haben
kein Gewehr/ womit sie uns tödten
könten; sie liebkosen unsern Kindern/
und geben ihnen Glaß= Corallen um=

D 7 sonst:

ſonſt: und unſere Landsleute / welche
Pelzwerk nach denen Franzöſiſchen
Städten gebracht haben / haben uns
geſagt / daß der Onontio / der groſſe
Hauptmann der Franzoſen / ſie ſehr
lieb habe / darum weil ſie alles / was die
Franzoſen koſtbares haben / verlaſſen /
und kommen / uns zu beſuchen. Du als
Hauptmann derer Anweſenden / ver-
ſchaffe / daß einer von dieſen Graur-
cken bey uns bleibe / wir wollen ihm
von allem / was wir haben / zu eſſen geben / und wollen ihn mit uns in unſern
Flecken nehmen / wenn wir von der
wilden Ochſen-Jagt wieder werden
zurücke nach Hauſe kehren. Und du / der
du der andern Herz biſt / bleib auch bey
uns / und zeuch nicht zu denen Illinoſen / denn wir wiſſen / daß ſie alle Franzoſen nieder zu machen willens ſind / du
wirſt unmöglich einer ſo Volk-reichen
groſſen Nation widerſtehen können.
Er ſetzte hinzu / die Urſache ſey / daß ein
Jroquoſe / den die Illinoſen verbrandt
hätten / ihnen bekennet habe / daß der
Krieg / den die Jroquoſen mit ihnen /

ſey

in Illinosen/ angefangen hätten/ von
enen Frantzosen/ so den Illinosen feind
wären/ angestifftet worden sey.

Dergleichen sagten sie noch viel
andere Sachen / welche fast alle unsere
Frantzosen erschrecketen / und dem
Herrn de la Salle grossen Kummer
machten/ weil alle Wilden / so wir auf
unserer Reise angetroffen/ ihm fast dergleichen Nachricht gegeben hatten.
Nichts destoweniger / weil er leicht er-
achten konnte / daß diese Gründe vielleicht den Wilden / von denen / so sich
unserer Reise widersetzeten/ könten ein-
gegeben oder auch von ihnen selbst aus
Eifersucht erdacht seyn / weil sie besor-
geten/ daß die Illinosen/ vor welchen sie
sich / ihrer Dapfferkeit halben / vorhin
fürchten/ noch frecher werden möchten/
wann sie / durch Hülffe derer Frantzo-
sen/ den Gebrauch der Feuerröhre bekommen möchten ; wurde er/ nebst uns/
schlüssig/ unsere Reise fortzusetzen/ uns
aber dabey aufs beste/ als möglich seyn
würde / wol fürzusehen. Derohalben
antwortete er denen Attopagamisen/
daß

daß wir ihnen für die gute Nachricht
danketen; es fürchteten aber die Franzoſen / welche Geiſter wären (denn alſo
nennen uns die Wilden/ ſagende / daß
ſie nur Menſchen wären / wir aber waren Geiſter) ſich im geringſten nichts
für den Illinoſen/ als welche man ſchon
würde / entweder mit Güte/ oder mit
Gewalt/ zu rechte zu bringen wiſſen.

Folgenden Morgen / am erſten
November / giengen wir alle wieder zu
Schiffe / und langeten an dem Orte
an/ welcher zwanzig andern Franzoſen/
ſo längſt dem andern Ufer des Sees zu
uns ſtoſſen ſolten/ beſtimmet war/ nemlich bey dem Munde des Fluſſes der
Miamiſen/ welcher/ vom Süden kom-
mend /ſich hier in den Dauphin-See er-
gieſſet.

Wir wurden nicht wenig beſtürzt / als wir keinen Menſchen daſelbſt funden/ weil die/ ſo wir hie zu finden hoffeten/ einen viel kürzern Weg zu
reiſen gehabt hatten/ als wir/ und über
dieſes ihre Kähne nicht ſo ſehr beladen
waren/ als unſere.

Bey

Bey diesem Zustande entschlossen wir uns / den Herrn de la Salle zu
bereden / daß er uns nicht zur Unzeit in
Befahr setzen wolle/ noch des Winters
allhier erwarten/ sondern daß er uns je
ehe je besser zu denen Illinosen führen
wolle: Dann diese Völker pflegten bey
dieser Jahres-Zeit desto bequemer ihre
Jagten anzustellen / sich in gewisse
Hauffen oder Zünffte / derer eine aus
zwey bis drey hundert Köpffen beste-
het/ zu vertheilen / dahero je länger wir
an diesem Ort verzögen/ je schwerlicher
würden wir zu ihnen kommen können:
es würde uns endlich allhier am Wildbret mangeln / und dann würden wir
müssen Hungers sterben: da hingegen
wir bey den Illinosen Indianisch Korn
zu unserer Speise finden würden: wir
würden auch/ weil unser nur vierzehen
wären / leichter uns unterwegens
durchbringen/ als wann unser zwey-
und dreissig wären: und endlich würde/
wann die Flüsse zugefrieren, würden/
es uns unmöglich seyn/ unser Geräthe
hundert Meilen selbst zu tragen. Wir
bekamen

bekamen aber von ihm zur Antwort/
daß wann die zwanzig Mann/ auf welche er warte / würden zu uns geſtoſſen
ſeyn / er ſich ohne alle Gefahr dem erſten dem beſten Hauffen der Illinoſen/
ſo er auf der Jagt antreffen würde/
würde können zu erkennen geben / welche er durch Freundlichkeit und Geſchenke zu gewinnen / und von ihnen etwas von ihrer Sprache zu begreiffen
hoffete/ durch welche Mittel er hernach
leichtlich mit allen den übrigen von der
Nation in Bündnis würde kommen
können. Aus dieſen und dergleichen ſeinen Reden verſpühreten wir wol / daß
er dieſes ſeines Thuns keine andere
Grund-Urſache hätte / als ſeinen Willen; ja er ſagte uns dürre heraus/
wann ihn gleich alle ſeine Leute verlaſſen ſollten/ſo wolle er doch allein mit ſeinem wilden Jäger bleiben / und wollte
ſchon Mittel finden / uns dreyen Franciſcaner München ſatt Wildbret zu
ſchaffen.

Indeſſen kam ihm ein / er könne
ſich das Auſſenbleiben ſeiner Franzoſen

zu nutze machen / sagte derohalben
seinen Leuten/ er sey entschlossen/ all=
ier zu warten / und damit ihnen die
Zeit nicht lang würde / so sey er gesin=
et/ eine Festung oder Schanze/ und ein
Haus allhier zu bauen/ damit die Bar=
que und Kauffmanns-Gut / so sie mit=
bringen solte / in desto besserer Sicher=
heit seyn / und wir / im Fall der Noth/
unsere Zuflucht hieher nehmen könten.

Es hatte am Munde des Flusses
der Miamisen eine Höhe/ und auf der=
selben eine Art eines Bollwercks / so
von Natur befestiget war; seine Ge=
stalt war dreyeckigt / wol erhöhet und
ordentlich abgedachet/ an zweyen Sei=
ten umschlosse es der Fluß/ und auf der
dritten war es durch eine Tieffe Re=
genbach vom Lande abgeschnitten. Es
wurden alsobald die Bäume/ die es be=
decketen / umgehauen / und das Ge=
strüttig auf zwey Büchsen=Schüsse
weit/ gegen dem Walde zu / sauber hin=
weg geräumet: hernach fieng man an
eine Redoute von 40. Schuen nach
der Länge/ und 80. nach der Weite auf=
zuwerffen/

zuwerffen/ welche man mit zwerchs
über einander gelegten Balken befe-
stigte und Schuß-frey machete; und
weil er die beyden Seiten gegen dem
Fluß mit Spanischen Reutern/ und
die Land-Seite mit 25. Schuh-hohen
Pallisaden/in Form einer Scheer verwahren wolte/ ließ er genugsame
Pfähle dazu hauen.

Mit dieser Arbeit brachten wir
den ganzen Monat November zu/ in
welcher Zeit wir anders nichts als
Bären-Fleisch/ welche unser wilder
Jäger schoß/zu essen hatten. Es hielten
sich an diesem Orthe viel von diesen
Thieren auf/wegen der Weintrauben/
so allhie durchaus in grosser Menge
wachsen. Als aber unsere Leute sahen/
daß der Herr de la Salle voller Unmuth war/ weil er besorgete/ daß die
Barque möchte verlohren gegangen
seyn/ und über dieses ganz verdrüßlich
wurde wegen des langen Aussenblei-
bens derer jenigen/ welche der Herr de
Tonty hernach bringen sollte/ zumalen
sie noch über dieses des Winters Anfang

ung zu drucken begunte; arbeiteten ſie
mit lauter Unwillen / und waren über
dem fetten Bären-Fleiſch ungedultig/
und beſchwehreten ſich, daß ihnen nicht
vergönnet würde nach wilden Böcken
auszugehen / um derer Fleiſch zum
Bären-Fett zu eſſen : ihr Abſehen aber
war allein / dadurch Gelegenheit zum
Entlauffen zu bekommen.

  Wir indeſſen baueten eine Hütten von Baumrinden/ damit wir/ Zeit
unſers Hierbleibens / deſto bequemer
Meſſe halten konten / und an denen
Feſt-und Sonntägen predigten Pater Gabriel und ich/ einer um den andern / und erwehleten fürnemlich ſolche
Texte/ welche uns Gelegenheit gaben/
unſere Leute zur Gedult und Beſtän-
digkeit anzumahnen.

  Zu Anfang dieſes Monats hatten wir den Eingang des Fluſſes un-
terſuchet/ und in ſelbem eine Sandbank
gefunden : damit nun/ wann unſere
Barque vielleicht noch kommen möchte / ſelbige deſto leichter und ſicherer in
den Fluß einlauffen möchte/ wurden
                                    von

von beyden Seiten des Canals zweene
grosse Maste gepflanzet / auf deren je=
dern eine Flacke von Bärenhaut we=
hete/und die Seiten längst hin wurden
mit Pfählen bestecket/ über dieses wur=
den zweene von unsern Leuten / denen
alle Gelegenheit bekandt war / nach
Missilimakinac geschickt/damit sie dem
Piloten Lucas zu Geleits=Leuten und
Wegweisern dienen solten.

Den 20. November kam der
Herz de Tonty an / und brachte zwey
Kähne/mit Hirschen beladen/ mit sich/
wodurch unsere kleinmüthige Arbeiter
wieder etlicher massen aufgerichtet
worden: weil er aber nur die Helffte de=
rer Leute so wir erwarteten / mit sich
brachte / und die andern / drey Tagrei=
sen weit von unserm Lager/ in Freyheit
gelassen hatte / wurde der Herz de la
Salle sehr ungedultig; und als die neu=
Angekommenen berichteten / daß die
Barque nicht nach Missilimakinac für
Anker kommen / sie auch von denen
Wilden / so hin und wieder von den
Uffern des Sees kommen wären/ noch
von

on denen beyden Männern / ſo wir
ach Miſſilimakinac geſchicket / und ih-
en unter weges begegnet waren/ keine
Nachricht von ihr erfahren können: j
ürchtete er nicht ohne Urſach / daß ſie
nüſte Schiffbruch gelitten haben: Deſ-
en aber ungeachtet/ muſten ſeine Leute
in der Feſtung der Miamiſen zu arbeiten fortfahren. Als er aber endlich
nach langem Warten ſahe / daß ſie ſich
nicht finden wolte/ entſchloß er ſich/ auf-
zubrechen / damit er nicht vom Eiße/
welches bereits anfieng auf dem Fluſſe
ſich anzuſetzen / ſo bald es aber ein wenig regnete wieder vergieng / möchte
umſetzet werden ; unterdeſſen muſten
wir doch warten / bis der Reſt von unſern Volk/ welches der Herz de Tonty
zurück gelaſſen hatte / hernach kam.
Denn itzt gemeldter Herz de Tonty
kehrete/ um den Fehler / ſo er begangen
hatte/ zu verbeſſern/ wieder zurück damit er ſelbe einholen/ und ſie ungeſäumt
zu uns bringen möchte: unterwegens
wolte er/ ungeachtet der Herz Dau-
tray und ſein anderer Geſehrte / dawi-
der

der waren / gegen den Wind / welcher
ſtark bließ / ſchiffen / weil er aber nur eine Hand hatte / und ſeinen Leuten deß-
halben nicht helffen konnte / ergriffen
die Wellen den Kahn / und ſchmiſſen
ihn nach der Seiten ans Uffer / worüber ſie ihre Röhre / und das wenige
Geräthe / ſo ſie bey ſich hatten / verlohren / und genöthiget worden / wieder zu
uns zu kommen; zu allem Glück aber
kamen kurz nach ihnen auch die andern
unſere Leute an / und blieben nur zweene aus denen man nichts guts zutraue-
te / und davor hielt / daß ſie würden entlauffen ſeyn.

Den 30. December giengen wir
wieder zu Schiffe / mit dreiſſig Mann
in acht Kähnen / und fuhren den Fluß
der Miamiſen hinauf gegen Sud-Oſt /
ohngefehr 25. Meilen / wir konnten
aber nicht erkennen / an welchem Orth
wir ausſteigen und unſere Kähne / ſamt
allem Geräthe / ſo wir mit uns führeten / über Land bis zum Urſprung des
Fluſſes Seignelay tragen ſolten. Und
weil wir mit unſern Kähnen zuweit
Den

en Fluß hinauf kommen waren / ohne
aß wir itzt gedachten Ort im Vorbey
ihren erkennet hatten/ hielten wir stil
/ und der Herz de la Salle gieng zu
ande/ den Ort aufzusuchen : als er
ber nicht wieder zu uns kam / und wir
icht wusten was wir thun sollten/bath
h zwey der hurtigsten von unsern Leu
en/ daß sie ein Stücke in den Wald
inein gehen solten/ und ihre Röhre lö
en/damit er hören möchte/an welchem
Orthe wir seiner warteten ; indessen
uhren zween andere den Fluß besser
inauf/ aber vergebens: dann die her
in brechende Nacht nöthigte sie wie
er zuruck zu kommen.   Folgenden
Morgen machte ich mich mit zween an
ern in einem Kahn aus Pantoffelholz
emacht/ auf/ und suchte ihn/den Fluß
inauf fahrend / aufs allerfleissigste /
ber umsonst; bis endlich um 4. Uhr
Nachmittage/ da wurden wir seiner
on ferne ansichtig/ sein Gesichte und
ände waren ganz schwarz von den
ohlen und Holz so er die Nacht über/
eil es frisch war / Feuer zu halten / zu

E   sam

ſammen geſchieret hatte: er hatte an
ſeinem Gürtel zwey Thierlein hangen,
an der Gröſſe wie eine Wieſen-Maus,
mit ſehr ſchönen Fellichen / ſo faſt den
Hermelichen gleicheten / welche er / weil
ſie nicht begehret davon zu lauffen / mit
einem Stock erſchlagen hatte / maſſen
dieſe Thierlein ſo zahm ſind / daß ſie ſich
öffters mit den Schwänzen an die Aeſte
ſte der Bäume aufhenken laſſen / und
weil ſie ſehr fett waren / verzehreten ſie
unſere Schiff-Geſellen mit Luſt. Er
ſagte / daß er wegen des Moraſts ſo er
an jetroffen hatte / einen weiten Umweg hätte nehmen müſſen / und weil es
über dieſes ſtark ſchneyete / war er erſt
zwey Stunden in der Nacht am Uffer
des Fluſſes angelanget: er hatte zweymal ſein Rohr los geſchoſſen / und ſeine
Gegenwart dadurch zu verſtehen zu geben / als ihm aber niemand geantwortet / hatte er vermeinet / die Kähne würden ihm ſeyn zuvor kommen / derowegen er immer den Fluß höher hinauf
gegangen war. Als er nun länger als
drey Stunden alſo gegangen / erblicket
er

: auf einem Hügel ein Feuer/ auf wel-
es er dürstiglich zugegangen / und
wey oder drey mal laut geruffen; an
att aber daß er uns / wie er sich einge-
ildet hatte / schlaffende antreffen sol-
en/hatte er nichts/als ein kleines Feuer
wischen dem Gesträuche/ und unter ei-
ler Eichen einen Ort / wo ein Mensch
uf dem dürren Grase gelegen hatte/
nd welcher vermuthlich als er das
Ruffen gehöret/ davon gelauffen war/
ngetroffen. Dieses war ein Wilder
gewesen welcher sich dahin verstecket
hatte / jemand von seinen Feinden zu
rlauschen und zu erschlagen: Er ruffete
ihm in zwey oder dreyerley Sprachen/
und letzlich schrie er mit vollem Halse/
um ihm dadurch zu verstehen zu geben/
daß er nichts zu fürchten hätte/und daß
er wieder sich an seinen Ort legen
möchte: er zündete hierauf das Feuer
aufs neue an / und nachdem er sich wol
gewärmet/hielt er für rathsam zu seyn/
das Gesträuche rings um sich her um-
zuhauen / damit solches indem es über-
zwerchs in das noch stehende fiel den

E 2 Zu-

Zugang verhinderte/ daß man ohne ein
starkes Geräusche/ wovon er ohnfehl
bar erwachen muste/ nicht zu ihm kom
men und ihn unversehens überfaller
könte: Hierauf löschete er das Feuer
aus/ und schlief/ ungeachtet es die ganze
Nacht schneiete. Ich und der Pater
Gabriel bathen ihn/ er möchte doch
hinfüro sein Volk/ nicht mehr/ wie er
dißmal gethan hatte/ verlassen/ weil
der glückliche Ausgang unserer fürha-
benden Reise einzig und allein an seiner
Gegenwart hienge.

Unser Wilder/ welcher auf der
Jagd hinter uns zurück geblieben war/
als er uns bey der Überfahrt nicht an-
getroffen/ kam er den Fluß herauf/ und
als er uns fand/ sagte er uns/ daß wir
wieder müsten zurück kehren; wir schickten hierauf alle unsere Kähne mit ihm
fort/ ich aber blieb mit dem Herrn de la
Salle/ welcher sehr müde war/ zurücke; und/ weil unsere Hütten/ nur aus
matten von Binsen geflochten/ bestun-
de/ ergrieff sie des Nachts das Feuer/
so/ daß wo ich nicht geschwinde die jenige

Matte / welche an statt der Thüre
ar / und bereits heller Lohe brandte/
itte umgestürzet / wir grausam wür-
en verbrand seyn worden.

Den folgenden Morgen traffen
ir unsere Leute an der Uberfarth an;
llwo der Pater Gabriel ein Hauffen
reutze an die Bäume gehauen hatte/
amit wir an denselben den Ort erken-
en möchten: Wir funden hie sehr viel
börner und Hirnschädel von wilden
Ochsen / samt einigen Kähnen und
Ochsen-Fellen/welchen die Wilden ge-
nacht hatten / ihr erjagtes Fleisch damit über den Fluß zu führen.

Dieser Ort ligt am Ende eines
grossen Feldes / an dessen Ende gegen
Nidergang ein Flecken liget / in welchem Miamisen/ Mascouten und Oja-
tinonen unter einander vermenget
wohnen.

Der Fluß Seignelay/ so nach denen Illinosen zu lauffet/ entspringet in
einem flachen Felde mitten zwischen be-
senden Erdreich/ über welches man
kaum gehen kan/ und ist nur andert-

E 3 halb

halb Meilen vom Fluß der Miamiſen
entfernet. Wir trugen alſo unſere
Kahne ſamt allen unſern Sachen über
Land / von einem Fluſſe zum andern;
und räumeten den Weg / durch wel=
chen wir giengen / damit die jenigen / ſo
nach uns kommen würden / ihn deſto
bequemer finden möchten; wir lieſſen
auch an dem Ort / wo wir aus dem
Fluſſe der Miamiſen herauf giengen /
wie nicht weniger in der Feſtung die
wir beym Eingange des Fluſſes ge=
bauet hatten / Brieffe zurück / zur
Nachricht denen jenigen / welche mit
der Barque / bis 25. ſtark / zu uns kom=
men ſolten.

Der Fluß Seignelay kan hun=
dert Schuh weit von ſeinem Urſprung
bereits mit Kähnen befahren werden /
und wächſet in kurzer Zeit ſo ſehr / daß
er ſo breit wird / und tieffer iſt / als die
Marne in Frankreich. Er flieſſet mit=
ten durch groſſe Moräſte / zwiſchen
welchen er ſich ſo krum herum drehet
und ſchlinget / daß / ungeachtet er ſtark
genug fleuſt / wir öffters / wenn wir ei=
nen

en ganzen Tag gerudert hatten / be=
inden / daß wir der geraden Linien
ach kaum zwo Meilen für uns bracht
atten. Man siehet auch / so weit sich
as Gesichte erstrecket / anders nichts
ls eitel mit Binsen und Erlen be=
achsene Moräste / so daß wir vierzig
Meilen reiseten/ehe wir einen Ort fun=
en / da wir einige Hütten auffschlagen
onten; ausgenommen einige gefrorne
Erdhauffen / auf welchen wir schliessen
und Feuer anzündeten. Indessen als
vir endlich aus den Morästen heraus
amen/begunte es uns an Lebens-Mit=
eln zu mangeln/und wir funden nichts
von Wildbrett / wie wir zwar gehoffet
hatten / dann es waren hie lauter offe=
ne Felder / auf welchen nichts als ho=
hes Graß wächset / welches zu dieser
Jahres=Zeit dürre ist : selbiges hat=
ten die Miamisen / als sie die wilden
Ochsen gejaget / angezündet und ver=
brandt. Dannenhero / so grossen
Fleiß als unsere Jäger anwende=
ten / traffen sie doch auf sechzig Meil
Weges unserer Reise mehr nicht

E 4 an

an zu schiessen / als einen magern Hir=
schen / ein kleines Böcklein / etliche
Schwanen / und zween Trappen / wo=
von 32. Personen sich erhalten musten;
Wann unsere Schiff=Gesehrten nur
die geringste Gelegenheit gefunden
hätten / so würden sie unfehlbar alles
im Stich gelassen haben / und über
Land zu denen Wilden gelauffen seyn/
massen wir das Feuer / womit sie die
Felder angestecket hatten / um dadurch
ihren Ochsen=Fang desto reicher zu ma=
chen/gar wol sehen konten.

Die wilden Ochsen halten sich
dieser Orthen gemeiniglich in grosser
Menge auf / welches aus der Menge
der Knochen / Hörner und Hirnscha=
len / so wir aller Orten funden/ leicht zu
urtheilen ist. Die Miamisen jagen die=
selbigen zu Ende des Herbstes auf fol=
gende Weise.

Wann sie eine Heerde der wilden
Ochsen an einem Orthe spühren / ver=
samlen sie sich in grosser Anzahl/zünden
das Graß rings um diese Thiere an/
und lassen nur einen engen Paß frey/

an

n welchen ſie ſich mit ihren Pfeilen
nd Bogen legen: Die Ochſen welche
em Feuer zu entweichen trachten/ſind
ezwungen/ nahe bey den Wilden für=
ey zu gehen/ die ihrer zuweilen an ei=
em Tage bis 120. erlegen/ welche ſie
nter ſich/ nachdem jedere Familie von
öthen hat/austheilen: Die Männer/
iber der Niederlage ſo vieler Thiere
riumphirend/ kommen und verkündi=
jen dieſe ihre Thaten den Weibern/
velche hierauf hingehen/ und dieſes
Wildbret nach Hauſe holen; derer eine
sielmals deſſelben bis 300. Pfund auf
ihren Puckel faſſet/ ohne die Kinder/ ſo
ſie oben drauf ſetzen/ welche Laſt ihnen
doch nicht gröſſere Beſchwerung zu
machen ſcheinet/ als etwan einem Sol=
daten ſein Degen an der Seiten.

Dieſe Ochſen haben an ſtatt der Ha=
re eine ſehr zarte Wolle/ welche an de=
nen Kühen länger zu ſeyn pfleget als
an den Ochſen: Die Hörner ſind faſt
gantz ſchwartz/ und weit dicker als die
Hörner der Europäiſchen Rinder/
über etwas kürzer: der Kopff iſt unge=

E 5 heuer

heuer groß / der Halß kurz und ſehr dicke / und zuweilen ſechs Spannen breit;
zwiſchen den Schultern haben ſie einen
Buckel / die Beine ſeynd kurz und ſehr
dicke / mit langer Wolle bewachſen:
auf dem Kopff und zwiſchen den Hörnern wachſen ihnen lange ſchwarze
Haare / ſo ihnen über die Augen herunter hangen / und ſie grauſam anzuſchauen machen. Ihr Fleiſch iſt ſehr
ſafftig; und ſind im Herbſt überaus
fett / weil ſie den ganzen Sommer bis
an den Halß im Graſe gehen: maſſen
dieſe weite Länder ſo voller Wieſen
ſind / daß es ſcheinet / es ſey hier dieſer
Rinder Element und Vaterland: Zu-
mahlen es immer hin und wieder etwas Wald auch giebet / in welche ſich
dieſe Thiere vor der Sonnen Hitze verbergen / und das genoſſene Futter wieder kauen können.

Dieſe Rinder oder Ochſen halten ſich nicht immer an einem Orte
auf / ſondern verändern die Gegend
nach den Zeiten des Jahres: maſſen
ſie bey angehendem Winter aus denen

Noͤr-

Nord-Ländern sich nach denen Sud-
ländern begeben; da immer einer hin-
er dem andern gehet / so daß sie zuwei-
en auf eine ganße Meil Weges lang
ich erstrecken; wenn sie ruhen/ legen sie
ich alle bey einander an einen Ort/wel-
hen sie mit ihrem Mist/davon wir etli-
he mal gessen haben / zimlich anfüllen:
Der Weg den sie gegangen sind / ist so
vol gebahnet/ als unsere Heer-Stras-
en in Europa/ und wächset kein Gräs-
ein auf selbigem; sie schwimmen über
ie Flüsse / und die Kühe/ wann sie
alben sollen/ begeben sich auf die In-
uln / damit die Wölffe ihnen die
Kälber nicht fressen können: so bald
ber die Kälber mit fort lauffen kön-
en/ sind sie vor den Wölffen sicher/
veil die Kühe sie genugsam vor ihnen
u beschützen wissen. Die Wilden/
amit sie diese Thiere nicht gänzlich
us ihrer Gegend verjagen / pflegen
ur die jenige zu verfolgen/ welche sie
nit ihren Pfeilen verwundet haben/
ie andern / so unverletzt durchkom-
nen/ lassen sie frey gehen/ und verfol-

E 6   gen

gen sie nicht sonderlich / damit sie nicht
gar zu scheu oder wild werden möchten.
Und ob zwar die Wilden / dieses grossen wüsten Landes Einwohner / von
Natur dazu geneigt sind / die Thiere
auszurotten; haben sie doch niemals
diese wilde Ochsen vertreiben können/
weil sie sich so häuffig vermehren / daß/
alles Jagens ungeachtet / sie folgendes
Jahr zur gewöhnlichen Zeit sich über-
flüssig wieder einstellen.

Die Weiber der Wilden spinnen
die Wolle von diesen Ochsen mit der
Spillen zu Faden / woraus sie Säcke
machen / und darinnen das geräucher-
te/und zuweilen an der Sonnen gedör-
rete Fleisch tragen: Sie erhalten es
offt drey bis vier Monat lang gut/und
ob sie gleich kein Salz haben/ wissen sie
doch so wol mit umzugehen / daß das
Fleisch im geringsten nicht riechend
wird / so daß / wenn sie es schon vier
Monat aufbehalten haben / es so wol
geschmackt zu essen ist/ als ob es erst
neulich geschlagen wäre worden : Die
Suppen von diesem gekochten Fleisch
trinken

rinken die Wilden, wie wir denn auch
mit ihnen getrunken haben / an statt
es Wassers/welches der gewöhnliche
Trank ist aller derer Völker in Ameri-
a / die mit denen Europäern keinen
Imgang haben.

Die Felle dieser wilden Ochsen/
wiegen gemeiniglich 100. bis 120.
Pfund/ die Wilden schneiden den Rücken und das dicke am Halße davon/
und nehmen nur das zarte am Bau-
che/ welches sie mit dem Gehirn von allerhand Thieren wol zuzurichten wissen / daß es so weich wird als unsere
Bock-Felle/so mit Oel bereitet sind; sie
mahlen diese ihre Leder mit allerhand
Farben / staffieren sie mit roth und
weisen Stachel-Schweins-Borsten
aus / und machen ihnen Kleider daraus / mit welchen sie sich in ihren Freu-
den-Festen ausputzen. Winters-Zeit
decken sie sich damit / insonderheit des
Nachts; und stehen diese ihre Röcke
wegen der gekräuselten Wolle ihnen
recht artig an.

Wann die Wilden zuweilen ein-

ge

ge Kuhe erſchieſſen / ſo lauffen die Kälber den Jägern nach / und lecken ihnen
die Hände; dieſe bringen ſie zuweilen
ihren Kindern mit heim/ und nachdem
dieſelbe genug mit ihnen geſpielet ha-
ben/ ſchlagen ſie ſie für den Kopff und
eſſen ſie: Die Klauen von dieſem jungen Vieh heben ſie auf/ und trocknen
ſie wol / hefften ſie hernach an Rüth-
lein/ welche ſie in ihren Däntzen nach
denen unterſchiedlichen Stellungen/
und Bewegungen der Sänger und
Tänzer ſchütteln und bewegen; womit
ſie faſt ein dergleichen Geräuſche ma-
chen/ wie man in Frankreich mit der
Tambour de basque macht.

Dieſes junge Vieh könnte gar
leichtlich gezähmet/ und das Erdreich
zu bauen/gewöhnet werden.

Dieſe wilden Ochſen können alle
Jahres-Wütterung ertragen. Wenn
ſie vom Winter übereilet werden / daß
ſie die warmen Sud-Länder nicht erreichen können/ und das Erdreich mit
Schnee bedecket iſt; lehret ſie die Natur den Schnee anzuſcharren / und
das

das darunter verborgene Graß hervor
zu suchen. Man höret sie zuweilen
brüllen / aber nicht so offt als unser Eu-
ropäisches Rindvieh.

Sie sind / sonderlich was den
vorder Leib betrifft / viel grösser als
unsere Ochsen in Europa / nichts desto weniger lauffen sie sehr geschwind /
so daß wenige unter den Wilden gefunden werden / welche sie im Lauffen
einholen können: und öffters bringen
diese Ochsen die jenigen / welche sie
beleidigt haben / ums Leben; man sihet ihrer / wann es die Jahrs-Zeit ist /
Heerden von zwey bis vier hundert
Stücke mit einander gehen.

Es hat sonst auch vielerley Art Thiere
in diesen weiten Feldern der Landschafft
Lovisiana, die Hirsche / wilde Böcke /
Bieber / und Fisch-Ottern sind hie sehr
gemein: Trappen / Schwanen / Schild-
krotten / Indianische Hüner / Papagey-
en / Rebhüner / und viel anderes Gevögel / werden in grosser Menge gefunden.
Die Wasser sind überaus Fisch-reich
uñ der Erdboden sehr fruchtbar; massen
es

es nichts anders als lauter Wieſen iſt/
wozwiſchen es ſchöne Wälder von hohen Bäumen giebet/ in welchen allerhand zum bauen täugliches Holz angetroffen wird/ und ſonderlich ſchöne ge-
ſchlachte Eichen/ gleich wie in Frank-
reich/ und ganz von einer andern Art
als die in Canada ſind. Die Bäume
ſind überaus hoch und dicke/und würde
man hier das vortreffiichſte Holz fin-
den/ Schiffe davon zu bauen/ auf welchen man ſelbiges abführen/ und hernach damit die groſſen Schiffe/ ſtatt
des Ballaſts beladen könte/ um davon
alles Fahrzeug in Frankreich zu bauen;
welches dem Staat einen groſſen
Vortheil bringen würde/ indem hierdurch den Bäumen in unſern Wäl-
dern/ welche zimlich ausgehauen ſind/
wieder aufzuwachſen Zeit gelaſſen
würde. Man findet auch in den Wäldern vielerley Gattung fruchtbarer
Bäume/ und wilde Weinſtöcke/ welche Trauben tragen ſo faſt anderthal-
ben Schuh lang ſind/ und vollkommen
reiff werden/ und daraus man ſehr guten

en Wein pressen könte: man trifft
über dieses Felder voller schönen Hanf-
fes an / welcher von sich selbst sechs bis
sieben Schuh hoch wächset: kurz zu sa-
gen/es ist kein Zweiffel/daß dieses Erdreich tüchtig sey allerhand Früchte/
Kräuter und Korn / in weit grösserem
Uberfluß zu tragen/als der beste Boden
in Europa träget/massen wir dessen einige Proben/ bey denen Illinosen/ und
Issaten gemachet haben. Die Lufft ist
sehr geschlacht und gesund; das Land
ist mit unzehlich viel Seen-Flüssen und
Bächen durchwässert / derer der grösse
Theil Schiff-reich ist: man wird hier
weder von den Manugovinen / oder
Americanischen Mücken/noch von andern schädlichen Thieren beläftiget.
Dafern man nun das Erdreich bauete / würde man bald das andere Jahr
davon leben können / ohne daß man etwas von Europäischen Lebensmitteln
von nöthen hätte : und würde dieses
grosse weite Land in kurzer Zeit mit genugsamen Brod / Wein und Fleisch
alle unsere mittägige Insuln in America

ca verſorgen können; maſſen unſere
Franzöſiſche Boucannierer die wilden
Ochſen in weit gröſſerer Menge in der
Landſchafft Loviſiana würden ſchlagen
können/ als ſie itzo in denen jenigen In-
ſuln/ welche ſie bewohnen/ thun könen.

Es ſind in dieſem Lande auch Fund-
Gruben von Stein-Kohlen/ Schiefer-
ſteinen und Eiſen; und die Stücklein
rothen Kupffers/ welche an unterſchiedenen Orthen gefunden werden/ ſind
vermuthlich genugſame Anzeigungen/
daß auch Kupffer-Bergwerke und
vielleicht auch andere Metallen und
Mineralien/ vorhanden ſeyn müſſen/
welche künfftiger Zeit höffentlich werden entdecket werden: wie denn bereits
bey denen Iroquoſen ein Salz- und
Alaun-Brunnen gefunden worden iſt.

Nun wieder auf unſere Reiſe zu
kommen/ ſo ſetzten wir ſelbe bis zum
Ausgange des Monats December/
auf dem Fluſſe Seignelay fort/ und
nachdem wir 320. bis 330. Meilen/
vom See Dauphin an zu rechnen/ geſchiffet hatten/ langeten wir zu Ende
itzge-

ßtgedachten Monats des 1679. Jahres bey dem Flecken der Illinesen an.
Diesem ganzen Weg über haben wir
mehr nicht als einen wilden Ochsen geschossen / und etliche junge Indianische
Hüner / weil die Wilden in der ganzen
Gegend unserer Reise/das dürre Graß
auf den Wiesen angezündet hatten /
wodurch das Wild verscheuchet worden war.   Und ob man sich gleich auffs
allerfleissigste etwas zu erjagen bemühete / so war es doch umsonst; Dannenhero wir Zweiffels ohn hätten umkommen müssen / wann wir nicht durch die
Göttliche Vorsorge/ welche in Zeit der
Noth mehr Kräffte giebet als sonst
nicht geschiehet / wären erhalten worden; dann als wir nun nicht das geringste mehr zu brechen oder zu beissen hatten / traffen wir / zu sonderbarem grossem Glück / einen ungeheuren Ochsen
an / welcher am Uffer des Flusses im
Schlam war stecken blieben / mit welchem zwölffe von unsern Leuten genugsam zu schaffen hatten/ehe sie ihn mit einem Seil konnten auffs trockne Land
schleppen.   Itzge-

Itzt gemeldeter Flecken der Illinoſen liget auf 40. Grad Norder-
Breite in einer etwas Moraſtigen
Ebene/ an dem rechten Ufer eines Fluſſes welcher ſo breit iſt als die Seine bey
Paris / und durch anmuthige Inſuln
getheilet iſt. Er beſtehet aus 460. Hüt-
ten/ſo die Geſtalt eines langen Gewöl-
bes haben/ und mit doppelten Matten/
aus breiten Binzen geflochten / gede-
cket ſind; dieſe ſind ſo wol zuſammen
genehet / daß weder Wind / Regen/
noch Schnee durchdringen kan. Jed-
wedere Hütte hat vier oder fünff Feuer-
Stätte / und zu jedweder derſelben ge-
hören eine oder zwo Familien/ welche
alle friedlich und in gutem Vernehmen
beyſammen wohnen.

Wir funden/ wie wir vermuthet
hatten/den Flecken leer/ denn die Wilden hatten ſich ſämtlich / ihrer Gewonheit nach/ an unterſchiedne Orte ver-
theilet/ den Winter auf der Jagt zuzu-
bringen. Dieſe ihre Abweſenheit ſetzte
uns in Warheit in groſſe Verwirrung. Denn wir litten an Lebens-Mitteln

eln die gröſſeſte Noth/ und dürfften es
gleichwol nicht wagen/ das Indianiſche Korn/ ſo die Illinoſen in die Erde
vergraben/ und es bis zu ihrer Ruck-
kunfft von der Jagt verwahren/um ſelbiges alsdenn theils zu ſäen/ theils zu
ihrer Erhaltung bis zur Ernde zu ge-
brauchen/anzugreiffen. Dannenhero
dieſer Vorrath von ihnen ſehr hoch geſchätzet iſt/ und kan man ihnen keinen
gröſſern Verdrieß anthun/ als wenn
man in ihrer Abweſenheit ſelbes an-
greifft.Allein deſſen ungeachtet/weil es
nicht zu wagen ſtunde ohne Vorrath
von Speiſe/ den Fluß weiter hinab zu
fahren/ indem das Feuer/ womit die
Felder angeſtecket worden/alles Wild/
deſſen man ſich ſonſt hätte bedienen
können/ verjaget hatte; entſchloß ſich
der Herr de la Salle es zu wagen/ und
zwanzig Minots von dem Indianiſchen Korn zu nehmen/der guten Hoff-
nung/ noch wol Mittel zu finden wodurch er die Illinoſen würde zu frieden
ſtellen können.

Wir giengen mit dieſem unſerm
Provi-

Proviant noch selbigen Tags wider zu
Schiffe/ und reiseten vier Tage lang
auf eben dem Flusse/ welcher Sud gen
Westen lauffet. Den ersten Tag des
1680. Jahres / nachdem ich gewahr
worden/ daß einer von denen Abtrün-
nigen/ derer ich oben erwehnet habe/
um keiner andern Ursach willen wieder
zu uns kommen war / als unsere Leute/
die ausser dem/ aus Sorge/daß sie den
Winter durch/ grossen Hunger würden leiden müssen / uns zu verlassen
nicht ungeneigt waren/ aufzureden
und abtrünnig zu machen: thät ich nach
gehaltener Messe eine Vermahnung/
in welcher ich dem Herrn de la Salle/
und dem gesamten Volk/ ein glückseli-
ges Jahr wünschte/ und nachmals mit
den beweglichsten Worten unsere Miß-
vergnügte bath/ sich mit Gedult zu fas-
sen/ ihnen zugleich vorhaltende/ und sie
gewiß vertröstende/ daß GOtt uns in
allen unsern Nöthen versorgen/ und
dafern wir in guter Verständnis beysammen leben würden/schon Mittel zu
unserem Aufenthalt bescheeren würde.

Der

Der Pater Gabriel Pater Zekobe/
und ich/ umarmeten sie hierauf/ und
sprachen ihnen aufs beweglichste ein
Herz ein/ diese so wichtige Entdeckung
ferner zu verfolgen. Gegen Abend des
vierdten Tages/ als wir durch einen
kleinen See/ welchen der Fluß machet/
fuhren/ wurden wir eines Rauches ge-
wahr/ woraus wir schlossen/ daß nicht
weit davon sich Wilde gelägert hatten: wie wir denn auch warhafftig/
den Fünfften des Morgens/ ohngefehr um neun Uhr/ auf beyden Seiten des Flusses eines Hauffen Papa-
geyen/ und ohngefehr achzig Hütten
voller Wilden ersahen; welche unserer
Kähne eher nicht gewahr worden/ als
bis wir um eine Ecke/ hinter welcher
sich die Illinosen eines halben Büch-
sen-Schusses weit gelagert hatten/
herum kamen.   Wir fuhren mit unsern acht Kahnen hinter einander in
gerader Linien/ jeder hatte sein Gewehr in der Hand/ und liessen uns den
Strohm treiben.

Wir

Wir ſchrien zu erſt einen lauten
Gall / nach dieſer Voͤlker Gewonheit/
gleichſam fragend / ob ſie Friede oder
Krieg verlangeten; denn es war hoͤchſt
noͤthig / daß wir uns bey dieſer erſten
Begegnung beherzt und reſolvirt bezeugeten: Augenblicks hierauf/ bega-
ben ſich die alten Maͤnner/ die Weiber
und Kinder auf die Flucht / nach dem
Walde / ſo bis an die Uffer des Fluſſes
reichet / zu: die ſtreitbarn Maͤnner lieffen nach ihrem Gewehr / aber mit ſolcher Confuſion / daß / ehe ſie konten zu
ſich ſelbſt kommen / wir bereits mit unſern Kaͤhnen am Lande waren. Der
Herz de la Salle ſtieg zu erſt aus / und
wir haͤtten dieſe Wilden / in der Verwirrung worinnen ſie waren/ leichtlich
nieder machen koͤnnen: weil aber dieſes
nicht unſer Vorhaben war/ hielten wir
ſtill/ und gaben dem Illinoſen Zeit/ ſich
zu erholen: hierauf fieng ein Hauptmann von denen / ſo auf der andern
Seiten des Fluſſes waren/ welcher geſehen hatte / daß wir auf ſieben oder
acht Wilden/ die man leichtlich haͤtte
nieder

ieder schieſſen können / Feuer zu geben
icht hatten geſtatten wollen / an / durch
zureden ihre junge Mannſchafft / ſo
ich zwerchs über dem Fluß mit Pfeilen
u ſchieſſen fertig machte / einzuhalten:
ie aber auf der Seiten / wo wir aus-
eſtiegen waren / und die Flucht ergrif-
en hatten / nachdem ſie zu ſich ſelbſt
ommen waren / ſchickten zweene Män-
ier von denen Vornehmſten aus ih-
ien / und lieſſen uns von einem Hügel
ien Calumet präſentiren; welches bald
iernach ebenfals auch die auf der an-
iern Seiten thäten; worauf wir ihnen
iu verſtehen gaben / daß wir den Frie-
ien annehmen: Indeſſen giengen ich /
ind der Pater Zekobe mit Fleiß an der
Seiten / wo die Wilden geflohen wa-
ien hin / faſſeten ihre Kinder / welche für
Furcht zitterten und bebeten / bey den
Händen / und bezeugten uns aufs
freundlichſte gegen ihnen / als uns möglich war. Wir giengen mit denen Al-
ien / und mit den Weibern in ihre Hüt-
ien / und hatten ein Mittleiden mit ihnen / wegen ihrer Seelen / die verlohren

F   gehen /

gehen/ weil sie GOttes Wort nicht ha-
ben/ und Mangel an geistlichen Missionarien leiden. Die Freude war auf einer und anderer Seiten ja so groß/ als
Anfangs bey ihnen die Bestürzung gewesen war/ denn einige unter ihnen
waren so sehr erschrocken/ daß sie erst
auf den dritten Tag wieder aus ihren
Winkeln/ wohin sie sich verkrochen
hätten/ herfür kamen.

Nach vollendeten Freudens-Be-
zeugungen/ Tänzen/ und Gastmahlen/
womit der Tag zugebracht wurde/ liessen wir die Hauptleute der Dörffer/ so
an beyden Seiten des Flusses waren/
zusammen ruffen/ und liessen ihnen
durch unsern Dolmetscher andeuten/
daß/ wir Franciscaner nicht kommen
wären/ Bieber-Felle zu sammlen; sondern daß wir sie den grossen Herrn des
Lebens wolten erkennen lernen/ und ihre Kinder unterrichten: daß wir unser
Vatterland/ so jenseits dem Meer/
welches diese Wilden den grossen See
nennen/ gelegen wäre/ verlassen hät-
ten/ nur um bey ihnen zu wohnen/ und
in

n der Zahl ihrer beſten Freunde zu
ſeyn.   Hierauf rufften ſie eine lange
Weile Tepatovi Nicka, das heiſt ſo
viel als/ wol gut! lieber Bruder! du
biſt klug / daß du ſolches vorge-
nommen haſt: und rieben uns / in
dem ſie das ſagten/die Schenkel bis an
die Fußſolen beym Feuer mit Bären-
Schmaltz/und rindernem Fett/um uns
die Müdigkeit zu benehmen / und ſteckten uns / mit überaus groſſer Freund-
lichkeit/die erſten drey Biſſen Fleiſch in
den Mund.   Bald hernach beſchenkte
ſie der Herꝛ de la Salle mit Taback
und etlichen Aexten / und ſagte ihnen/
daß er ſie hätte beruffen laſſen / um mit
ihnen einer gewiſſen Sache halber zu
handeln:welche er ihnen entdecken wol-
e/ehe er irgend von was anders mit ihnen rede: er wiſſe ſehr wol/ wie hoch ſie
das Korn von nöthen hätten; gleichwol hätte ihn die Noth und der äuſer-
ſte Mangel an Lebens-Mitteln / worinnen er/als er in ihren Flecken ankommen / geſtecket hätte / und die Unmög-
lichkeit einiges Thier im Felde anzu-

treffen/

treffen/gezwungen/ einen Theil India-
niſches Korn/aus ihren Hütten zu neh-
men/ ſelbes aber hätte er noch unverſeh-
ret in ſeinen Kähnen ; ſo fern ſie es ihm
nun laſſen wolten/wolte er ihnen dagegen Aexte und andere Dinge / derer ſie
vonnöthen hätten/ geben ; dafern ſie es
aber nicht entbehren könnten/ſtünde es
ihnen frey/es wieder zu ſich zu nehmen;
er würde aber / wann ſie ihn und ſeine
Leute nicht mit Speiſe verſorgen könten / gezwungen ſeyn / zu ihren Nachbarn denen Oſagen zu gehen / die ihm/
um die Bezahlung / gerne geben würden ſo viel er verlangete; und würde ihnen zum Entgeld den Schmidt welchen er/ihre Aexte und andere Inſtru-
mente wieder zurecht zu machen / mit
ſich gebracht hätte/überlaſſen.

Er ließ aber deßwegen alſo mit
ihnen reden / weil er wol wuſte/ daß die
Illinoſen ihren Nachbarn den Vortheil nicht gönnen würden / den ſie vor
denen Franzoſen haben würden / und
inſonderheit von dem Schmiede / deſſen ſie ſelber höchſt von nöthen hatten
Dannen

Dannenhero nahmen sie auch den
Vorschlag mit Freuden an / und nah=
men nicht allein die angebothene Be=
ahlung für ihr Indianisch Korn; son=
dern gaben uns über dasselbe noch
mehr anders; und baten uns inständig/
daß wir uns bey ihnen wohnhafftig
niederlassen möchten. Wir antworte=
ten ihnen / daß wir solches gerne thun
wolten; weil aber die Iroquosen un=
sers Königs Unterthanen/und also un=
sere Brüder wären/so könnten wir mit
denselbigen keines Weges Krieg füh=
ren / vermahneten sie derohalben / mit
diesen Friede zu machen / wozu wir ih=
nen behülfflich seyn wolten: Und dafern
diese freche Nation / unsers Abmah=
nens ungeachtet / gleichwol kommen
solte sie anzugreiffen / so wolten wir sie
wieder dieselbe beschützen / wo sie uns
anders vergönnen wolten eine Festung
zu bauen / in welcher wir wenige Fran=
tzosen denen Iroquosen den Kopff bie=
ten könnten: wir wolten über dieses sie
auch mit Gewehr und Pulver verse=
hen/ doch daß sie selbes allein ihre Fein=

F 3 de

de abzutreiben gebrauchten / keines we
ges aber wieder die jenige Nation / so
unter dem Schutz des Königes / wel
chen die Wilden den grossen Capitain
so jenseit des grossen Sees ist / nennen/
friedlich leben.

Wir sagten ihnen nachmals auch/
daß wir willens wären mehr andere
Frantzosen kommen zu lassen / welche sie
für dem Anlauff aller ihrer Feinde be=
schützen/ und sie mit allem dem/ was sie
von nöthen hätten/ versehen solten; und
sey uns hieran nichts hinderlich als die
langwürige beschwerliche Reise. Wir
wären / diese Hinderniß aus dem We=
ge zu räumen/ entschlossen einen grossen
hölzernen Kahn zu bauen / auf welchem
wir den Fluß hinunter bis ins Meer
fahren / und ihnen/ durch diesen kurtzen
und gantz nicht beschwerlichen Weg/
allerley Kauffmanns-Güter zuführen
wolten. Weil aber dieser Anschlag
grosse Unkosten erfordere / so wolten
wir uns erkundigen/ ob ihr Fluß auch
Schiffreich sey/ und ob bey dessen Aus=
fluß ins Meer / auch andere Europäer
wohne.

ohneten. Hierauf gaben uns die Illinosen zur Antwort/ daß sie in alle unsere Vorträge willigten/ und daß sie uns
in allem/ so viel sie würden können/ wollen behülfflich seyn. Sie beschrieben
uns den Fluß Colbert/ oder Meschasi-
pi/ und sagten uns Wunder-Dinge
von seiner Breite und Schönheit/ ver-
sicherten uns auch / daß die Schiff-
Fahrt auf selbem frey und ganz leichte
sey/ und daß nahe bey seinem Ausfluß
annoch keine Europäer wohneten.
Was uns aber am meisten Glauben
machte/ daß dieser Fluß schiffbar sey/
war/ daß sie uns vier Nationen nenne-
ten/ von denen in der Reise-Beschrei-
bung Ferdinandi de Soto in Florida
Meldung geschiehet/ und heissen Tula,
Casquin, Cicaca und Daminoja; Sie
setzten hinzu/ daß ihnen die Sclaven/
so sie im Kriege gegen der Meer-Sei-
ten gefangen hätten / ihnen gesaget/
daß sie im weiten Meer Schiffe gesehen hätten/ welche so stark geschossen
hätten als ob es donnerte. Es hätten
aber selbige Schiffe sich am Ufer nicht

F 4 nieder-

niedergelaſſen/denn ſonſten würden ſie
nicht unterlaſſen haben hinzugehen/
und mit ihnen zu handeln / weil das
Meer nur zwanzig Tag Reiſen von ihren Wohnungen entfernet ſey. Auf
dieſe Weiſe wurde der Tag mit beyderſeits gutem Vergnügen hinge-
bracht: allein es wärete dieſes nicht
lange.

Folgenden Morgen kam einer
von den Fü: nehmſten aus denen Mia-
miſen/ Namens Monſo an/ welcher
fünff oder ſechs andere / ſo mit Keſſeln/
Aexten und Meſſern beladen waren/
um durch dieſe Geſchenke/die Illinoſen
zu gewinnen / damit ſie das jenige ſo er
ihnen ſagen ſollte / deſto eher glauben
möchten/begleiteten. Dieſer ließ in der
Stille die Alten zuſammen fordern /
und betheurete ihnen / daß unſer Vorhaben wäre / uns mit ihren Feinden/
welche jenſeit des groſſen Fluſſes Colbert ſich aufhalten / zu vereinigen /und
daß wir denenſelben Gewehr und Pulver geben würden / und wann wir ſie
mit denen Iroquoſen vereinigen / und
ſie

ie die Illinosen von allen Seiten um-
ingen / um sie gänzlich auszutilgen.
Wir Franzosen wären der Jroquosen
freunde/und hätten eine Festung mit-
en in der Jroquosen Lande / wir versehen sie mit Waffen und mit Pulver;
und es sey kein ander Mittel übrig ihren Untergang zu vermeiden / als daß
sie unsere Reise verhinderten/oder doch
zum wenigsten verzögerten; dann es
würde ehestes ein Theil unsers Volks
entlauffen: Sie solten nur nichts glauben von allem dem/ was wir ihnen sagten. Nachdem nun der Miamisen Capitain noch viel mehr derglichen Dinge
ihnen vorgelogen hatte / gienge er bey
Nacht ganz heimlich und in aller Stil-
le/ wie er kommen war/ wieder davon/
damit wir dieses Geheimnis nicht etwan erfahren solten.

Einer aber von denen Hauptleuten der Illinosen / Namens Omauha/
welchen wir bey unserer Ankunfft
durch ein Geschencke von zweyen Aexten und drey Messern gewonnen hat-
ten/kam frühe Morgens drauf zu uns/

und

und erzehlete uns in geheim / alles was
vorgegangen war; wir ſagten ihm deßwegen groſſen Dank / und damit er
uns ferner von allem / was vorgehen
würde / Nachricht geben möchte / verehrten wir ihm von neuen Pulver und
Bley.   Wir konnten leicht erachten/
daß dieſer Miamiſe von denen jenigen
Franzoſen / welche den guten Fortgang
unſers Vorhabens mit ſcheelen Augen
anſahen / abgeſchickt und abgerichtet
war; dann er der Monſo hatte unſer
keine Bekandtſchafft / war auch ſein Lebenlang zur Feſtung Frontenac auf
400. Meilen nicht nahe kommen / und
gleichwol hatte er von unſern Sachen
mit ſolchen Umſtänden / und ſo aus-
führlich zu reden gewuſt / als ob er von
Jugend auf mit uns umgegangen
wäre.

Wir wurden durch dieſen Han-
del um ſo viel deſto mehr bekümmert/
weil wir wuſten / daß die Wilden von
Natur argwöhniſch ſind / und unſern
Leuten auſſer dem ſchon ſo viel böſe
Dinge eingebildet worden / daß ſie zum
Entlauf-

Entlauffen nicht ungeneigt waren/
naſſen auch ſechs ihrer Cameraden
ſolches bereits auf einmal zu thun gewaget hatten.

Eben ſelbigen Tag Nachmittage
ud uns Nicanape des Chaſſagovas
es / welcher der vornehmſte Hauptmann der Illinoſen / und damals ab-
weſend war/ Bruder zu ſich ſämtlich zu
Gaſte: und als ſich jederman in des
Nicanape Hütten geſetzet hatte / fieng
er an / gantz auf eine andere Art mit
uns zu reden / als die Alten bey unſerer
Ankunfft thaten / und ſagte: Er habe
uns zu ſich einladen laſſen nicht ſo wol/
ſini uns mit Speiſe und Trank zu be-
wirthen / als viel mehr von dem un-
glücklichen Fürnehmen / den groſſen
Fluß hinab zu fahren / uns abzumah-
ten. Dann es hätte ſich deſſen noch niemand unterfangen / der nicht auf ſelbem umkommen wäre: ſeine Uffer waren mit einer unzehlichen Menge Bar-
bariſcher Nationen beſetzet / welche mit
ihrer groſſen Anzahl uns Frantzoſen/
ob wir gleich noch ſo wol bewaffnet und

F 6   noch

noch ſo behertzt waͤren/ gewiß uͤberwaͤl-
tigen wuͤrden. Der Fluß ſelber ſey voller Ungeheuer/Waſſernixen/Crocodi-
le und Schlangen: und ob wir gleich
wegen die Groͤſſe unſers Kahns fuͤr
dieſen auſſer Gefahr ſeyn moͤchten / ſo
waͤre doch der Fluß/ gegen dem Meer
zu/ voller Waſſer-Falle und gaͤher Ab-
ſchuͤſſe/ uͤber welche der Strohm mit
ſolcher Geſchwindigkeit ſtuͤrtzete/ daß
man dem Untergang unmoͤglich entgehen koͤnne: uͤber dieſes waͤre nahe
bey dieſen Faͤllen ein Schlund oder Ab-
grund/ in welchem ſich der Fluß unter
die Erde verberge/ ohne daß jemand
wiſſe wo er hinkomme. Dieſes ſein
Vorgeben wuſte er mit ſo vielen Um-
ſtaͤnden zu bekleiden/ und ſeine Worte
ſo ernſtlich und mit Bezeugung ſo groſſer Gewogenheit gegen uns vorzubrin-
gen/ daß unſere Leute/ derer die wenigſten der Wilden Art konnten/ und derer zween die Sprache verſtunden/ ſich
ſo ſehr druͤber entſetzten/daß man ihnen
ihre Furcht an dem Geſicht anſehen
konnte. Weil es aber bey den Wilden
nicht

nicht bräuchlich ist / daß man einander
n die Rede fället / wir auch dafern wir
es gethan hätten / den Argwohn bey
unsern Leuten nur vermehret hätten /
höreten wir seinen Discurs ganz geru-
hig bis zu Ende an: und als er aufge-
höret hatte zu reden / antworteten wir
ihm ohne alle Gemüts-Bewegung;
daß wir ihm grossen Dank schuldig
wären / für die Nachricht / so er uns hätte ertheilen wollen; wir würden so viel
desto grössere Ehre erlangen / je grössere Schwürigkeit wir in unserm Vornehmen zu überwinden haben würden.
Wir dieneten alle dem grossen HErrn
des Lebens der Menschen / und demje-
nigen welcher der Grösseste unter allen
Capitainer wäre / die jenseits des Mee-
res herrscheten; wir hielten es für ein
Glücke / unser Leben darüber / daß wir
den Namen / so wol des einen / als des
andern / bis an das Ende der Erden bekannt macheten / zu lassen; wir besorge-
ten aber / daß alles diß / was er gesaget
er aus blosser Feindschafft ersonnen hätte / um uns zu verhindern / damit wir seine Landsleute nicht verlassen möchten;

oder

oder vielmehr / daß es ein Griſflein irgend eines boßhafften Menſchen ſey/
welcher in ihnen ein Mißtrauen wegen
unſers Vorhabens/ welches doch ganz
ehrlich und aufrichtig ſey / erreget hätte: daß / dafern die Illinoſen warhafftig unſere Freunde wären/ ſolten ſie die
Urſach ihres Kummers oder Miß-
trauens für uns nicht verhölen: ſo wolten wir ihnen denſelben zu benehmen
nicht unterlaſſen: ſonſten würden wir
mit guten Recht glauben / daß die
Freundſchafft / welche ſie uns bey unſerer Ankunfft erzeiget hätten/ nur bloſſe
Worte geweſen / und ihnen nicht von
Herzen gegangen ſey. Nicanape antwortete hierauf kein Wort / ſondern
legte uns zu eſſen vor / und fieng von
andern Sachen an zu reden.

Als man abgeſpeiſet hatte / kam
unſer Dolmetſch wieder auf itzt-er-
wehnten Diſcurs / und ſagte: es wäre
kein Wunder daß ihre Nachbarn ihnen denen Illinoſen den groſſen Vortheil / den ſie von dem auszurichtenden
Handel mit denen Franzoſen haben
würden/

würden/ mißgönneten/ und dannenhero sie das jenige was uns nachtheilig
wäre/beredeten: Das aber nehme ihn
hefftig wunder/daß sie solchem Vorgeben so leichtlich glaubeten/ und solches
über diß auch so geheim gegen uns
Frantzosen hielten/ die wir ihnen all unser Vorhaben so freymüthig entdecket
hatten. Wir schliessen keines weges/lie-
ber Bruder! (sagte er hinzu/) sich gegen Nicanape kehrende/ als Monso
des Nachts ingeheim/ zum Nachtheil
der Frantzosen/ mit euch redete/ und sie
euch beschrieb/ als ob sie der Iroquosen
Spionen wären. Die Geschenke die er
euch gab/ um seine Lügen euch besser
einzureden/ sind noch in jener Hütten
vergraben. Warum hat er sich so geschwind wieder davon gemacht? Warum erschien er nicht bey Tag/ wann er
nichts als die Warheit sagete? Hast du
nicht gesehen/ daß wir bey unserer An-
kunfft/ wann wir gewolt hätten/ deine
Enkel hätten erschiessen können/ und
daß in der Unordnung/ in welcher sie
waren/wir allein alles das hätten thun
können/

koͤnnen/ was man dich uͤberreden will/
daß wir/ wann wir uns bey dir wuͤrden
feſte geſetzt / und mit deiner Nation
Freundſchafft gemacht haben / mit
Huͤlffe der Iroquoſen zu thun Willens
waͤren. Und eben jetzt / da ich dieſes
rede / koͤnten nicht unſere Franzoſen
euch alle/ ſo viel euer iſt / alle mit einander erwuͤrgen / weil eure junge Mannſchafft auf der Jagt iſt? Weiſſeſt du
nicht/ daß die Iroquoſen / fuͤr denen du
dich fuͤrchteſt/ die Tapfferkeit der Franzoſen erfahren haben? Was haͤtten
wir denn ihrer Huͤlffe vonnoͤthen/ wenn
wir mit euch Krieg fuͤhren wolten?
Damit aber dir die falſche Einbildung
gaͤntzlich moͤge benommen werden/ ſo
lauffet hin / und holet den Betruͤger
wieder zuruck / wir wollen hier ſeiner
warten / und wenn er kommt/ ihn in
ſeinen Luͤgen fangen und zu Schanden
machen. Wie kan er uns kennen/ da
er uns doch ſein Lebenlang nie geſehen
hat? Und wie kan er einige Wiſſenſchafft von dem Buͤndnuß/ ſo er ſagt /
daß wir mit den Iroquoſen haͤtten/ ha-
ben/

en / weil er dieſe ſo wenig als uns ken=
net? Siehe unſer Geräthe an / ſo wir
mit uns führen/ da iſt nichts als Werk=
zeug und Kauffmanns=Gut / welches
uns zu nichts anders nutzet / als euch
damit Gutes zu thun ; und das man
weder zum Angriff/ noch zur Gegen=
Wehre im Streit gebrauchen kan.

Dieſe Rede bewegte ſie / daß ſie
dem Monſo nachſchickten/ um ihn wie=
der zurück zu holen ; weil es aber die
Nacht durch ſehr geſchneyet hatte /
und dannenhero keine Fußtapffen zu
ſpüren waren / konte man ihn nicht
einholen. Unſere Franzoſen aber /
welche vorhin ſchon erſchröcket waren/
wurde hierdurch ihre Furcht keines
Weges benommen; denn 6. derſelben
welche die Wacht hatten / unter denen
auch 2. Bretſchneider waren/ohne wel=
che wir keine Barque damit aufs Meer
zu fahren / bauen konten / entlieffen die
folgende Nacht / nachdem ſie ſich mit
demjenigen/ was ſie ihnen nötig zu ſeyn
vermeinet/verſehen hatten/welche aber
auf dieſer ihrer Flucht viel gewiſſer wer=
den

den umkommen und erhungert ſeyn/
als in der Gefahr/welcher ſie entfliehen
wollen/geſchehen wäre.

Als nun der Herr de la Salle des
Morgens früh aus ſeiner Hütten hervor gieng / und keinen Menſchen auf
der Hut fand / gieng er in die Hütten
ſeiner Leute / und fand eine / in welcher
nicht mehr als ein einiger Menſch war/
welchen ſeine Cameraden/ weil ſie ihm
nicht getrauet hatten / ihr Vorhaben
verhölet hatten. Er ließ alsbald alle zuſammen ruffen / und fragte ſie wo dieſe
Abtrünnige hinkommen wären: Bezeugete ihnen darauf ſeinen Unwillen/
daß ſie wider des Königs Befehl / und
wider alles Recht / entlauffen wären/
und ihn eben zu der Zeit verlaſſen hätten / da er ſie am meiſten von nöthen
hätte; und er alles ihrer wegen gethan
hätte. Und weil dieſe Flucht bey denen
Illinoſen leichtlich böſe Gedanken erwecken möchte/befahl er zu denenſelben
zu ſagen / daß ihre Cameraden auf ſeinen Befehl verreiſet wären: ſetzte auch
hinzu/ daß er ſie leichtlich hätte verfol-
gen/

gen/ und sie/ andern zum Exempel/ ab-
straffen können; allein er unterliesse solches zu thun/ damit die Wilden nicht
erführen / daß so wenig Treue bey denen Franzosen zu finden sey. Er vermahnete sie/ sie sollen ihm hinfüro treu-
er seyn als diese Flüchtlinge / und sich
die Furcht/ für der Gefahr/ die der Nicanape fälschlich so groß gemachet/
nicht auf solche Absprünge bringen lassen: Er begehre niemand mit sich zu
führen / der nicht freywillig wäre; und
sagte ihnen bey seinen wahren Worten zu daß er ihnen auf künfftigen Frü-
ling frey lassen wolle nach Canada zurück zu kehren / wohin sie ohne Gefahr
auf Kähnen würden reisen können / da
sie hingegen solche Reise itzo mit au-
genscheinlicher Lebens-Gefahr/ und
mit dem schändlichen Nachklang/ daß
sie ihn liederlich- und verrätherischer
Weise verlassen hätten / welches bey
ihrer Ankunfft in Canada nicht würde ungestraffet bleiben/ unterfangen
müsten.

Auf

Auf dieſe Weiſe verſuchte er ihnen
wieder ein Herz zu machen. Weil er aber
ihren Wankelmuth wol kante/verbarg
er den Verdruß den er über ihrer Zag-
heit hatte/ und entſchloß ſich ſie von den
Wilden zu entfernen/damit neuen Auf-
redungen der Weg abgeſchnitten ſeyn
möchte; und damit ſie ohne Widerreden
drein willigten/ſagte er zu ihnen/ſie wären unter den Illinoſen in keine wege ſi-
cher/und wañ ſie ſchon vor dieſen nichts
zu fürchten hätten / ſo hätten ſie doch zu
fürchten / daß ſie mit den Iroquoſen zu
thun bekommen möchten / welche vielleicht noch vor Winter den Flecken an-
fallen dörfften; und weil die Illinoſen
ihnen zu widerſtehen nicht mächtig genug wären/ würden ſie davon lauffen ;
und wenn die Iroquoſen dieſe / weil ſie
viel ſchneller als jene lauffen / nicht
würden erreichen können/ würden ſie
ihren Grimm über uns Franzoſen aus-
laſſen / welchen wir / weil unſer ſo wenig wären/ den Kopff zu bieten allzu
ohnmächtig wären. Dieſem Unglück
zu entgehen/ wäre diß einige Mittel
übrig/ daß man ſich an einem Platze/
welcher

velcher leicht zu beschützen wäre / ver-
chantzete/dergleichen Ort hätte er nicht
veit von dem Flecken gefunden/ an sel-
)em würden sie so wol vor der Illinosen
Uberfällen/ als auch für der Iroquosen
Waffen/ welche sie in selbem nicht würden angreiffen dörffen / sicher seyn.
Durch diese und einige andere Gründe
so ich ihnen fürsagte/wurden sie beredet
daß sie alle von freyen Stücken sich ver-
pflichteten/ eine Vestung zu bauen/wel-
che wir Crevecuör nenneten / und vier
Tage-Reisen von der Illinosen Flecken/
den Fluß abwarts/ anlegeten.

Als nun den 15. Jener ein starkes Tau-
wetter einfiel/ wodurch der Fluß unterhalb des Dorffes offen ward / bat mich
der Herr de la Salle/daß ich ihn Gesellschafft leistete/und an den Ort/ welchen
er zu dieser kleinen Festung erwehlen
wolte/ihn auf einem unserer Kähne begleitete. Dieser Platz war ein kleiner Hü-
gel/ohngefehr 200. Schritt vom Uffer
des Flusses / welcher sich zur Regenzeit
bis an den Fuß desselben eraeust/entfer-
net; zwey tieffe und breite Regenbäche
befestigten zwey andere/ und ein Theil
der

der vierdten Seite / welche man durch
einen Graben / welcher die beyden Bä-
che zusammen führete / vollends ab-
schnitte / an der äuserlichen Abdachung
dieser Graben wurde eine Contrescarpe
gemacht: Die Höhe selbst wurde von
allen Seiten abgedachet / und mit
Spanischen Reutern verwahret / und
damit die Erde nicht abstürtzen konte /
wurde selbe / wo es nöthig war / mit
starcken unterstützten Höltzern zusammen gehalten: rings herum aber wurde / damit man nicht plötzlich überfallen
werden könte / Pallisaden / derer jede
fünff und zwantzig Schuh hoch / und
einen dick war / gepflantzet.   Den
obersten Theil des Hügels ließ man in
seiner natürlichen Gestalt / welche ein
irregulares Viereck war / und um-
schloß ihn nur mit einer guten Brust-
Wehr von Erde gemacht / welche unser
Volck gnugsam bedeckte. Ihre Quar-
tiere wurden in zweene Winckel geleget / damit sie auf den Fall eines Anfalls
alsbald bey der Hand seyn könten. Der
Herr de la Salle / und der Herr de Tonty

y nahmen ihr Quartier mitten im
Platze: Pater Gabriel aber / Pater
Zenoble und ich/machten uns mit Hülf-
e der Arbeits-Leute/eine mit Brettern
gedeckte Hütte zurechte/ in welcher wir
alle Morgen und Abend/ nach vollendeter Arbeit/ unſer gantzes Volck zum
Gebet verſammleten / und weil wir
nicht mehr Meſſe halten konten/ indem
uns der Wein / den wir von dem groſſen Trauben des Landes gemacht hatten / anfieng abzugehen/ muſten wir an
denen Sonn und Feſttägen es dabey
bewenden laſſen / daß wir Veſper ſun-
gen/ und nach vollendetem Früh-Gebe-
te predigten.   Die Schmiede wurde
an der Seiten der Cortine / ſo gegen
den Wald ſahe/ angerichtet/ und im
ſelben wurde Holtz gefället/um daraus
zum Gebrauch der Schmiede/ Kohlen
zu brennen.

Indem man aber an dieſem Wercke
arbeitete/ gedachten wir eintzig an unſere Entdeckung / und weil wir ſahen/
daß/ wegen des Entlauffens unſerer
Bretſchneider/wir ſchwerlich eine Bar-
                                    que

que würden bauen können / wurden
wir Raths / eines Tages unsere Leute
zu fragen / ob unter ihnen einer wäre /
welcher sich von freyem Willen unter=
fangen wolle Schiffs= Dielen zu ma=
chen / man hoffte es solte angehen / ob
es gleich etwas mehr Mühe und Zeit
kosten würde; und da es auch nicht an=
gehen solte/ wäre es um einen Versuch
zu thun.   Alsbald erboten sich zweene
unserer Leute zu solcher Arbeit/und als
sie versucheten / gieng es gut genug
von statten / ohngeachtet sie niemals
dergleichen Werck unter Händen ge=
habt hatten.   Hierauf fieng man an
eine Barque zu bauen / zwey und vier=
zig Schuh lang und nur zwölff breit /
daran mit solchem Fleiß gearbeitet
wurde/ daß ungeachtet der Arbeit an
der Vestung Crevecour / die Dielen
geschnitten / alles zur Barquen gehöri=
ge Holzwerk gezimmert und gekrüm=
met den ersten Tag Martii fertig
lag.

Ich kan hier nicht unterlassen/ anzu=
merken / daß sonst der Winter in dem
Lande

Lande der Jllinosen nicht länger und
härter zu seyn pflegt/ als er in Provan=
te in Frankreich gewöhnlich ist. Die=
ses mal aber währete der Schnee län=
ger als zwanzig Tage; worüber sich
die Wilden hefftig verwunderten / als
welche noch nie keinen so harten Win=
ter ausgestanden hatten. Der Herr
de la Salle aber und ich / hatten indes=
sen neue Sorge und Bekümmernuß/
welches vielleicht denenjenigen/ welche
sich nie auf weiten Reisen und in Ent=
deckungen unbekannter Länder versu=
chet haben / unglaublich seyn wird.
Die Vestung Crevecoer war nun fast
ausgebauet/ alles Holz zu Erbauung
einer Barque lag fertig in Bereit=
schafft da / wir hatten aber weder
Tauen noch Segel/noch Eisen genug:
Von unserer Barque/ so wir auf dem
See Dauphin gelassen hatten / wie
auch von denenjenigen / welche man
ausgeschickt hatte / sich zu erkundigen /
wo sie hinkommen wäre/ hörete man
nicht die geringste Zeitung: Indessen
sahe der Herr de la Salle / daß der
                    G   Som=

Sommer herbey rückte / und daß dafern er noch ein und ander Monat um-
ſonſt wartete / unſere Reiſe um ein
gantzes Jahr / und vielleicht gar um
zwey oder drey / verzögert würde:
Denn weil er ſo weit von Canada entfernet war / konte er dieſer Angelegen-
heit halber keine Anordnung thun /
noch verſchaffen / daß ihm / was er vonnöthen hatte / zugeführet würde.

In dieſer äuſſerſten Noth / faſſeten
wir beyderſeits einen Schluß / der nicht
weniger ungewöhnlich / als ſchwer zu
vollziehen war. Ich zwar / daß ich
mit zweyen Gefährten in unbekannte
Lande / wo man alle Augenblick in Le-
bens-Gefahr iſt / gehen; Er aber / daß
er zu Fuß / mehr denn 500. Meilen /
nach der Veſtung Frontenac reiſſen
wolle. Der Winter / welcher wie vor
gemeldet worden / dieſesmal ſo hart in
America / als in Frankreich / geweſen /
war / gieng nun zu Ende / das Land
war noch mit Schnee bedecket / welcher
weder zerſchmolze / noch auch ſo harte
war / daß ein Menſch auf Raqueten
darüber

darüber gehen konte. Gleichwol muſte er ſich mit dem / bey ſolcher Reiſens-Art nöthigen Geräthe / nemlich mit einem Mantel / einem Keſſel / einer Art / einem Rohr / Pulver und Bley / mit bereitetem Leder / Fußſolen nach der Wilden Art / welche offters kaum einen Tag währen / davon zu machen / (dann dieſe / derer man ſich in Frankreich bedienet / ſind in dieſen Abend-Ländern nicht gebräuchlich) beladen. Er muſte über dieſes ſich entſchlieſſen / mitten durch Hecken und Sträuche zu kriechen / durch Moräſte und geſchmolzene Schnee zu wathen / und zwar zuweilen bis an den Gürtel ganze Tag-Reiſen lang / öffters auch ungeſſen: weil er / und drey andere / ſo mit ihm gehen ſolten / nichts von Speiſe mit ſich tragen konten / ſondern allein von dem leben ſolten / was ſie mit ihren Röhren ſchieſſen würden / und endlich dasjenige Waſſer / was und ſo gut es ihnen unterwegens auffſtoſſen würde / zu trinken: Endlich muſte er ſtets gewärtig ſeyn / und ſonderlich alle

Naht

Nacht in Gefahr ſtehen / von 4. oder
5. Nationen / ſo untereinander Krieg
führen / überfallen zu werden : Dieſen
einigen Vortheil hatte er / daß die Völker / durch welche er reiſen muſte / die
Franzoſen kennen ; hingegen hatten
die / zu welchen ich gieng / noch nie keinen Europäer geſehen.   Nichts deſto
weniger erſchröcketen ihn alle dieſe
Schwürigkeiten ſo wenig als mich ;
unſer einiger Kummer war nur / daß
wir unter unſern Leuten einige finden
möchten / welche ſtarck genug wären /
uns zu begleiten / und wie man ver-
hütten möchte / daß die andern / ſo bereits voller Furcht waren / nach unſerer Abreiſe nicht alle davon lieffen.

Einige Tage hernach funden wir zu
allem Glück ein Mittel / unſerm Volk
die falſchen Einbildungen / ſo die Jllinoſen / auf Eingeben des Miamiſiſchen
Capitains Monſo / in ihnen erwecket
hatten / zu benehmen.   Denn es kamen etliche Wilden / von denen entle-
genen Nationen / in der Jllinoſen Flecken / deren einer uns / wegen der
Schön-

Schönheit des grossen Flusses Colbert
oder Meschasipi genugsam versicherte; welches auch viel andere Wilden
mit ihren Erzehlungen bekräfftigten/
insonderheit ein Illinose/ welcher uns
bey unserer Ankunfft in Geheim ver-
trauete/ daß er Schiffreich wäre. Allein alle diese Nachricht war nicht ge-
nung/ unsere Leute zu rechte zu bringen; derowegen wurden wir Willens/
die Illinosen dahin zu vermögen/ daß
sie es ihnen selbst bekennen solten/ wiewol wir Nachricht hatten/ daß sie in
gehaltenem Rath beschlossen hätten/
uns allezeit einerley vorzusagen/ es er-
eignete sich aber/ unsern Zweck zu er-
reichen/ nachfolgende erwünschte Gelegenheit.

Ein junger Soldat aus den Illino-
sen/ welcher an der Seiten gegen
Süden etliche Gefangne gemacht/und
für seinen Cameraden voran nach
Hause kam/ gieng für unserm Zimmer-Platz fürüber/ man gab ihm Indianisch Korn zu essen/ und weil er von
unten herauf vom Fluß Colbert/ des-

sen

ſen einige Bekanntnuß zu haben wir
uns anſtelleten / kam ; mahlete er uns
mit einer Kohlen eine ziemlich richtige
Karte ſeines Lauffes ab / und verſicher-
te uns / daß er überall mit ſeiner Piro-
gue oder Schifflein / ſelbſt geweſen /
und daß es bis an das Meer / welches
die Wilden den groſſen See nennen /
weder Waſſer-Fall noch gähen Ab-
ſchuß habe : Sondern daß / weil der
Fluß ſehr breit werde / es an etlichen
Orten Sand-Bänke und Sümpffe
hätte / die einen Theil deſſelben einnehmen.   Er nennete uns auch die Völker / ſo an ſeinen Uſtern wohnen / und
die kleineren Flüſſe / ſo er in ſich ſchlü-
cket.   Ich habe dieſe alle aufgeſchrie-
ben / und können künfftig / in einem
zweyten Theil unſerer Entdeckung /
von mir gemeldet werden.   Wir dank-
ten ihm mit einem kleinen Geſchenke /
daß er uns die Warheit / welche uns
die Fürnehmſten ſeiner Nation mit
Lügen verſtellet hatten / offenbahret
hatte : Er bat uns / ihn nicht zu ver-
rathen ; und wir verehrten ihm eine

Art /

Art / um ihm / nach der Wilden Gewonheit / wann sie jemand eine Ge-
heimniß vertrauen / gleichfalls das
Maul zustopffen.

Folgenden Morgen / nach gehaltenem offentlichen Gebet / giengen wir
in den Flecken / und traffen die Illinosen in der Hütten eines derer Ansehnlichsten unter ihnen / alle beysammen
an; als der ihnen einen Bären / welches bey ihnen ein gar werth-geschätz-
tes Wildbret ist / zum besten gab. Sie
machten uns alsobald mitten unter sich
Platz / und liessen uns auf eine schöne
Binsen-Matte nider sitzen. Wir liessen ihnen durch einen unserer Leute /
welcher ihre Sprache konte / sagen:
Daß wir ihnen wolten zu wissen thun /
daß derjenige / der alles gemacht hat /
welchen wir den grossen HErrn des Lebens nennen / gantz sonderlich für die
Frantzosen sorge: Dieser habe uns ge-
nädiglich von der Beschaffenheit des
grossen Flusses / welchen wir Colbert
genneten / als wir / auf ihr Vorgeben /
daß man auf selbem nicht schiffen kön-

G 4 ne /

ne/ der Warheit halber bekümmert ge-
wesen/ genugsam unterrichtet: Worauf wir ihnen alles das erzehleten/was
wir den Tag vorher erfahren hatten.

Diese Barbaren glaubten nicht an-
ders/ als daß wir dieses alles durch einen gantz ausserordentlichen Weg erfahren hätten: Und nachdem sie die
Hand auf ihren Mund geleget hatten/
womit sie ihre Verwunderung zu verstehen geben/ sagten sie/ daß allein
das Verlangen/ unsern Capitain und
die Grau-Röcke/ oder Barfusse (mit
welchem Nahmen alle Wilden in America die Geistlichen vom Orden S.
Francisci belegen) bey sich zu behalten/
Ursach sey/ daß sie uns die Warheit
verhalten hätten: gestunden uns hierauf alles das zu/was wir von dem jungen Kriegs-Mann erfahren hatten/
blieben auch hernach allezeit auf dieser
Rede beständig.

Diese Begebenheit verringerte die
Furcht in unsern Frantzosen gar sehr;
ja sie wurde ihnen endlich gäntzlich be-
nommen/ als unterschiedene Osagen/
Ciccacen

Ciccacen und Akansen/ aus dem Süden
kamen/ um uns Franzosen zu sehen/
und von uns Aexte zu kauffen. Denn
sie bezeugeten alle/ daß der Fluß bis
ans Meer könne befahren werden/ und
daß/ wann die Ankunfft der Franzosen kund werden würde/ alle Natio-
nen/ so abwärts an dem Fluß Colbert
wohnen/ komen würden/ uns den Friedens-Calumet zu danzen/ um dadurch
ein gutes Verständniß und Handlung
mit der Französischen Nation aufzu-
richten.

Es kamen auch eben damals die
Miamisen/ und danzeten den Illinosen den Friedens-Calumet/ und ver-
bunden sich hierauf miteinander wider
die Iroquosen/ ihre gemeine Feinde:
Der Herr de la Salle gab ihnen einige
Geschenke/ um dadurch diese beyde
Nationen desto fester miteinander zu
verknüpffen.

Es waren/ wie oben gedacht/ nebst
denen wenigen Franzosen/ wir drey
Missionarien auf der Vestung Creve-
cœur/ ohne Wein/ womit wir hätten
G 5   können

können Messe halten. Der Pater
Gabriel / welcher der Ruhe in seinem
hohen Alter vonnöthen hatte / erklärte
sich / daß er williglich allein bey unserm
Franzosen in der Vestung bleiben wolle: Der Pater Zenoble / welcher ihm
zuvor gewünschet hatte / daß ihm die
Illinosen / in 7. bis 8000. Seelen stark /
zu bekehren anvertrauet würden / fieng
an dieses Lebens überdrüssig zu werden / weil er sich in die unbescheidene
Weise der Wilden / bey denen er sich
aufhielt / nicht wol schicken konte; wir
redeten deßwegen mit dem Herrn de la
Salle / der verehrete des Paters Wirthe / welcher Umahuha / das ist / Wolff
hieß / und einer Familie oder Geschlech-
tes Hauptman war / drey Aexte / aufdaß er den Pater / den dieser Capitain
seinen Sohn nennete / mit Speise ver-
sorgen / und ihn als sein Kind achten
solte. Als nun dieser Pater / welcher
nur eine halbe Meile von der Vestung
wohnete / zu uns kam / und die Ursach
seines Widerwillens meldete / sagende / daß er derer Wilden Maximen

noch

noch nicht gewohnen / oder sich drein
richten könne / ob er gleich ein Theil ihrer Sprache bereits verstehe/ erbot ich
mich an seine Stelle zu tretten / wann
er hergegen/ statt meiner/ zu denen fer-
neren Nationen / von denen wir noch
keine andere Bekandschafft hatten /
als das Wenige/ was uns die Wilden
nur überhin gesaget / gehen wolle: Er
bedachte sich hierauf/ und wolte endlich
lieber bey denen Illinosen / die er bereits kannte / bleiben / als sich bey unbekannten Völkern in Gefahr setzen.

Der Herr de la Salle ließ auf der
Vestung Crevecœur zum Commen-
danten den Herrn de Tonty / nebst denen Soldaten und Zimmerleuten /
welche an der Barque/ so auf dem Fluß
Colbert hinab bis ins Meer zu gehen
versuchen solte/ um in derselben für den
Pfeilen der Wilden bedeckt zu seyn /
baueten : Er ließ ihm Pulver und
Bley / einen Schmied / Feuer-Röhre
und andere Waffen / sich damit zu beschützen / im fall sie von denen Iroquosen solten angegriffen werden / und be-

G 6   fähl

sahl ihm in seiner Vestung zu bleiben.
Ehe er aber sich nach der Vestung
Frontenac auf den Weg machete/ von
dar mehrer Volck zur Verstärckung/
Schiff = Tauen und Ruder für die
neue Barque/ so fast biß aufs Austa=
ckeln fertig war/ zu holen/ bat er mich
die Mühe über mich zu nehmen/ und
indessen zu voraus den Weg/ den man
biß an den Fluß Colbert würde nehmen
müssen/ wañ er von Canada wieder zu=
cke kommen/ zu erkundigen: Weil ich
ich aber ein Geschwühre im Munde
hatte/ welches stets eiterte/ und be=
reits anderthalbe Jahr gewähret hat=
te/ wolte ich mich nicht darzu verste=
hen/ vorwendend/ daß ich nöthig hät=
te/ wieder nach Canada zurücke zu keh=
ren/ und mich heilen zu lassen; bekam
aber von ihm zur Antwort/ daß/ wo ich
diese Reise zu thun abschlüge/ er mei=
nen Superioribus schreiben wolte/ daß
ich Ursache wäre/ daß unsere neue Be=
kehrungen so schlechten Fortgang hät=
ten: Deßgleichen bat mich der Pater
Gabriel de la Riburde/ welcher mein
No=

Novitien-Meister gewesen war/ weiter fort zureisen/ und sagte/ daß ob ich schon an diesen Schaden sterben solte/ so würde doch dermaleins meine Apostolische Arbeit zu Ausbreitung der Ehre GOttes gereichen: Es ist wahr/ lieber Sohn/(sagte dieser Ehrwürdige Alte/ welcher in mehr den vierzig-jähriger Pönitenz grau worden war/ zu mir) ihr werdet Ungeheuer genug zu überwinden und über viel gähe Oerter auf dieser Reise/welche nur starke Leute erfordert/ zu gehen haben/ ihr verstehet nicht ein einiges Wort von der Sprache der jenigen Völker/welche ihr Gott dem HErrn zu gewinnen versuchen wollet; aber seyd nur gutes Muths/ ihr werdet so offt siegen/ als offt ihr kämpffen werdet. In Ansehung nun/ daß dieser Pater/ seines hohen Alters ungeachtet/mir in diesem zweiten Jahre unserer neuen Entdeckung gerne beygestanden wäre/ aus Begierde/um bekannten Völkern JEsum Christum zu verkündigen; und daß er der einige Sohn und Erbe seines Vatters/eines

G 7   Edel

Edelmanns aus Burgundien/war/er=
both ich mich endlich dieſe Reiſe zu thun
und zu verſuchen/ob ich mit dieſen Völ=
kern bekandt werden / und ihnen den
Glauben zu predigen / wie ich hoffete/
mich bey ihnen niederlaſſen könte. Der
Herz de la Salle bezeugte / daß ich ihm
einen groſſen Gefallen thäte/ verehrete
mir einen Friedens=Calumet und ei=
nen Kahn / mit zweyen Männern / de=
ren einer Picard Gay / welcher itzo in
Paris iſt/ und der andere Michael Ako
hieß: dieſem letzteren übergab er einige
Kauff=Güter / Geſchenke davon zu ge=
ben / welche 1000. bis 1200. Pfund
werth waren/ und mir gab er 10. Meſ=
ſer/ 12. Schuh=Ahlen/ ein klein Röllein
Taback / ſelben den Wilden zu ſchen=
ken / ohngefehr zwey Pfund ſchwarz
und weiſſe Schmelz=Corallen und ein
klein Packetlein Nadeln/ verſichernd/
daß er mir viel mehr Sachen geben
wollen / wenn er könnte; wie er denn
gegen ſeine Freunde in=Warheit ſehr
freygebig iſt. Und nachdem ich vom
Pater Gabriel die Benediction em=
pfangen/

ofangen / und vom Herrn de la Salle
Abschied genommen / auch alle unsere
Leute / so uns bis an unser Schifflein
begleiteten umarmet hatte / gesegnet
mich der Pater Gabriel mit diesen letzten Worten: Viriliter age, & confor-
tetur Cortuum.

Wir schieden den 29. Februarii
1680. von der Festung Crecour / und
traffen gegen den Abend / im Hinab-
fahren auf dem Fluß Seignelav unterschiedene Hauffen der Illinosen an/
welche in ihren Piroguen oder Renn-
Schifflein / so sie voll Fleisch geladen
hatten / wieder nach ihrem Flecken zu
fuhren; diese nöthigten uns / wieder zurück zu kehren / und machten meine beyde Schiff-Gefehrten gantz furchtsam;
weil sie aber bey der Festung Crevecour
fürbey mußten / allwo sie unsere Franzosen würden angehalten haben / so setzten wir auf den Morgen unsere Fahrt
weiter fort; da mit denn meine beyde
Gefährten offenbahrten / was sie im
Willen gehabt hatten.

Der

Der Fluß Seignelay/ auf welchem
wir fuhren/ iſt ſo tief und breit als die
Seine bey Pariß iſt/ und an zwey oder
drey Orten wird er auf eine Viertel-
Meile breit. Seine Uffer ſind mit Hü-
geln beſetzt/ die an ihren abhangenden
Seiten mit ſchönen groſſen Bäumen
bewachſen ſind: einige dieſer Hügel
ſind auf eine halbe Meile weit von einander entfernet/ wozwiſchen das Erdreich moraſtig und öffters überſchwem-
met iſt/ beſonders im Herbſt und Frü-
ling; doch wachſen nichts deſto weniger ſehr groſſe Bäume drauf. Wenn
man auf dieſe Hügel ſteiget/ entdecket
man ſo weit man ſehen kan/ ſchöne
Wieſen/ welche hier und dar mit kleinen Wäldchen von höhen Bäumen
beſetzet ſind/ daß es nicht anders ſchei-
net/ als ob ſie mit Fleiß gepflanzet worden wären. Der Ström des Fluſſes
gehet auſſer der Regen-Zeit ganz ſtille/
und kan von ſeinem Ausfluß an/ bis
zum Flecken der Illinoſen/ auf hundert
Meil Weges lang/ gar wol mit groſſen Barquen befahren werden : er
laufft/

aufft/ vom Flecken der Illinoſen an/
faſt allezeit Sud gen Weſten.

Den 7. Martii traffen wir ohngefehr zwey Meilen von ſeinem Ausfluſ-
ſe/eine Nation/ Tamaroa oder Ma-
roa an/ſo aus 200. Familien beſtunde.
Dieſe wolten uns in ihren/ am Weſt
Uffer des Fluſſes Colbert/ſechs oder ſieben Meilen unterhalb dem Munde
des Fluſſes Seignelay/ gelegenen Flecken führen; meine Schiffleute aber/in
der Hoffnung eines gröſſeren Profits/
fuhren auf mein Einrathen/ weiter
fort. Als nun die Wilden ſahen/ daß
wir Eiſenwerk und Waffen ihren
Feinden zuführeten/und uns mit ihren
Piroguen/ welches hölzerne Kähne
ſind/ und viel längſamer fuhren/ als
unſer aus Baumrinden gemachter
Kahn/nicht einholen konnten/lieſſen ſie
einige von ihrer jungen Mannſchafft
uns zu Lande nacheilen/welche uns mit
ihren Pfeilen aus einer Enge des Fluſſes erſchieſſen ſolten/ aber vergebens:
denn als wir über eine Weile aus dem
Feuer ſo dieſe Kriegs-Leute gemacht
hatten/

hatten / den Ort wo ſie verborgen lagen / erkannten / fuhren wir geſchwind
über den Fluß an das andre Uffer / und
lagerten uns auf einer kleinen Inſul;
luden auch den Kahn nicht aus / ſondern lieſſen unſern kleinen Hund auf
ſelbigem / aufdaß er uns / im Fall uns
dieſe Barbaren / ſo vielleicht mit
ſchwimmen durch den Fluß ſetzen möchten / uns überfallen wolten / erwecken
möchte / und wir eiligſt wieder fort
ſchiffen könnten.

Kurz darauf / als wir von dieſen
Wilden abkommen waren / kamen wir
an den Mund des Fluſſes Seignelay /
welcher bis auf die funfftzig Meilen von
dem groſſen Flecken der Illinoſen entfernet iſt / und zwiſchen dem 36. und 37
Grad der Norder-Breite / und daſien-
hero 120. oder 130. Meilen vom Me-
ricaniſchen Meer-Buſen liget.

In dem Winkel den dieſer Fluß bey
ſeinem Ausfluß auf der Sud-Seiten
machet / ſiehet man einen flachen ab-
ſchüſſigen Felſen ohngefehr 40. Schuß
hoch / auf welchen man ſehr füglich eine
Feſtung

Feſtung bauen könnte; an der Nord-
Seite / allernächſt an dem Felſen wie
auch an der Weſt-Seite jenſeit des
Fluſſes/ ſind/ ſo weit man ſihet/ Felder
von ſchwarzem Erdreich / ſehr bequem
anzulanden / welche zum Unterhalt einer Colonie ſehr gelegen wären. Das
Eiß / ſo vom Norden herab kam / nö-
tigte uns/daß wir bis auf den 12. Merz
allhie verwarten muſten; von dannen
wir hernach unſre Reiſe fortſetzten/
und den Fluß zwerchs durch / und von
allen Seiten mit dem Lot unterſuch-
ten/ ob mit Schiffen drauf fortzukom-
men ſey: da wir denn befunden/ daß es
zwar in der Mitte bey dem Munde des
Fluſſes Seignelay drey kleine Inſulen
hat / welche das Holz und die Bäume/
ſo vom Norden kommen aufhalten/
und unterſchiedene ſehr breite Sand-
Bänke machen: Die Canäle aber ſind
tieff und haben Waſſers genug für die
Barquen/und kan man allezeit mit flachen Schiffen darüber kommen.

Der Fluß Colbert kommt aus dem
Norden und Nord-Weſten/und laufft
                                    Sud-

Sud-Sud-Weſt; zwiſchen zwey Ket-
ten von Bergen/ ſo an dieſem Ort gar
niedrig ſind : ſie krümmen ſich mit dem
Fluſſe/ und entfernen ſich an etlichen
Orten zimlich weit von ſeinen Uffern/
ſo daß zwiſchen dem Fluſſe und den
Bergen groſſe Wieſen ligen/ in welchen man öffters Heerden wilder Ochſen auf der Weide gehen ſiehet. An andern Orten laſſen die hohen Plätze/ in
Geſtalt halber Circul/ ſo mit Graß
oder Holz bewachſen ſind; jenſeit der
Berge aber/ hat es weite Felder.   Je
weiter man aber den Fluß hinauf gegen Norden kommt/ je mehr verlieret
ſich die Fruchtbarkeit des Erdbodens/
welcher uns ſo wol als die Wälder bey
weiten nicht ſo luſtig und ſchöne ſeyn
dauchte/ als wie bey den Illinoſen.

Dieſer groſſe Fluß iſt faſt durchge-
hends eine Meile/ und an etlichen Orten faſt zwey Meilen breit; es ſind in
denſelben viel Inſuln/ voller Bäume/
ſo mit Weinſtöcken ſo durchwachſen
ſind/ daß man ſchwerlich durchhin kommen kan. Er empfängt von Weſten keinen

nen besonders ansehnlichen Fluß / auß
ser dem Otontenta/und einem andern/
welcher von West-Nord-West / ohngefehr sieben biß acht Meilen vom
Wasser-Fall St. Antonii von Padua
entfernet/kommet.

Von der Ost-Seiten trifft man alsbald einen Fluß von keinem sonderli-
chen Ansehen an / und weiter hinauf einen andern / den die Wilden Oniscon-
sin oder Misconsin nennen; und von
Ost / und Ost-Nord-Ost kommet;
wenn man sechzig Meilen auf selbem
gefahren ist/verläst man ihn/und trägt
die Kähne eine halbe Meile über Land/
biß in einen andern Fluß / welcher von
seinem Ursprung an sich über alle maß-
sen herum krümmet / um in den See-
Busem der Puanten zu kommen; er ist
fast so breit als der Fluß Seignelav
der Illinosen / und fället in den Fluß
Colbert/ hundert Meilen oberhalb des
Flusses Seignelav.

Vier und zwanzig Meilen höher
hinauf findet man den schwarzen Fluß/
welchen die Nadovessiosen oder Issa-
ten/

ten / Chabadeba oder Chabaudeba
nennen / er iſt von keiner ſonderlichen
Würdigkeit.

Dreiſſig Meilen noch höher hinauf
kommt man in den See der Weinenden (welchen wir darum ſo nenneten/
weil unter den Wilden / ſo uns gefangen hatten / einige. uns gern umge-
bracht hätten / und derowegen alle
Nächte bitterlich weineten / um dadurch die andern zu bewegen/ daß ſie in
unſern Todt williglen möchten.) Dieſer
See / welchen der Fluß Colbert machet / iſt ſieben Meilen lang und ohngefehr viere breit: es iſt in ſeiner Mitte
kein beſonderer merklicher Strom zu
ſpühren / ſondern nur bey ſeinem Ein-
und Ausfluß.

Eine halbe Meile unterhalb des
Sees der Weinenden/ Mittagwerts/
iſt der Ochſen Fluß / ſo voller Schild-
krotten iſt. Die Wilden nennen ihn
alſo wegen der groſſen Menge Ochſen
ſo man daſelbſt antrifft. Wir fuhren
ihn zehn oder zwölff Meilen hinauf; er
ſtürzt ſich mit Hefftigkeit in den Fluß
Colbert/

Colbert / weiter hinauf aber fliesset er
sanfft und ohne Strengigkeit; er hat
von beiden Seiten Berge / welche an
etlichen Orten sich weit genug entfernen / und schöne Wiesen zwischen sich
und dem Flusse lassen: bey seinem Ausfluß hat er auf beyden Seiten Wald/
und ist so breit als der Mund des Fluß-
es Seignelay.

Vierzig Meilen noch weiter hinauf/
findet man einen Fluß/ so voller strengen Ströme ist / durch welche man/
nach dem Nord Westen zu/bis an den
Fluß Nimissakovat / welcher in den
See Conde fället/kommen kan. Dieser
erste Fluß heisset der Fluß des Grabes;
weil die Issaten einen ihrer Soldaten/
welcher von einer Schellen Schlange
gebissen worden / daß er starb/ daselbst
liessen/über welchen ich nach ihrer Gewonheit eine Decke legte. Dieser Eh-
ren-Dienst brachte mich in zimliches
Ansehen / indem die von seinem Ge-
schlechte/mir in ihrem Lande zur Dank-
barkeit ein grosses Gastmahl anstelle-
ten/zu welchem mehr denn 100. Wilde
eingeladen waren.   Wenn

Wenn man noch zehen oder zwölff
Meilen diesen Fluß hinauf kommt / so
wird die Schiffarth durch einen Waß-
ser-Fall unterbrochen / welchen ich dem
Heiligen Antonio von Padua zu Ehren / wegen der Wolthaten / so uns
GOtt / auf Fürbitte dieses Heiligen/
den wir zum Patron und Schutz-
Herrn unsers Vornehmens erwehlet
hatten/ erwiesen/ den Wasser-Fall des
Heiligen Antonii von Padua nennete.
Dieser Wasser-Fall ist 40. bis 50.
Schuh hoch/und hat eine Felsichte Insul in Gestalt eines Pyramiden mitten
in seinem Abschuß. Die grossen Berge/
so den Fluß Colbert einschliessen / reichen nicht weiter / als nur bis an den
Fluß Onisconsin/ ohngefehr 120. Meilen / und hier beginnet er vom West
und Nord-West zu fliessen; wir haben
aber von den Wilden / so denselben
noch sehr weit hinauf fahren / nicht erfahren können / wo er entspringet: sie
sagten uns nur/daß zwantzig oder dreiß-
sig Meilen oberhalb des Wasser-Falls
St. Antonii von Padua / noch ein anderer

derer Wasser-Fall sey / an dessen Fusse
etliche Dörffer der Wiesen-Leute/ welche sie Thinthonha hiessen / ligen; in
welchen diese zu gewisser Jahres-Zeit
zu wohnen pflegten.   Acht Meilen zur
rechten Hand / oberhalb des Wasser-
Falls St. Antonii von Pabua / trifft
man den Fluß der Issaten oder Nado-
pessiosen an/welcher in seinem Ausfluß
enge ist / und wann man auf selben 70.
Meilen gefahren ist / kommt man in
den See Buade oder der Issaten/ aus
welchem er seinen Ursprung nimmet:
wir nenneten ihn den Fluß St. Francisci. Dieser itzt gemeldete See verlieret
sich endlich in grosse Moräste / in welchen der dumme Haber wächset/ sowol
als an vielen andern Orten/ bis an den
stinkenden See-Busen.   Diese Art
Korns wächset ungesäet in sumpffich-
ten Erdreich; und sihet fast wie Haber
aus / ist aber von viel besserem Ge-
schmack / und hat viel längere Halmen.
Die Wilden / derer Weiber viel Halmen mit Bast zusammen binden / damit ihn die Antvögel / derer es viel da-
H   selbst

ſelbſt gibt / nicht gånzlich freſſen kön
nen / ſie ſammlen deſſelben wenn er
reiff iſt/ einen guten Vorrath ein / un
auſſer der Zeit ihrer Jagt davon zu
leben.

Der See Buade oder der Iſſaten
lieget ohngefähr 70. Meilen gegen
Weſten von dem See Conde; es iſt
unmüglich zu Lande von einem zu dem
andern zu reiſen / wegen des ſumpfich-
ten und bebenden Bodens: Winters-
Zeit kan man auf dem Schnee mit Raqueten / wiewol gar ſchwerlich/ dieſe
Reiſe verrichten. Zu Waſſer zu rei-
ſen/ gibt es viel Oerter / da man die
Kåhne über Land tragen muß/ und hat
man mehr denn 150. Meilen Weges/
wegen der Krümmungen des Waſſers.

Wenn man auf Kåhnen mit beſſe-
rer Bequemlichkeit aus dem See Conde ſchiffen will / ſo gehet man den Fluß
des Grabes hinab / wo wir allein die
Gebeine von des Wilden Córper funden / weil die Båren die Stangen/
welche des Todten Freunde/ ſtatt eines
Grab-

Grab-Mahls / um ihn in die Erde ge-
stecket hatten / umgerissen / und das
Fleisch gefressen hatten : Einer von
meinen Schiff-Leuten fand zur Seiten
des Grabes einen Kriegs-Calumet/
und einen umgestürzten irdinen Topf/
in welchem die Wilden settes Fleisch
beym Grabe gelassen hatten / damit
der Todte desto bequemlicher die Reise
(wie sie sagen) ins Land der Seelen
verrichten möge.

Um den See Buade herum hat es
viel andere Seen nahe beyeinander/
aus welchen viel Flüsse entspringen /
an deren Uffer die Jssati / Nadovessanen / Tinthentia / das ist die Wiesen-
leute / Udebathonen oder Fluß-Leute/
Chongaskethonen / das ist die Hun-
de- oder Wolffs - Nation /) denn
Chonga heisset bey diesen Völkern ein
Wolff oder Hund) und andere Völ-
er mehr / so wir alle unter dem Namen der Nadovessanen begreiffen /
wohnen. Diese Barbaren sind an
streitbarer Mannschafft 8. bis 9000.
stark/ beherzt/ lauffen schnell/ und sind

H 2 gute

gute Bogen-Schützen/ und von diesen
Völkern war derjenige Hauffe / so
mich und meine beyde Schiff-Gesellen
gefangen nahm / welches auf folgende
Weise zugieng.

Wir pflegten alle Tage / wenn wir
des Morgens zu Schiffe traten / oder
des Abends aussstiegen/ unnachbleib-
lich unser Morgen-und Abend-Gebete
zu verrichten / und zu Mittage das
Angelus, und beschlossen allezeit mit
dem Lob-Spruch S. Bonaventuræ
des Cardinals/ zu Ehren dem H. Antonio von Padua gemacht.

Unter andern baten wir auch GOtt/
er möchte es also fügen / daß wir den
Wilden bey Tage begegnten / denn
wenn sie bey Nacht Zeit jemanden antreffen / erschlagen sie ihn als Feind/
damit sie bey demjenigen/ den sie er-
morden/ etwan eine Axt oder ein Mes-
ser/ welche Dinge sie höher schätzen/
als wir Silber und Gold/ finden und
erobern mögen / ja sie erschlagen wol
ihre Bunds-Genossen/ wann sie nur
die Mordthat zu verbergen getrauen/

da-

ie sich nur bey fürfallender Ge-
it / daß sie Menschen erschlagen
rühmen / und also für Solda-
siren können.

r hatten nun den Fluß Colbert/
ler Lust / und ohne alle Hinder-
schauet / und daß er auf-und ni-
:ts wol zu befahren sey / wol er-
et ; wir waren mit 7. oder 8.
nischen Hahnen / die sich hie zu-
por sich selbst vermehren / verse-
s mangelte uns auch weder an
chsen-Fleisch/ noch an Böcken /
:n / Fischen oder Bären / welche
ichossen/ wenn diese Thiere durch
uß schwummen.

er Gebet wurde erhöret / indem
n 11. April um 2. Uhr nach Mit-
lötzlich 33. aus Baum-Rinden
hter Kähne / mit 120. Wilden
/ gewahr worden/ welche mir un-
licher Geschwindigkeit den Fluß
kamen/ um die Miamisen/ Illi-
und Marohaen zu bekriegen.
ese Barbaren griffen uns an/
hossen etliche Pfeile von fernen

H 3   nach

nach uns/ als ſie aber näher zu unſern
Kahne kamen/ und die Alten den Frie
dens-Calumet in unſern Händen ſa
hen/ hielten ſie ihre junge Mannſchaft
zurücke / daß ſie uns nicht tödteten
Indeſſen ſprungen die Un-Menſchen
aus ihren Kähnen theils ans Land/
theils ins Waſſer mit erſchröcklichen
Geſchrey/ und kamen an unſern Kahn/
und weil wir/ derer unſer nur 3. gegen
ſo eine groſſe Menge war/ihnen keinen
Widerſtand thaten/ rieß einer aus ihnen uns den Calumet aus den Händen; und als ſie ihre Kähne an unſern
anlegten / präſentirten wir ihnen alsbald etliche Stücke Franzöſiſchen Taback / welcher viel beſſer als ihrer iſt;
die Aelteſten unter ihnen wiederholeten
das Wort Miamiha / Miamiha;
weil wir aber ihrer Sprache nicht kundig waren/ nahmen wir einen kleinen
Stecken/ und gaben ihnen durch Zeichen / ſo wir in den Sand macheten /
zu verſtehen / daß die Miamiſen ihre
Feinde/ die ſie ſuchten/geflohen wären/
und über den Fluß Colbert geſetzet hatten

ten/ um sich mit denen Illinosen zu vereinigen. Als sie nun sahen daß sie ent-
decket/ und der Anschlag/ ihre Feinde
zu überfallen/ vergebens ware/ legeten
3. oder 4. alte Männer ihre Hände auf
mein Haupt/ und weineten mit ganz
kläglicher Stimme: Ich aber wische-
te/ mit einem zerrissenen Schnupff-
tuch/ so ich noch hatte/ die Thränen von
ihren Wangen.

Diese Barbaren wolten durchaus
aus unserm Calumet nicht schmau-
chen/ sondern wir musten mit unsern
Kähnen für ihnen her/ über den Fluß
fahren/ und sie hielten durch einander
mit thränenden Augen ein so grausa-
mes Geschrey und Geheule/ daß auch
der Allerbeherzteste davor hätte erschrecken mögen. Als wir unsern
Kahn und Geräthe/ dessen sie uns einen Theil bereits genommen hatten/
zu Lande gebracht/ machten wir ein
Feuer/ und setzten unsern Kessel zum
kochen über; und verehreten ihnen
zwey wilde Indianische Hüner/ so wir
geschossen hatten. Sie hingegen hiel-

H 4 ten

ten in ihrer Versammlung Rath/was
sie mit uns machen wolten; und da
die zwey Vornehmsten aus ihren
Haupt-Leuten auf uns zukamen/ und
sie uns durch Zeichen zu verstehen ga-
ben/ daß uns die Kriegs-Leute die Hälse brechen wolten / ließ ich einen meiner
Gefehrten bey unserm Geräthe/ und
ich nebst dem andern / giengen zu den
Haupt-Leuten über die Soldaten/und
wurffen 6. Aexte/ 15. Messer / und 6.
Elen schwarzen Taback mitten unter
sie / und gaben ihnen mit niderhän-
gendem Haupte mit einer Art zu ver-
stehen/ daß sie uns / wann sie es für
gut befindeten / die Köpffe einschlagen
könten.   Dieses Geschenke besänfftig-
te viele unter ihnen ins besondere/ welche uns Bieber-Fleisch zu essen gaben/
und uns nach Landes Gebrauch die
ersten drey Bissen selbst in den Mund
steckten/ bliessen auch vorher auf das
Fleisch/ welches sehr heiß war / ehe sie
uns selbes auf ihren Tellern aus Rinde gemacht/ vorlegten/ um nach Be-
lieben darvon zu essen.   Folgende
Nacht

Nacht brachten wir in lauter Unruhe
zu/ weil sie uns den Abend vorher/ehe
man sich legte/ unsern Friedens-Calumet wieder gegeben hatten: Gleichwol waren meine beyde Gefährten ent-
schlossen/ ihr Leben theuer genug zu
verkauffen/ und sich/ dafern wir angegriffen würden/ tapffer zu wehren/
hielten derowegen sich mit ihrem Gewehr und Degen in Bereitschafft:
Mich belangend/ war ich Willens/
mich ohne einigen Widerstand erwürgen zu lassen/ weil ich kommen war/
ihnen einen GOtt/ welcher fälschlich
angeklaget/ unrecht verdammet/ und
grausamlich gecreutziget worden/ ohne daß er jemals im geringsten denen-
jenigen/ so ihn zum Tode brachten/
widerstanden hatte/ zu verkündigen.
In dieser Unsicherheit wacheten wir
einer um den andern/ damit wir nicht
unversehens im Schlaffe überfallen
würden.

Den 12. April des Morgens/ for-
derte einer ihrer Haupt-Leute/ Namens Narrhetoba/ welcher das Ge-

H 5   sichte

ſichte und den nacketen Leib über und
über gemahlet hatte / von mir unſern
Friedens-Calumet/ füllete ihn hernach
mit ihrem Land-Toback / und ließ erſtlich alle von ſeiner Parthey daraus
ſchmochen; und hernach auch alle die
andern die nach unſerm Untergang
trachteten : Gab uns darauf zu verſtehen / daß wir mit ihnen heim in ihr
Land gehen müſten ; weil ſie alle dahin zurücke kehrten. Weil nun ihre
Reiſe durch uns hintertrieben wurde /
war ich ſehr wol zu frieden/ daß wir in
Geſellſchafft dieſes Volkes unſere Entdeckung weiter fortſetzen konten.

Mein gröſſeſter Kummer aber war/
daß ich für dieſen Barbaren mein Officium ſchwerlich beten dorffte. Denn
wenn ſie mich die Lippen regen ſahen /
ſchryen ſie mich ein Hauffen-weiſe mit
harter Stiſ̃e an/ und ſagten Unackan-
che ; und weil wir nicht ein einiges
Wort von ihrer Sprache verſtunden/
hielten wir darfür / daß ſie erzürnet
wären/ ſo/ daß auch Michael Ako ganz
ungeberdig zu mir ſagte/ wo ich mein
Bre-

Breviarium ferner beten würde/
würde man uns alle drey todt schlagen; und Piccard bat mich/ aufs we-
nigste GOtt in Geheim zu bitten/ damit sie nicht noch mehr erbittert würden. Ich folgte dem Rathe dieses
Letzten; allein je mehr ich mich zu verbergen trachtete/ je mehr giengen mir
die Wilden nach ; dann wann ich in
einen Wald gieng/ so dachten sie/ ich
wolte etwan einige Kauff-Wahren
unter die Erde verstecken/ also daß ich
nicht wuste/ wo ich mich hinwenden
solte/ daß ich zu GOtt beten könte/
weil sie mich nimmer aus ihrem Gesichte kommen liessen : Wurde dannenhero endlich meine Schiff-Gesellen
um Verzeihung zu bitten gezwungen/
sagende : Daß ich nicht unterlassen
dörffte mein Officium zu beten; und
wenn wir darum solten ermordet werden / würde ich ganz unschuldig Ur-
sach/ so wol an ihrem als meinem Tode seyn. Diese Barbaren aber mei-
neten mit dem Worte Uackanche/ daß
das Buch/ worinnen ich lese/ ein Geist

H 6 wä-

wäre / doch merkte man an ihren Ge⸗
berden / daß ſie einiger maſſen eine
Abſcheu davor hatten ; damit ſie es
aber gewohnen möchten / ſong ich auf
dem Kahne die Litaneyen der H. Jung⸗
frauen aus offenem Buche / welches ſie
für einen Geiſt hielten / der mich / ihnen
zur Beluſtigung ſingen lernete ; denn
dieſe Völker ſind von Natur Liebhaber
des Geſangs.

Es iſt unglaublich / was wir für Un⸗
gemach auf unſerer Reiſe von dieſen
Wilden haben ausſtehen müſſen:
Denn als ſie ſahen / daß unſer Kahn
weit gröſſer / und ſchwerer beladen
war / als die ihrigen (auf welchen ſie
auſſer einem Köcher voll Pfeile / einem
Bogen / und einem alten bereiteten Le⸗
der / mit welchem ſich je zweene und
zweene bey der Nacht / als welche zu
dieſer Jahres-Zeit / da wir immer wei⸗
ter gegen Norden kamen / noch ſehr
friſch waren / zu decken pflegen / nichts
hatten) und wir dannenhero nicht ſo
ſchnelle fahren konten wie ſie ; lieſſen
ſie etliche ihrer Soldaten in unſern
Kahn

Kahn steigen / die uns rudern halffen /
damit wir ihnen folgen konten. Diese Wilden verrichten zuweilen / wenn sie
im Kriege verfolget werden / oder
wenn sie einige ihrer Feinde ertappen
wollen / in einem Tage eine Reise von
dreissig bis vierzig Meilen zu Wasser / und diese / die uns gefangen hatten / gehöreten in unterschiedene Flecken zu Hause / waren auch / was uns
betraff / von unterschiedener Meinung.
Wir baueten unsere Hütte alle Abend
nahe bey dem jungen Capitain / welcher unsern Friedens-Calumet von
uns abgefodert hatte / und gaben uns
unter seinen Schutz / aber die Begierde wurde bey diesen Barbaren so
groß / daß der Hauptmann von der
Parthey / Namens Aquipagnetin /
dem einer seiner Söhne von den Miamisen war erschlagen worden / als er
sahe / daß er sich an dieser Nation / die
er vergebens gesuchet hatte / nicht rächen konte / alle seinen Grimm wider
uns wendete ; er bereuete fast alle
Nächte / vom Abend bis an den Mor-

H 7 　　　　gen

gen / ſeinen im Kriege verlohrnen
Sohn / um dadurch diejenigen / ſo ihn
rächen zu helffen kommen waren / zu
bewegen / daß ſie uns tödteten / und er
ſich unſers Geräthes bemächtigen / und
ſeine Feinde verfolgen möchte. Die
aber / welche die Europäiſche Wahren
liebeten / wolten uns lieber beym Leben
erhalten / damit mehr Franzoſen herbey gelocket würden / von denen ſie Eiſen bekommen möchten. Denn dieſes
iſt bey ihnen überaus werth geſchätzt /
und lerneten ſie deſſen ſehr groſſe Nutz-
barkeit allererſt recht kennen / als ſie
ſahen / daß einer von unſern Franzöſiſchen Schiff-Geſellen auf einen Schuß
3. oder 4. Trappen oder Indianiſche
Hüner fällete ; da hingegen ſie / mit
ihren Pfeilen kaum eines auf einmal
ſchieſſen konten. Durch dieſer Begebenheit Gelegenheit / lerneten wir hernach / daß die Worte Manza Oua-
ckange heiſſen / ein Eiſen das Verſtand
hat / und alſo heiſſen ſie auch ein Feuer-
Rohr / weil es die Beine der Menſchen
zerſchmettert / da hingegen ihre Pfeile
nur

nur durchs Fleisch hinfahren / und selten die Knochen derjenigen / die sie ver-
letzen / zersplittern ; welche Wunden
sie auch viel leichter heilen können / als
die / so unsere Europäische Röhre machen / als welche öffters die Beschädig-
ten zu Krippeln machen.

Wir hatten uns zwar fürgenom-
men / bis an den Ausfluß des Flusses
Colbert / welcher allem Vermuthen
nach / sich in den Mexicanischen Meer-
Busen / und nicht in das Californische
Meer / oder Mer Vermelle / wie es
andere nennen/ ergeust/ zu fahren ; allein diese Völker/ die sich unser bemäch-
tigt hatten / verstatten uns nicht /
den Fluß hinabwarts zu erkundigen.

Wir waren ohngefähr 200. Meilen von unserer Abfarth/ von den Illinosen an zu rechnen/ zu Wasser gerei-
set/ und fuhren mit diesen Wilden / so
uns fiengen/ 19. Tage/ zuweilen gegen
Norden/ zuweilen gegen Nord-We-
sten/ nachdem sich der Fluß wendete/
und wir urtheilen konten.   Nach der
Zeit fuhren wir ohngefehr 150. Meilen

len auf dem Fluſſe Colbert / und auch
drüber: Dann dieſe Wilden fahren
aus allen Kräfften mit ihren Kähnen
vom frühen Morgen bis auf den
Abend / und halten kaum bey Tage
ſtille / etwas zu eſſen. Damit wir ihnen folgen möchten / ſatzten ſie alle Tage 4. oder 5. Männer zu uns in unſer
Schifflein / die uns muſten rudern helffen / weil ſelbes viel ſchwerer gieng als
die ihrigen. Wann es des Nachts
regnete / ſchlugen wir zuweilen Hütten
auf / und wann es heimlich war / lagen
wir öffters unter freyem Himmel auf
der Erden / da wir gute Muſſe hatten /
die Sterne und den Monden / wann
er ſchien / zu betrachten. Die jüngſten
unter denen Kriegs-Leuten / ungeachtet ſie den Tag über ſtark gearbeitet
hatten / tanzeten bis um Mitternacht
4. oder 5. ihrer Haupt-Leuten den Calumet; und derjenige Hauptman /
dem ſie die Ehre anthaten / ſchickte mit
beſondern Ceremonien einen Soldaten von ſeiner Familie zu denen die da
ſungen / und ließ ſie einen um den andern

dern aus seinem Kriegs-Calumet
schmochen/ welcher vom Friedens-Calumet durch besondere Federn unterschieden ist/ und diese Art ihres Sa-
bats beschlossen allezeit die jüngsten
zwoene/ derer Verwandten im Kriege
waren erschlagen worden; sie nahmen
einen Hauffen Pfeile/ und präsentir-
ten sie Creutz weise übereinander li-
gend/mit den Spitzen ihren Hauptleu-
ten/ sie zu küssen/und weineten zugleich
bitterlich. Ob sie nun gleich öffters
aus allen Kräfften schryen/ des Tages
schwer arbeiteten/ und des Nachtes
wacheten/ so erwacheten doch die Alten allezeit mit anbrechendem Tage/
aus Furcht sie möchten von ihren Feinden überfallen werden. So bald die
Morgenröthe anbrach/ schrye einer
laut/ und in einem Huy waren die
Soldaten alle in ihren Baumrinde-
nen Kähnen/ derer ein Theil um die
Insuln des Flusses fuhren/ einiges
Wild zu schiessen/ der andere Theil/
welches allezeit die Beherztesten wa-
ren/ giengen zu Lande/ auszukund-
schaf-

ſchaffen / ob ſie etwan einen Rauch
vom Feuer ihrer Feinde gewahr werden möchten. Sie hatten den Ge-
brauch/ daß ſie ſich allezeit an der Ecken
einer Inſul lagerten / deſto ſicherer zu
ſeyn; denn ihre Feinde haben nur Piroguen oder hölzerne Kähne / mit welchen dieſelben ſo ſchnelle nicht fahren
können als wie ſie / weil ſie gar zu
ſchwer ſind. Denn nur die Völker
gegen Norden / haben Birken-Bäu-
me / aus derer Rinde ſie ihre Kähne
machen / und die gegen Süden woh-
nen/ bey denen dieſe Art Bäume nicht
wächſet / müſſen dieſer groſſen Bequemlichkeit entbehren. Es haben die
Wilden gegen Norden von der birke-
nen Rinde ſonderlich dieſen Vortheil/
daß ſie mit ganz leichter Mühe / aus
einem See in den andern/ und auf alle Flüſſe gehen können/ ihre Feinde an-
zugreiffen/ und wenn ſie entdecket worden / ſo ſind ſie ſchon in Sicherheit /
wenn ſie nur ihre Kähne erreichen können; dann die/ ſo ihnen zu Lande/
oder in den Piroguen nachſetzen/ können

nen sie weder bequemlich angreiffen /
noch jemals einholen.

Eines Tages dieser unserer sehr
mühseeligen / neunzehntägigen Schif-
fahrt / ließ der Hauptmann von der
Parthey Aquipaguetin/ um den Mittag an einer sehr grossen Wiesen still
halten: Er hatte einen sehr fetten Bären gefället / von welchem er denen
Vornehmsten ein Gast-Mal gab/und
nachdem abgespeiset worden war / erschienen alle Soldaten / am Gesicht
und ganzen Leibe mit unterschiedener
Mahlerey gezeichnet/ da ein jeder von
dem andern / durch die Figur eines besondern Thieres unterschieden war/
nachdem ein jeder absonderlich Belie-
ben trug; einige unter ihnen hatten
ihre Haar verkürzt / voll Bären-
Schmalz geschmieret / und mit rothen
und weissen Federn besteckt: Die andern hatten das Haupt mit Pflaum-
Federn der Vögel bestreuet / welche
am Bären-Schmalz kleben blieben:
Diese tanzeten mit untergestürzten
Armen/ und im tanzen traten sie mit
den

den Fußſolen (oder flachen Fuſſe) ſo
ſtark nider/ daß die Fußſtapffen davon
in der Erde blieben. Indeſſen als der
eine Sohn des vorerwähnten Hauptmanns einem jeden aus dem Kriegs-
Calumet zu ſchmochen gab / und bitterlich weinete / führete der Vatter
ein jämerliches Weheklagen / welches
durch Seuffzen und Klochzen unterbrochen wurde/ und badete gleichſam
zugleich den ganzen Leib mit Thränen.
Bald kam er zu mir / und legte mir die
Hände aufs Haupt / dergleichen er
auch denen andern beyden Franzoſen
thät; bald warff er die Augen gegen
Himmel / und wiederholete offtmals
das Wort Louis / welches die Sonne
bedeutete / gleich als ob er dieſem groſſen Himmels-Lichte den Tod ſeines
Sohnes klagete: Allem Vermuthen
nach / ſolten alle dieſe Ceremonien zu
unſerm Verderben gereichen; und /
wir haben nach der Zeit erfahren / daß
dieſer Barbariſche Menſch vielmals
an unſer Leben gewolt hat; weil er
aber ſahe / daß ſich die Haupt-Leute
von

von der andern Seiten widersetzten/
und ihn an seinem Vornehmen ver-
hinderten/ließ er uns wieder zu Schiffe
tretten/ und erdachte andere Fündlein
wodurch er nach und nach mit wenigem die Wahren von meinen Schiff-
Gesellen an sich brachte ; denn er un-
terstund sich nicht selbe mit Gewalt/
wie er wol hätte thun können/ wegzunehmen / weil er sich fürchten muste/
daß ihn die andern von seiner Nation
für einen verzagten Kerl schelten
möchten / weil die Tapffersten unter
ihnen für dergleichen Thun eine Abscheu haben.

Dieser durchtriebene Wilde verwahrete die Gebeine eines seiner vornehmsten verstorbenen Anverwand-
ten/ in zubereiteten/ und mit unterschiedenen Reyen rothen und schwarzen Stachel-Schweines-Borsten ge-
ziereten Ledern aufs fleissigste.   Er
versammlete von Zeit zu Zeit seine Leute zu sich / und gab ihnen Toback zu
schmochen/ wir aber musten unterschiedene Tage-Reisen nacheinander kommen

men / und die Beine des Verſtorbenen / mit einigen Kauffmanns-Wahren bedecken / und durch ein Geſchenke
die Thränen / die er um dieſen Todten
und um ſeinen Sohn vergoß / abzuwiſchen / damit wir ihn nur zu frieden
ſtelleten / warffen wir auf die Todten-
Knochen etliche Elen Franzöſiſchen
Taback / Aexte / Meſſer / Glas-Coral-
len / oder einige Arm-Bänder von
ſchwarzem und weiſſem Schmelz / und
auf dieſe Weiſe erſchöpffte uns dieſer
Barbar / ohne daß ihn jemand dißfalls tadeln konte: Indem er ſich ſtellete / als ob das / was er an uns forder-
te / nur für ſeine Soldaten gehörete /
(wie er denn alles das / was wir ihm
auf dieſe Art gaben / unter ſie austhei-
lete) und er als Hauptmann für ſich
mehr nicht behielte / als das was wir
ihm für uns ſelbſt aus gutem Willen
gaben. Wir lagerten uns an der
Spitzen des Sees der Weinenden /
welchen wir deſſentwegen alſo nenneten / weil dieſer Hauptmann daſelbſt
die ganze Nacht weinete / und wann

er

er müde war / ließ er einen seiner Söhne weinen / um dadurch die Kriegs-
Leute zum Mittleiden zu bewegen / damit sie uns umbrächten / und ihre Feinde verfolgeten / aufdaß seines Sohnes
Todt dadurch gerochen würde.

Es schickten diese Wilden bisweilen
ihre schnellesten Läuffers aufs Land /
dieselben jagten ganze Heerden wilde
Ochsen nach dem Uffer des Flusses zu;
und indem sie durch das Wasser setze-
ten / erschossen die Wilden derselben zuweilen bis auf 40. oder 50. Stücke /
von denen sie aber nur die Zungen / und
die besten und mürbesten Stücke
schnitten / und das andere ligen liessen /
weil sie sich nicht überladen / und an der
Reise dadurch hindern wolten. Ich
muß bekennen / daß wir manchmal ein
gut Stücke Fleisch zu essen hatten / wir
musten es aber ohne Brod / ohne
Wein / ohne Salz / ohne Würze und
anderes Mächsel verzehren; und auf
solche Art haben wir drey ganze Jahre Zeit unserer Reise / leben müssen / da
wir zuweilen vollauf hatten / zuweilen
auch

auch wieder darbeten und offt in 24.
und mehr Stunden/nicht einen Bissen
zu essen funden : denn man kan auf diese aus Baumrinde gemachte Kähne/
nicht allzuviel laden; und wie sorgsam
man auch sonsten ist / so findet man sich
doch die meiste Zeit von denen zu des
Lebens Unterhaltung nöthigen Dingen entblösset. Wenn ein Geistlicher in
Europa so viel Mühe und Arbeit aus-
stehen/und so viel fasten solte als wir in
America überstanden haben / so würde
solches schon genug seyn/die Canonisa-
tion dadurch zu erhalten: doch ist nicht
ohne/ daß in dergleichen Fällen/ da
man um deß willen / weil man es nicht
anders machen kan/leidet/ selbiges uns
nicht allezeit verdienstlich sey.

Des Nachts kamen zuweilen einige
alte Männer zu uns / die heisse Thränen weineten/ und uns die Armen und
den ganzen Leib mit ihren Händen / die
sie uns auch aufs Haupt legten/rieben:
Diese Greiner hinderten mich nicht allein am Schlaffe/ sondern ich wuste
öffters nicht / was ich mir gedenken solte:

e: Ob nemlich dieſe Barbarn deß.
vegen weineten / weil uns vielleicht ei-
sige Soldaten ermorden wolten; oder
ob es aus bloſſem Mitleiden geſchehe/
wegen deſſen/daß wir ſo übel verhalten
vurden.

Zu einer andern Zeit kam dem Aqui-
aguetin ſein boshafftiges Fürnehmen
wieder in den Kopff / und hatte er den
gröſſeſten Hauffen derer Kriegs-Leute
alſo auf ſeine Seite gebracht / daß wir
eines Tages unſere Hütte bey dem
Narrhetoba/ welcher uns beſchützete /
nicht aufrichten konten / ſondern muſten uns ganz ans Ende des Lagers
machen. Und als wir nun dieſen Barbaren anmerken konten / daß uns ihr
Hauptmann ſchlechter Dings todt haben wolte / ſuchten wir deſſentwegen
aus einer Küſte noch zwanzig Meſſer
und etwas Toback hervor / und worf-
en ſelbige mit zornigen Geberden mit-
en unter unſere Widerſacher : Die-
er Unglückſeelige ſahe ſeine Soldaten
inen nach dem andern an/ zweifflende/
daß er thun ſolte / und begehrte gleich-

J　　　　　ſam

sam ihres Raths / o
annehmen solte ode
wir unsere Häupter
beugten / und ihm ei
de gaben / uns dan
trat der junge Capit
ers nicht warhafftig
lete / als ob er unser
re/ herzu / ergriff une
und führete uns im
Hütten / einer aber
griff etliche Pfeile/u
in unserer Gegenwa
zu verstehen gab /
wolle / daß wir
würden.

Folgenden Mor
allein in unserm Ka
uns keine Wilden
rudern helffen /
Brauch gehabt hat
alle hinter uns.
Meilen gefahren wa
derer Capitain zu u
ausfteigen/ und raff
Gras zusammen / a

nidersetzen musten. Er nahm hernach
ein Stücke Cedern-Holtz/ in welchem
viel kleine Löcher waren / in deren eins
steckte er ein Stöcklein / welches er mit
den flachen Händen schnelle herum
triebe oder quirrlete / bis er durch dieses Mittel Feuer zuwege brachte :
Hierauf steckte er den Taback in seiner
grossen Pfeiffen an ; und nachdem er
eine Weile geweinet / und uns die
Hände auf die Köpffe geleget hatte/
gab er uns aus einem Friedens-Calumet zu schmochen / und wiese uns / daß
wir in 6. Tagen zu Hause in seinem
Lande seyn würden.

Als wir am 19. Tage der Schif-
fahrt 5. Meilen unterhalb dem Wasser-Fall S. Antonii von Padua ankommen waren / liessen uns die Wilden in einer Bucht ans Land steigen /
und hielten eine Versammlung / um
miteinander unserthalben zu rath-
schlagen; drauf theileten sie uns von-
einander / und gaben uns dreyen
Hauptleuten besonderer Familien/ an
statt dreyer ihrer Kinder / welche im

J 2 Krie-

Kriege waren erſchlagen worden : be
mächtigten ſich auch alsbald aller un
ſerer Sachen / ſchlugen unſern Kahn
in Stücken / aus Beyſorge / wir möch=
ten wieder zurücke zu ihren Feinden
kehren: Ihre Kähne verſteckten ſie in
die Erlen=Büſche / um ſich derer künff
tig bey der Jagt wieder zu bedienen.
Und ob wir wol gar füglich zu Waſſer
in ihre Land hätten kommen können / ſo
muſten wir doch 60. Meilen zu Lande
reiſen / und zwar zwungen ſie uns vom
erſten Anbruch des Tages / bis zwey
Stunden in die Nacht zu lauffen / und
über viel Flüſſe zu ſchwimmen / da denn
die Wilden / derer viel von ganz unge=
meiner Länge ſind / unſere Kleider auf
den Köpffen / und meine zweene Schiff=
Geſellen die kleiner als ich waren / auch
nicht wie ich / ſchwimmen konten / auf
den Schultern über das Waſſer tru=
gen. Ich konte vielmal / wenn ich
aus dem Waſſer kam / kaum aufrechts
ſtehen ; über dieſes war das Waſſer
in denen Lachen / durch welche wir wa=
ten muſten / öffters voller zarten Eiſſes ;
wel=

Fortgehen brechen mu-
nn daſſelbe die Schen-
den ſchnitte / daß ſie
utrünſtig waren. Weil
Stunden mehr nicht
mal zu eſſen bekom-
s die Wilden nur mit
tliche Bißlein Fleiſch
rde ich ſo ſchwach / daß
l unterwegens nider-
Neinung / lieber alſo zu
eſen Wilden ferner zu
ye mit ſolcher Geſchwin-
id reiſen / daß ein Euro-
) Kräffte genug hat / es
hun. Und damit ſie uns
eilen / ſtecketen ſie öff-
auf den Wieſen / über
gen / mit Feuer an / daß /
erbrennen wolten / wir
ten. Ich hatte damals
elchen ich mir aufhub /
den Sommer für der
it zu beſchützen / dieſen
Feuer fallen / um uns
zu befreyen.

J 3   Als

Als wir nicht weit mehr von ihrem
Flecken waren / theileten sie alle Güter
meiner beyden Schiffs Gefährten unter sich: Es fehlete aber nicht viel/ daß
sie nicht einander über der Rollen Französischen Tabacks / welcher bey diesen
Völkern in überaus hohem Werth ist/
und mehr geachtet wird als das Gold
bey uns Europæern / umbrachten.
Die Leutseeligsten unter ihnen gaben
uns gleichwol durch Zeichen zu verstehen / daß sie genugsame Biber-Felle
für das / was sie nehmen / geben wolten. Dann die Ursache dieser Gewalt-
thätigkeit war / daß dieser Hauffe aus
zweyen unterschiedenen Völkern be-
stund/ unter denen die / welche am fer-
nesten wohneten/ weil sie besorgten/ es
möchten die andern / wann sie an die
ersten Dörffer / wo sie durch musten /
kommen würden / alles Gut alleine behalten / ihren Theil alsbald voraus
haben wolten. Sie boten auch einige
Zeit hernach in der That selbst/ uns einige Pelzwerk Wahren dar / auf Ab-
schlag der Bezahlung; allein meine
Schiffs-

Schiffs-Gefärten wolten dieselbe nicht
?er annehmen / bis man ihnen den
Werth alles deffen / was sie genom-
?en hatten / miteinander geben wür-
?: Zweiffle auch nicht/ daß sie künff-
?ger Zeit denen Franzosen / welche sie
?er Handlung halber an sich zu ziehen
?emühet sind / deßwegen völlige Ver-
nügung geben werden.

Diese Barbaren nahmen auch un-
?r Gold-gesticktes Meß-Gewand/und
?le Zierrathen unserer Reise Capelle;
?uffer dem Kelch/ welchen sie anzurüh-
?en sich nicht unterstunden. Denn
?ls sie dieses vergüldete Silber so hel-
?en Widerschein geben sahen/ machten
?le die Augen zu / und sagten / es wäre
?in Geist/ der sie tödten würde. Sie
?erschlugen auch einen Kuffer / welcher
?in Schloß hatte / als sie mir zuvorher
?esagt hatten / daß wo ich nicht das
Schloß zerbrechen würde / wolten sie
?s selber mit spitzigen Steinen thun:
Die Ursache aber dieser Gewaltthätig-
?eit war / weil sie diesen Kuffer nicht
?ufmachen konten/ um unterwegens

J 4   dann

dann und wann dasjenige/ was drinnen war/ zu beſichtigen ; Denn ſie wuſ-
ſten im geringſten nicht/ was Schloß
oder Schlüſſel war : Uber dieſes begehrten ſie ſich mit dem Kuffer nicht zu
beladen / ſondern nur mit denen Sachen / ſo drinnen verſchloſſen waren/
derer ſie viel drinnen zu finden hoffe-
ten/ funden aber nichts/ als Bücher
und Pappier.

Als wir nun 5. Tage zu Lande gerei-
ſet/ Hunger / Durſt und viel Ungemach erlitten hatten/ gantze Tage/ ohne einmal zu ruhen/ gelauffen / und
See und Flüſſe durchwatet hatten/
wurden wir eine Menge Weiber und
Kinder gewahr/ die unſer kleinen Armee entgegen kamen. Alle Alten
von dieſer Nation verſammleten ſich
unſerthalben/ und als wir die Hütten
ſahen/ an deren Pfeiler Stroh Fackeln
ſteckten / und daran dieſe Barbaren
die Sclaven/ ſo ſie mit nach Hauſe
bringen/ zu binden und zu verbrennen
pflegen / und wir noch über dieſes ſa-
hen/ daß der Picard einen Kürbiß voll
kleiner

iner Steinlein haltende und schüt,
nde, tanzete / daß seine Haare und
esichte gemahlet waren / auch noch
rzu diese Barbaren einen weissen
usch Federn auf seinen Kopff geste,
et hatten / hatten wir gnugsame Ur,
che zu glauben / daß sie uns umbrin,
n wolten ; weil sie viel dergleichen
epränge mit uns hatten / welche sie
nst im Brauche haben/ wenn sie ihre
einde verbrennen wollen. Das grö,
e Unglück war noch darzu / daß kei,
r von uns dreyen mit diesen Wilden
den / oder ihnen seine Meinung zu
rstehen geben konte : Nichts desto,
eniger / nachdem wir unterschiedene
Belübde / dergleichen alle Christen in
lchen Fällen zu thun schuldig seynd /
ethan hatten / reichete uns einer von
en vornehmsten Haupt-Leuten der
ssaten seinen Friedens-Calumet/daß
ir draus schmochen solten/ und nahm
agegen den/ welchen wir mitgebracht
atten / gab uns auch in grossen / von
Baum-Rinde gemachten Schüsseln
ünnen Haber / welchen die Weiber

J 5.　　　mit

mit Blueʒ/ welches ſchwarʒe/ Som=
mers-Zeit an der Sonnen abgetrock=
nete Körner ſind/ und ſo gut ſchmecken
als kleine Roſinen/ zugerichtet hatten/
zu eſſen.   Nach geendigter Malʒeit/
dergleichen wir in 8. Tagen keine ge=
habt hatten/ führeten uns die Haupt=
Leute der Familien/ die uns an ſtatt
ihrer im Kriege erſchlagenen Kinder
angenommen hatten/ einen jeden be=
ſonders mit ſich in ihre Flecken/ da wir
wiederum eine ganʒe Meilweges bis
an die Waden mitten durch die Mord=
ſte im Waſſer waten muſten/ und als
wir ſo weit kommen waren/ empfien=
gen uns die 5. Weiber deſſen/ der mich
Mitchinchi/das iſt/ ſeinen Sohn nen=
nete/ mit drey aus Baum-Rinde ge=
machten Kähnen/ und führeten uns
bey einer kleinen Meilen lang von dem
Ort/ wo wir einſtiegen/ bis in
eine Inſul/ wo Sie ihre Hütten
hatten.

Bey meiner Ankunfft/ welches um
Oſtern des 1680ſten Jahres war/ bot
uns einer von dieſen Barbaren/ wel=
cher

...er mich eines sehr hohen und verleb-
...en Alters zu seyn daüchte) aus einem
...rossen Calumet zu schmauchen dar/
...nd unter währendem bittern weinen/
...ieb er mir das Haupt und Arme/ und
...ezeugete sich mitleidig/ weil er sahe/
...aß ich so müde war./ daß mir ihrer
...veene die Hände reichen musten/ so
...fft ich mich aufrichten wolte/ er hatte
...ne Bären-Haut beym Feuer/ auf
...lber schmierete er mir die Schenkel
...om Leibe an/ bis auf die Fußsolen mit
...ilden Katzen-Schmalz.

Des Aquipaguetins Sohn/ der
...ich seinen Bruder nennete/trug un-
...r Gold-gesticktes Meß-Gewand
...im Gepränge auf blossem Rücken;
...hatte in selbes die Gebeine eines
...odten/ den diese Völker in grossen
...hren halten/eingewickelt; den Prie-
...erlichen Gürtel/ so von rother und
...eisser Wolle gemacht war/ und an
...yden Enden Quäste hatte/ brauchte
...an statt der Bänder/ und nennete
... Pere Louis Chinnen/ das ist/ wie
...) hernach verstanden habe/ das Kleid

J 6   des-

desjenigen / welcher sich die Sonne
nennet.   Und als diese Wilden das
Meß-Gewand eine Zeit lang zum Zie-
rath ihrer Todten-Knochen / in ihren
Prunk-Festen gebrauchet hatten /
schenketen sie selbiges ihren Bunds-
Verwandten / so ohngefehr 500.Mei-
len von ihnen gegen Westen wohneten
und eine Gesandschafft / welche ihnen
den Calumet getanzet / zu ihnen abge-
schicket hatten.

Den folgenden Morgen / nachdem
wir ankommen waren / kleidete mich
Aquipaguetin / welcher das Haupt einer grossen Familie war / mit einer
Decke / so aus 10. grossen bereiteten
Bieber-Fellen gemacht / und mit Sta-
chel-Schweins-Fellen gebrähmet
war.   Dieser Barbar wiese mir 5.
oder 6. seiner Weiber / und befahl ihnen / wie ich hernach erfahren habe /
daß sie mich für ihren Sohn halten
solten.   Er satzte mir eine Schüssel /
aus Baum-Rinde gemacht / voller
Fische für / und befahl allen / so gegen-
wärtig waren / mit was für einem Namen

men sie mich in dieser neuen Freundschafft nennen solten.   Und als er sa-
he/ daß ich ohne Hülffe zweyer anderer nicht von der Erden auffstehen kon-
te/ ließ er eine Bad-Stuben zurichten/
in welche ich ganz nackend gehen mu-
ste/ mit 4. Wilden/ welche alle zuvor
das Aeusserste ihres Männlichen
Gliedes mit Baste vom weissen Baume bunden/ ehe sie anfiengen zu schwi-
tzen: Er ließ diese Bad-Stuben mit
wilden Ochsen-Fellen bedecken/ und
mitten hinein glüende Steine legen;
nnd gab mir durch Zeichen zu verste-
hen/ daß ichs gleichwie die andern machen solte/ ich ließ es aber dabey bewen-
den/ daß ich meine Schaam mit einem
Schnupfftuch bedeckete.   Und nachdem diese Barbaren zu etlichen malen
stark Athem geschöpffet hatten/ fieng
er mit einer groben und gleichsam don-
nernden Stimme an zu singen/ und
die andern stimmeten mit ein; und
fiengen zugleich an/ meinen Leib mit ihren Händen zu reiben/ und jämmerlich
zu weinen; so lange/bis ich darüber an-

fieng in Ohnmacht zu fallen / so daß ich
mit Noth aus der Bad-Stuben kom-
men/ und meine Kleider anziehen konte. Nachdem ich nun auf solche Art
dreymal in einer Wochen geschwitzet
hatte / befand ich mich so stark/ als vor-
hero jemals.

Ich hatte unter diesen Barbaren
öffters sehr böse Zeit: Dann ausser/
daß sie mir die Wochen kaum fünff
oder sechsmal ein wenig dünnen Ha-
ber/ und gedörreter Fischgen / welchen
sie mit Wasser in einem irdenen Topffe
kochen liessen/ zu essen gaben; so führete mich Aquipaguetin noch darzu in eine benachbarte Insul/ in welcher ich seinen Kindern und Weibern muste helffen die Erde zurichten / um Taback-
Saamen / und andere Hülsen-Früch-
te/ die ich mitgebracht hatte / und von
diesen Barbaren hoch geachtet wurden / darein zu säen. Zuweilen versammlete er die Alten im Dorffe zu
sich/in derer Gegenwart er eine Schiff-
Rose / so ich stets bey mir trug / von
mir foderte/und als er sahe/daß ich mit
ei-

einem Schlüssel den Magnet herum
lauffen machte/und gar recht glaubet er/
daß wir Europäer durch Hülffe dieses
Instruments durch die ganze bewoh-
nete Welt reiseten; beredete er/ (denn
er war ein guter Redner) seine Leute/
daß wir Geister wären/ und alles das
werkstellig machen könten/ was ihnen
zu thun unmöglich wäre.   Als er seine Rede/ welche voller Leben war/ ge-
endigt hatte / weineten die Alten alle
über meinem Kopffe/ und verwunderten sich an mir über dem/ was ihnen zu
begreiffen zu hoch war.   Ich hatte einen eisernen Topff/ 3.Lionische Schuh
groß / selben unterstunden sich diese
Wilden mit keinem Finger anzurüh-
ren/ wenn er nicht in eine Decke einge-
wickelt war; die Weiber hiengen ihn
an einen Ast eines Baumes / weil sie
sich in die Hütten / wo dieser Topff
war/ zu gehen fürchteten.   Ich lebete
eine Zeitlang unter ihnen / daß ich ihnen nicht konte zu verstehen geben was
ich wolte: Als ich aber den Hunger
nicht wol erdulten konte/ fieng ich an

ein

ein Wörter-Buch in ihrer Sprache
zu machen/durch Hülffe ihrer Kinder/
mit welchen ich mich / um von ihnen zu
lernen / bekannt machte.

Sobald ich nun das Wort Taket-
chiabihen / welches ſo viel iſt / als wie
heiſſeſt du das? erhaſchet hatte / kam
ich in kurzer Zeit ſo weit / daß ich von
täglichen Sachen mit ihnen reden konte : Ich muſte Anfangs / um zu erfahren / was Lauffen in ihrer Sprache
hieſſe / von einer Ecke ihrer groſſen
Hütten bis zu der andern lauffen. Als
die Vornehmſten unter ihnen ſahen /
daß ich Luſt zu lernen hatte / lieſſen ſie
mich offtmals ſchreiben/ und nenneten
mir alle Theile des Menſchlichen Leibes / und wann ich etliche ſchandbare
Worte/ welche dieſe Leute ohne Scheu
vorbringen/ zu ſchreiben mich weiger-
te / hatten ſie darüber ihre beſondere
Kurzweil untereinander. Offters
fragten ſie mich/ und weil ich allemal
aufs Papier ſehen muſte / wenn ich ihnen antworten ſolte / ſagten ſie zu einander; Wenn wir den Pater Ludwig/
(denn

(denn sie hatten gehöret / daß mich unsere zweene Franzosen also genennet
hatten/) fragen / so antwortet er uns
nichts / aber sobald er das Weisse
(denn sie haben kein Wort / womit sie
das Papier nennen könten) ansihet /
antwortet er / und gibt uns seine Gedanken zu verstehen; Es muß/ sagten
sie / dieses Weisse ein Geist seyn / der
dem Pater Ludwig alles das/ was wir
zu ihm reden/ zu erkennen giebet. Sie
schlossen auch daraus / daß die andern
zweene Franzosen nicht so witzig wären
wie ich / weil sie auf dem Weissen so
nicht arbeiten könten wie ich. Und
um deßwillen glaubten die Wilden /
daß ich alles könte; wenn es stark regnete / und sie dadurch verhindert worden / daß sie nicht auf die Jagt gehen
könten/ begehrten sie von mir / daß ich
es solte aufhören lassen; allein ich wuste ihnen alsdenn genug zu antworten/
indem ich mit den Fingern auf die
Wolken wiese und sagte / daß der
grosse Capitain des Himmels ein
HErr aller Dinge wäre/ und daß das/

was

was ſie von mir begehreten / nicht in
meinem Vermögen ſtünde.

Dieſe Wilden fragten mich vielmals / wie viel ich Kinder und Weiber
hätte? und wie viel Winter (denn ſie
zehlen ihr Alter nach denen Wintern/
ich erlebet hätte? ſie wurden aber / als
die niemals den geringſten Schimmer
vom Liecht des Glaubens empfunden/
über der Antwort / die ich ihnen gabe /
ganz beſtürzt. Denn ich gab ihnen /
indem ich auf unſere zweene Franzoſen
wieſe / welche drey Meilen von unſerm
Flecken ſich aufhielten / und ich ein und
anders mal beſuchte zu verſtehen/ daß
ein Mann wie dieſe / bey uns mehr
nicht auf einmal als ein einiges Weib
bis an ſeinen Tod haben dörffe ; Ich
aber hätte dem Meiſter des Lebens ge-
lobet / ſo/ wie ſie mich ſehen / zu leben /
und zu ihnen zu kommen / um ihnen zu
verkündigen / daß er haben wolte / daß
ſie wie die Franzoſen werden ſolten;
daß dieſer groſſe Meiſter des Lebens
hätte Feuer vom Himmel fallen laſſen/
und eine ganze Nation/welche ſo grau-
samen

men Lastern / gleichwie sie untereinander zu begehen pflegten / ergeben gewesen / ausgetilget. Allein dieses un-
verständige Volk / welches bishero
ohne allen Glauben und Gesetze gele-
bet / trieben aus dem / was ich ihnen
sagte / nur das Gespötte / was? sagten sie / haben deine zweene Gefährten
Weiber. Unsere Weiber würden
unmöglich bey ihnen bleiben; Sind sie
doch über das ganze Gesichte voller
Haare; da wir andern weder an diesem / noch an irgend einem andern Orte Haare haben. Sie waren in Warheit nie besser mit mir zu frieden / als
wann ich mich barbiret hatte; und ihnen zu Gefallen / weil es keine Sünde
ist / thät ichs alle Wochen. Als einesmals die von unserer neuen Freundschafft erwarteten / daß ich sie verlassen
wolte / trugen sie einen Hauffen aus
Bieber-Fellen gemachte Pelze zusammen / welche bey denen Franzosen mehr
denn 600. Pfund werth würden ge-
schätzet seyn / und schenketen mir dieselben / theils mich dadurch zu bewegen

gen bey ihnen zu bleiben damit ſie mich
denen ausländiſchen Nationen / ſo ſie
zu beſuchen kamen/zeigen könten/theils
auch zum Entgeld desjenigen / was ſie
mir geraubet hatten. Ich nahm aber
dieſes Geſchenke nicht an/ ſondern ſag-
te/ daß ich nicht um deßwillen zu ihnen
kommen wäre/ Bieber-Felle zu ſammlen; ſondern allein ihnen den Willen
des groſſen Meiſters des Lebens zu verkündigen / und hätte deßwegen ein
Land / da alles vollauf wäre/verlaſſen/
um bey ihnen armſeelig zu leben. Es
iſt wahr/ gaben ſie zur Antwort / hier
iſt kein Wild / das wir fangen könten/
und du muſt Noth leiden; aber gedul-
te dich nur bis auf den Sommer / ſo
wollen wir in die warme Länder reiſen/
und wilde Ochſen erſchlagen. Ich
wäre mit ihnen zu frieden geweſen/
wenn ſie mir/ gleichwie ihren Kindern / hätten zu eſſen gegeben; ſie fraſ-
ſen aber des Nachts in Geheim / und
daß ichs nicht wuſte; wiewol die Weiber durchaus weichmütiger und mitlei-
dender waren als die Männer : Das
Biß-

Bißlein Fisch/ so sie hatten/ gaben sie
ihren Kindern / mich aber hielten sie
als einen Sclaven/ den ihre Soldaten
in ihrer Feinde Land gefangen hatten/
und zogen zwar billich ihrer Kinder Leben dem Meinigen für.

Es waren unter den Alten einige/
welche öffters kamen / und über meinem Kopffe mit kläglicher Stimme
weineten/ einer hieß mich seinen Sohn/
der ander seinen Enkel/ und sagten es
ist mir leid für dich/ daß du nichts zu essen hast/ und daß ich hören muß/ daß
du auf deiner Reise so übel bist verhalten worden; so machens die jungen
Kriegs-Leute/ die ohne Verstand sind/
die haben dich erschlagen wollen/ und
haben dir alles genommen/ was du gehabt hast; wenn du nur Wild-Ochsen-
oder Bieber-Felle haben woltest/ wolten wir dir gerne deine Thränen damit abtrocknen/ du wilst aber von allem dem/ was wir dir angebotten ha-
ben/ nichts haben.

Einer unter ihnen/ Namens Vasi-
cude/ das ist so viel als/ der durchstö-
chene

chene Fichten-Baum / der Vornehmſte unter allen Haupt-Leuten der
Iſſaten / ſagte einesmals voller Eifers
wider die / ſo uns ſo übel mitgefahren
waren / in ſitzendem Rath / daß diejenigen / die uns alle Haabe geraubet
hätten / gleich wären denen hungrigen
Hunden / die diebiſcher Weiſe ein
Stücke Fleiſch aus einer Baumrinde-
nen Schüſſel erſchnappeten / und damit davon lieffen ; und dahero wären
diejenigen / die eben alſo mit uns ver-
fahren wären / werth / daß man ſie
nichts beſſer als Hunde achtete / weil
ſie diejenigen / die Eiſen und Kauffmanns-Gut / dergleichen bey ihnen
noch niemals bräuchlich geweſen / zu
ihnen brächten / beleidigten / er wolte
ſchon Mittel finden / ſich an demjeni-
gen / der ſo übel mit uns gebahret wäre / zu rächen. Und dieſer dapffere
Hauptmann wieſe ſolches auch ſeiner
ganzen Nation in der That / wie wir
hernach hören werden.

Ich pflegte öffters die Hütten dieſer
letzteren Nation zu beſuchen / in deren
einer

einer fand ich ein krankes Kind/ deſſen
Vatter Mamenifi hieß/ welches/
Menſchlichem Urtheil nach/ gewiß
ſterben würde: Ich fragte unſere bey=
de Franzoſen um Rath/ was ſie mei=
neten/ daß ich dißfalls thun ſolte/ in=
dem ich mich ſchuldig erachtete/ ſelbi=
ges zu tauffen. Michael Ako wegerte
ſich/ mir in ſolchem Werk Beyſtand zu
leiſten ; Picard du Gray aber gieng
mit mir/ und wurde Pate/ oder viel=
mehr Zeuge bey dieſer Tauffe/ ich nen=
nete dieſes Kind Antonette/ dem heili=
gen Antonio von Padua zu Ehren/
und weil der Piccard Antonius Au=
guelle hieß/ bürtig von Amiens ; er
war ein Enkel des Herrn de Cauroy/
General Procurator der Præmonſtra=
tenſer/ welche itzt beyde in Paris ſind.
Als ich das Haupt dieſes wilden
Mägdleins mit natürlichen Waſſer/
begoſſen/ und folgende Worte aus=
geſprochen hatte : Du Geſchöpffe
Gottes/ ich tauffe dich im Namen des
Vatters/ und des Sohnes/ und des
heiligen Geiſtes/ nahm ich ein halb
Altar=

Altar-Tüchlein / welches ich aus den
Händen eines Wilden / ſo mir es geraubet / wieder heraus geriſſen hatte /
und deckte es auf den Leib des getauff-
ten Kindes: Denn weil ich / aus Mangel des Weins / und der Prieſterlichen
Zierrathen / nicht Meſſe halten konte /
ſo konte dieſe Leinwand nicht beſſer angewendet werden / als zur Begräbnuß
des erſten Chriſten Kindes / ſo jemals
unter dieſen Völkern war gefunden
worden.   Ich weiß wol nicht / ob vielleicht die Lindigkeit dieſes Tuches der
Neu-getaufften ſo wol gethan hatte /
dann ſie lachte folgenden Morgen in
ihrer Mutter Armen / welche glaubte /
daß ich ihr Kind geſund gemacht hatte / ſie ſtarb aber gleichwol einige
Zeit hernach / zu meinem groſſen
Troſte.

Unterdeſſen / weil wir uns bey denen Iſſaten oder Nadoveſſioſen aufhielten / ſahen wir Wilde / welche von
Weſten her / auf 500. Meilweges /
in Geſandſchafft kommen waren; dieſe berichteten uns / daß die Aſſenipovä-
laken

ken damals nur 7. oder 8. Tage-
reisen von uns gegen Nord-Osten
ch aufhielten. Alle andere Völker/
s viel man ihrer kennet/gegen Westen
nd Nord-Westen/wohnen auf Wie-
n und überaus weiten Feldern/wo es
vilde Ochsen und Fellwerk genugsam
iebet/ sie müssen zuweilen mit Rindes-
Mist feuren/ weil sie kein Holz haben.

Nach Verfliessung dreyer Monat/
versammleten sich alle diese Nationen/
und als die Haupt-Leute die Plätze zur
vilden Ochsen-Jagt unter sie ausge-
theilet hatten/ zertheileten sie sich in
unterschiedene Hauffen/ damit sie
nicht/ wann sie alle beysammen blie-
ben/ Hungers-Noth unter sich erwe-
keten. Aquipaguetin/ einer von denen
Hauptleuten/ welcher mich zum Sohne angenommen hatte wolte mich mit
noch 200. Familien gegen Westen füh-
ren/ ich antwortete ihm aber/ daß ich
in dem Flusse Oviscusin/ welcher sich
in den Fluß Colbert ergeust/ Geister
(denn also nennen diese Völker die
Franzosen) erwarte/ welche mir bis

K   da-

dahin entgegen kommen / und Kauffmanns-Wahren mit sich bringen sol
ten. Und dafern er dahinwarts reisen wollte / wolte ich allezeit bey ihm
bleiben / wenn gleich niemand von seiner Nation mit ihm käme. Zu Anfang des Julii im Jahr 1680. traten
wir zu Schiffe / und fuhren mit dem
grossen Hauptmann Vasicude (dessen
wir oben gedacht) ohngefähr 80. Hütten stark / welche aus mehr denn 130.
Familien bestunden / und ohngefähr
250. Soldaten unter sich hatten / den
Fluß hinab gegen Süden. Es hatte
Noth / daß mir die Wilden in ihren
kleinen Schifflein einen Raum geben
konten/weil es nur alte Kähne waren.
Sie fuhren 4. Tag-Reisen weiter hinab / um allda Rinde von Birken-
Bäumen zu holen / aus welcher sie
mehr Kähne machen könten. Ich
machte ein Loch in die Erde / und ver-
grub unsern silbernen Kelch / und meine Papiere / bis wir von der Jagt wieder zurücke kommen würden / darein/
und behielt nichts/ als mein Brevia-
rium/

um bey mir / um desto weniger bela-
m zu seyn. Hernach trat ich ans Uffer
nes Sees / welchen der Fluß / den ich
5. Franciscus genennet habe / ma-
et / und flehete mit ausgestreckten
rmen die Wilden an / welche mit ih-
en Kähnen schnell nacheinander für-
ber fuhren: unsere beyde Frantzosen
atten auch einen für sich / welchen ih-
en die Wilden geschenket hatten / sie
olten mich aber nicht zu sich einneh-
en / sondern Michael Ako sagte / ich
lte damit zu frieden seyn / daß sie mich
orhin so lange Zeit geführet hätten.
Diese Antwort gieng mir überaus na-
e / indem ich sahe / daß ich auch von
Christen / denen ich mein Lebenlang
ichts anders als lauter Gutes erwie-
en hatte / wie sie / einer so wol als der
ndre / zu vorher offt erkennet hatten /
erlassen wurde: Aber GOtt / der mich
uf dieser mühseeligen Reise niemals
erlassen hat / rührte zweyen Wilden
as Hertz / daß sie mich in ihren sehr
leinen Kahn einnahmen / darinnen ich
nst nichts zu thun hatte / als daß ich

un-

unaufhörlich das Waſſer / welches
durch die kleine Löcher eindrang / mit
einer Schüſſel von Baum-Rinde /
ausſchöpffete / wovon ich ganz naß
wurde. Wir hätten dieſes Schiff gar
füglich einen Todten-Kaſten nennen
können / ſeiner Gebrechlichkeit und
Leichtigkeit halber. Denn dieſe Art
Kähne wägen gemeiniglich mehr nicht
als 50. Pfund / und ſchlagen von der
geringſten Bewegung des Leibes um /
wofern man nicht in dergleichen Art
Schiffarthen von langer Zeit her ſich
geübet hat. Als wir des Abends aus-
ſtiegen / enſchuldigte ſich Picard damit / daß ihr Kahn die Helffte ganz
faul ſey / und daß wir in groſſer Gefahr
würden geweſen ſeyn / wenn wir alle
drey drauf hätten fahren ſollen: Dieſer Entſchuldigung aber ungeacht / hielt
ich ihnen vor / daß / weil ſie Chriſten
wären / ſie dieſes nimmermehr hätten
thun ſollen / beſonders unter dieſen
Barbaren / und an einem Orte / da
wir mehr denn 800. Meilen von denen
Wohnungen derer Franzoſen entfernet

et wären : Dafern sie hier zu Lande
vol angesehen würden / geschehe solches um keiner andern Ursache willen /
als wegen derer Aderlassen/ die ich etlichen mit Engbrüstigkeit beschwehreten
Wilden / gebrauchet / wegen des Or-
vietans und etlicher anderer Arzney-
Mittel/ die ich bey mir hatte / und mit
denen ich etlichen Wilden / welche von
den Klapper-Schlangen waren gebiss-
en worden / das Leben gerettet : Wie
nicht weniger auch/ weil ich ihnen ganz
zierlich die Haar-Kränze auf ihren
Köpffen schor/welche sie/bis sie 18 oder
20. Jahr alt werden / zu tragen pfle-
zen / und selbst anderst nicht / als
durch Wegsengung der Haare mit
flachen glüenden Steinen / zuwege
bringen können: Durch diesen meinen
Fleiß/ hatte ich dieses Volkes Freundschafft gewonnen / die uns entweder
würden ermordet / oder doch sonst viel
Plage würden angelegt haben / wann
sie nicht gewahr wären worden / daß
ich dergleichen Mittel hätte ; als die
sich überaus viel zu seyn dünken/ wann

K 3 sie

ſie einen Kranken geſund machen können ; es war aber nur der Picard al-
lein/ welcher um Verzeihung bat / als
er wieder zu ſeinem Wirthe gehen
muſte.

Als wir 4. Tage Reiſen / von unſerm Aufbruch an gerechnet / verrichtet hatten/ lagerten wir uns 8. Meilen
oberhalb dem Waſſer-Fall S. Antonii von Padua/ auf einer Höhe / zu-
nächſt bey dem Munde des Fluſſes S.
Franciſci. Indem nun die Männer
hingiengen Rinde zu holen / ihre Kähne daraus zu bauen/ richteten indeſſen
die Weiber die Zimmer-Plätze zu/ und
das junge Volk gieng auf die Jagt
nach Hirſchen / wilden Böcken und
Biebern / ſie fiengen aber ſo wenig
Wild/ für eine ſo groſſe Menge Volks/
daß wir ſehr ſelten einen Biſſen Fleiſch
bekamen / und muſten zu frieden ſeyn/
daß ſie uns in 24. Stunden einmal
Brühe zu trinken gaben. Der Piccard und ich ſuchten Brombeeren /
Creutzbeeren und andere kleine wilde
Früchte/ welche uns/ wenn wir ſie aſ-
ſen/

n/ offters mehr Schaden und Unge=
mach/als Erquickung.machten. Dieses
bang uns beide/ weil Michael Ako mit
ns zu komen sich weigerte/ auf einem
ösen Kahne/ nach dem Flusse Oviscu=
n/ welcher über 100. Meilen von uns
bar/ zu fahren/ um zu sehen/ ob der
Herr de la Salle uns an diesem Ort
einen Succurs von Franzosen/ Pul=
ver/ Bley und anderer Munition/ wie
r uns bey unserer Abreise von de=
nen Illinosen versprochen hatte/ geschi=
cket hätte.

Die Wilden würden uns diese Rei=
se nicht verstattet haben/ wenn nicht
einer von uns dreyen bey ihnen geblie=
ben wäre/ sie begehrten mich bey sich
zu behalten/ Michael Ako aber wol=
te schlechter Dinges darein nicht wil=
ligen.

Wir hatten zu unserem Vorrath
mehr nicht bey uns/ als 15. Schüsse
Pulver/ ein Feuer=Rohr/ und einen
kleinen bösen erdenen Topff/ den uns
die Wilden gegeben hatten/ ein Mes=
ser/ und eine Decke von Bieber=Fellen/

K 4   mit

mit dieſem Vorrath machten wir uns
auf eine Reiſe von ohngefehr 2 0 0.
Meilen / uns gänzlich der Göttlichen
Vorſorge befehlend.   Als wir unſern
Kahn bey dem groſſen Waſſer-Fall
S. Antonii von Padua über Land trugen / wurden wir 5. oder 6. von unſern
Wilden gewahr / welche voraus gegangen waren / einer von denſelben
war zu nächſt an dem groſſen Falle auf
eine Eiche geſtiegen / und weinete kläg-
lich / er hatte eine wolbereitete Decke
von Bieber-Fellen bey ſich / die inwen-
dig gebleichet / auswendig aber mit
Stachel-Schweinen verſetzet war /
welche dieſer Barbar dem Waſſer-
Fall / der an ſich ſelbſt erſchrecklich und
verwunderlich anzuſehen iſt / opfferte:
Ich hörte / daß er / heiſſe Thränen
weinend / dieſen groſſen Waſſer-Fall
alſo anredete : Du / der du ein Geiſt
biſt / hilff / daß meine Lands-Leute allhier gemächlich und ohne alles Unglü-
cke durchkommen / damit wir eine groſſe Menge Ochſen erſchlagen / unſere
Feinde zu Boden tretten / und viel Ge-
ſan-

angene hieher zurück bringen mögen /
so wollen wir etliche derselben hie für
dir erwürgen. Die Messenecqzen /
(also nennen sie das Volk/ welches die
Franzofen die Utovagamifen heiffen)
haben unsere Verwandte erschlagen/
hilff daß wir uns an ihnen rächen mögen. Sie haben auch / nachdem das
Meiste mit der Ochsen-Jagt gethan
gewesen/ sich würklich an ihre Feinde
gemacht / ihrer etliche erschlagen / und
Gefangene weggeführet. Wann es
ihnen nun einmal also gelinget / ob es
gleich vorher offtmals mißlungen ist /
bleiben sie in ihrer aberglaubischen
Meinung / daß solches Glück ihnen
durch Hülffe des Wasser-Falls zuge-
stoßen seye: Diese geopfferte Decke
aber kam einem von unsern Franio-
sen / der sie ihm bey unserer Zurückkunfft zu rechte machte / wohl zu statten.

Als wir eine Meile unterhalb dem
Wasser-Fall S. Antonii von Padua
kommen waren / muste der Piccard
wieder zurücke lauffen / weil er sein

Pul-

Pulver-Horn am Waſſer-Fall hatte
liegen laſſen. Als er wieder kam/zeig-
te ich ihm eine Schlange 6. Elen lang/
welche an einem geraden und abſchüſ-
ſigen Felſen kroch/und ſich ganz unvermerkt etlichen Schwalben-Neſtern
näherte / die Jungen aus denſelben
zu freſſen ; wir ſahen am Fuſſe des
Berges die Federn von denen / ſo
ſie vermuthlich ſchon gefreſſen hatte/
und trieben ſie mit Steinen wieder
herunter.

Als wir den Fluß Colbert herunter
fuhren / traffen wie unterſchiedene von
unſern Wilden an / welche auf den
Inſuln ihre Hütten aufgeſchlagen hatten / und mit Ochſen-Fleiſch bereits
wol beladen waren / wovon ſie uns etwas mittheileten : Zwey Stunden
aber hernach/ nachdem wir ausgeſtie-
gen waren/ kamen 15. oder 16. Sol-
daten/von denen/ ſo wir oberhalb dem
Waſſer-Fall S. Antonii von Padua
verlaſſen hatten / mit ihren Streit-
Kolben in den Händen / ſtürzten die
Hütte derer / ſo uns zu gaſte geladen/
in

Boden / nahmen alles Fleisch und
Bären-Schmaltz/ welches sie funden/
und schmiereten sich den gantzen Leib,
vom Haupte bis auf die Füsse damit.
Wir dachten Anfangs / es wären ihre
Feinde / einer aber von denen / die
ich meine Vettern nenneten / sagte /
daß weil sie denen andern mit der Ochsen-Jagt zuvor kommen wären/ wider
die Gesetze des Landes / hätte man
Macht/ sie zu berauben ; dann sie ver-
ursachten dadurch / daß / wann hernach die gantze Nation ankäme / die
wilden Ochsen bereits davon geflohen
wären.

Wir waren bereits 60. Meilen den
Fluß herab gefahren / und hatten nur
einen einigen Bock / welcher durch
den Fluß überschwimmen wolte / erschossen ; die Hitze aber war so groß/
daß innerhalb 24.Stunden das Fleisch
alles stinkend wurde. ; wir musten derowegen Schildkroten suchen / die wir
doch gar schwerlich finden konten; weil
sie sehr scharff hören/und bey Vermer-
kung des geringsten Geräusches / sich

K 6   eiligst

eiligſt ins Waſſer ſtürzen.　Nichts
deſtoweniger fiengen wir eine / ſo die
andern an Gröſſe weit übertraff / und
eine ſehr dinne zarte Schale / und ſehr
fettes Fleiſch hatte ;　es fehlete aber
nicht viel / daß ſie / als ich mich / ihr den
Kopff abzuſchneiden bemühete / mir
nicht einen Finger abzwickete.　Wir
hatten unſern Kahn mit der Spitzen
ans Land gezogen ; indem ich aber mit
der Schildkroten beſchäfftiget / und
der Piccard mit ſeinem Rohr auf die
Wieſen gegangen war / um zu ſehen /
ob er einen wilden Ochſen ſchieſſen könte ; rieß ihn ein ungeſtümmer Wind
vom Lande / und trieb ihn mitten in den
Fluß : Ich zog geſchwinde meinen
Rock aus / warff ihn über die Schild-
krote und legte Steine drauf / damit
ſie uns nicht entlauffen möchte / und
ſchwam unſerm Kahne nach / welcher
von dem Strom / ſo an dieſem Ort
ſehr ſtrenge war / geſchwinde fortge-
trieben ward : Als ich ihn endlich mit
vieler Mühe erdappete / dorffte ichs
nicht wagen / hinein zu ſteigen / aus
Sor-

Sorge / er möchte mit mir umschla-
gen ; sondern ich stieß ihn zum Theil
für mir her / zum Theil schleppete ich
ihn hinter mir nach / und brachte ihn
endlich auf solche Weise / wieder eine
viertel Meil Weges von dem Orte/da
ich die Schildkröte gelassen hatte/ zu
Lande. Als nun der Picard bey seiner
Rückkunfft mein Kleid/ mich aber und
den Kahn nicht fande / meinete er anders nicht / als daß mich irgend ein
Wilder erschlagen hätte; gieng derohalben wieder zurück/ auf die Wiesen/
und schauete sich von allen Seiten um/
ob er irgendwo Leute spüren könte: Ich
indessen eilete mit unserm Kahne wieder zurücke/ den Fluß aufwarts / und
als ich mich kaum wieder angekleidet
hatte / wurde ich einer Heerde wilder
Ochsen/ von mehr denn 60. Stücken
gewahr/ welche durch den Fluß/ nach
denen Mittags-Ländern zu/ übersetz-
ten: Ich lieff ihnen nach / und ruffte
aus allen Kräfften dem Picard / welcher auf solches Geschrey herbey kame/
und indem unser Hund ins Wasser

K 7 sprang/

sprang/ und die Ochsen auf eine Insul
triebe / bekam er Zeit/ in den Kahn zu
steigen / und als der Hund die Ochsen
wieder zurück durch den Fluß jagte/
schoß er einen davon mit seinem Rohre
todt: Wir konten ihn/ weil er uns zu
schwer war / nicht aus dem Wasser
bringen sondern musten nur die besten
Stücke/ so/ wie er im Wasser lag/ davon schneiden: Und weil es fast zweymal 24. Stunden war/ daß wir nichts
gessen hatten / machten wir mit dem
Fließ-Holz/ so wir hin und wieder auf
dem Sande funden / ein Feuer / und
indem der Picard das Vieh abzog/
kochte ich in unserm kleinen erdenen
Topffe ein Stücke nach dem andern
von diesem fetten Fleische /welches wir
hernach mit solcher Begierde assen/
daß wir beyde darvon krank worden/
und zwey Tage auf einer Insul bleiben musten / bis wir uns wieder ein
wenig erholeten. Wir konten/ weil
der Kahn sehr klein war / nicht viel
Fleisch mit uns nehmen / über dieses
verdorbe es von der unmäßigen Hitze
auch

auch bald/ und es wurde madig/ so/ daß wir plötzlich wieder alles Vorraths beraubet wurden/ und des Morgens/ wenn wir zu Schiffe traten/ nicht wusten/ was wir den Tag über essen würden. Wir haben unser Lebenlang nicht mehr Ursach gehabt/ uns um die Göttliche Vorsorge zu verwundern/ als eben auf dieser Reise; denn ob wir schon nicht alle Tage wilde Thiere antraffen/ auch selbe nicht allezeit/ wenn wir wolten/ schiessen konten/ es liessen doch die Adler/ welche in diesen Landen sehr gemein seyn/ zuweilen eine Braßme/ oder grosse Karpffe/ so sie nach ihren Nestern zutrugen/ aus ihren Klauen fallen/ welche wir hernach verzehreten. Zu einer Zeit traffen wir einen Fisch-Otter an/ so am Uffer des Flusses Colbert einen grossen Fisch/ welcher vornen an der Nasen ein Scheit oder Schnabel/ fünff Finger breit/ und anderthalb Schuh lang/ hatte; daß auch der Piccard sagte/ er glaubte/ daß er einen Teuffel in den Klauen des Fisch-Otters sehe/

ſehe / fraß: Wir lieſſen uns aber ſeine
greuliche Geſtalt nichts irren / ſondern
aſſen ihn ohne Scheu / und funden ihn
ſehr guten Schmacks.

Indem wir nun den Fluß Oviſcuſin
auffucheten / kam Aquipaguetin / mein
wilder Vatter / den ich verlaſſen hatte /
und den ich mehr denn 200. Meilen
weit von mir entfernet zu ſeyn vermei-
nete / uns mit 20. Soldaten unverſehens über den Hals / am 11. Julii /
1680. Wir dachten nicht anders /
als daß er uns erſchlagen würde / weil
wir ihn / zwar mit Vergünſtigung der
andern Wilden / aber wider ſeinen
Willen / verlaſſen hatten: Er gab uns
alsbald dinnen Habe: und eine Schnitte Rind-Fleiſch zu eſſen / und fragte
uns / ob wir die Franzoſen / die uns die
Kauffmanns-Güter bringen ſolten /
angetroffen hätten; weil er aber mit
unſerer Antwort nicht zu frieden war /
fuhr er voran / an den Fluß Oviſcuſin /
um denen Franzoſen / ſo viel er könte /
wegzunehmen : Als er aber keinen
Menſchen antraff / kam er in dreyen
Ta-

tagen wieder zu uns; Picard war
gleich auf der Wiesen auf der Jagt;
ich aber wartete am Uffer des Flusses
in einer kleinen Hütten / so ich / mich
für den Sonnen-Strahlen zu bergen /
aus einem Mantel/ so mir die Wilden
wieder gegeben/ gemachet hatte. Als
mich Aquipaguetin alleine sahe / kam
er / mit seinem Streit-Kolben in der
Hand/ auf mich zu; ich nahm alsbald
zwey Puffer / die Picard denen Wilden wieder genommen hatte/ und ein
Messer zu mir/ nicht mit dem Vorsatz/
diesen meinen vermeinten wilden Vatter niderzumachen / sondern nur ihm
einige Furcht einzujagen / und zu ver-
hindern/ daß er mich nicht ermordete /
wofern er solches zu thun Willens
hätte. Aquipaguetin aber gab mir
einen harten Verweiß / daß ich mich
also in Gefahr wegen ihrer Feinde setzte / und daß ich zum wenigsten / um
grösserer Sicherheit willen / mich an
das andere Uffer des Flusses halten
solle: Er wolte mich mit sich nehmen /
und sagte/ daß er 300. Jäger bey sich
hätte/

hätte / welche mehr Ochſen fälleten /
als die / zu welchen ich mich geſellet hätte.   Ich würde auch nicht übel gethan
haben / wenn ich ſeiner Parthey gefol-
get wäre / denn Picard und ich / indem
wir den Fluß wieder in die 80. Meilen
aufwarts fuhren / muſten tauſender-
ley Gefahren / in welchen wir hätten
umkommen können / ausſtehen.

Wir hatten nun nur noch zehn
Schüſſe Pulver / aus denen wir zwanzig machen muſten / Turtel-Tauben /
oder junge Feld-Hüner damit zu ſchieſſen.   Als uns ſelbes aber endlich ganz
abgieng / nahmen wir unſere einzige
Zuflucht zu dreyen Angeln / an welche
wir / an ſtatt des Köders / etliche ſtin-
kende Stücklein von einer Barme / die
ein Adler fallen ließ / ſtecketen ; wir
fiengen aber in zweyen ganzen Tagen
nichts / und alſo waren wir aller Lebens-Mittel gänzlich entblöſet / bis
endlich unter dem Abend-Gebet / als
wir eben dieſe / an den S. Antoninum
von Padua gerichtete Worte beteten:
Pereunt pericula ceſſat & neceſſitas,

der

er Piccard ein Geräuſche hörte / er
erließ ſobald das Gebet/ lief zu unſern
Angeln / und zog ſie aus dem Waſſer
mit zweyen ſo groſſen Barmen / daß
ich ihm muſte zu Hülffe kommen. Wir
ſieben ſie / unabgewaſchen von dem
Schlamm / der an dieſen ungeheuren
Fiſchen klebete/ in Stücken / und brie-
ten ſie auf Kohlen / weil unſer kleiner
und einziger Topff zerbrochen war.
Zwey Stunden hernach in der Nacht/
kam Mameſſni / des kleinen wilden
Mägdleins / welche / nachdem ich ſie
getaufft hatte/ ſtarb / Vatter zu uns /
und gab uns wild Ochſen-Fleiſch / ſo
viel uns beliebte.

Folgenden Morgen kamen die Wil-
den/ bey welchen wir Michael Ako gelaſſen hatten/ den Ochſen-Fluß herab/
mit ihrer Flotte von Kähnen/ ſo ſie mit
Fleiſch wol beladen hatten. Aquipa-
quetin hatte ihnen im Vorbey-Reiſen
erzehlet / auf was Art ich und der Piccard uns dieſe Reiſe zu thun gewaget
hätten / dannenhero uns die Haupt-
Leute zu erkennen gaben / daß ſie dem
Mi-

Michael Ako ſeine Zaghafftigkeit ſehr
vor übel hielten / als welcher aus
Furcht / er müſte etwan Hungers ſter
ben / ſich mit zu reiſen nicht unterſtehen
dörffen / und würde ihm Piccard ge
wiß ſelbe ſehr aufgemutzet haben /
wenn ich ihm ſolches nicht gewehret
hätte.

Die ſämtlichen Weiber verſteckten
ihren Vorrath von Fleiſche bey dem
Munde des Ochſen-Fluſſes / und in
den Inſulen / und fuhren hernach ſämt
lich noch 80. Meilen den Fluß Colbert
herab auf die Jagt; die Wi den ver
ſteckten von Zeit zu Zeit ihre Kähne
am Uffer des Fluſſes und in den In
ſuln / giengen hernach 7. bis 8. Meilen
jenſeit der Berge in die Wieſen / all
wo ſie aufs neue bis in die 120. Stück
Ochſen erſchoſſen. Sie lieſſen alle
zeit etliche von ihren Alten auf den
höchſten Gipffeln Gebirges / um zu
ſchauen / ob ſie etwan jemand von ih
ren Feinden gewahr werden könten.
Als ich nun eines Tages einen / der mich
ſeinen Bruder nannte / und einen
Schieſ

Schieffer sich ziemlich tief in den Fuß
getretten hatte / verband / wurde in
unserm Lager Lermen: Zwey hundert
Bogen-Schützen liessen aus / und dieser tapffere Wilde / dem ich die Fußsoh-
le ziemlich weit aufgeschnitten hatte /
um das Holtz / so er sich eingestochen /
heraus zu bekommen / verließ mich alsobald / und lieff schneller als die andern / damit er auch Theil an der Ehre /
so sie im Treffen einzulegen hoffeten /
haben möchte : Sie traffen aber an
statt der Feinde ohngefehr 80. Hirsche
an / so davon flohen; und unser Ver-
wundeter konte mit grosser Noth
kaum wieder zu unserm Läger kommen: In währendem Lärmen sungen
die Weiber sämtlich auf eine gantz
traurige Weise. Als wir nun also
wieder zu unsern Wilden kommen waren / verließ mich der Piccard / und
machte sich wieder zu seinem Wirthe:
Ich blieb bey einem / Namens Otchim-
bi / und muste ein altes Weib / von
mehr denn 80. Jahren / auf einem
Kahne führen ; diese / so alt als sie
war /

war / bedräuete dennoch drey Kinder/
ſo uns in unſerm Kahne verunruhig=
ten / mit dem Ruder zu ſchlagen. Die
Männer waren zwar ſehr gütig gegen
mir / weil aber das Fleiſch gänzlich in
der Weiber Gewalt war / ſo muſte ich/
wann ich ein Stücklein von ihnen ha=
ben wolte / ihren Kindern die Platten
ſcheeren / ſo groß / wie ſie unſere Or=
dens=Leute tragen. Dieſe kleine Bar=
baren tragen ſie / bis ſie funffzehen
oder ſechzehen Jahr alt werden/und ih=
re Eltern ſengen ſie ihnen mit glüenden
Steinen.

Wir hatten noch einen andern Al=
larm in unſerm Lager : Die Alten/ ſo
auf der Höhe des Gebirges Schild=
wacht hielten/ berichteten uns / daß ſie
zweene Soldaten von ferne ſehen/als=
bald lieffen alle Bogen=Schützen da=
hinwarts / ſo begierig / daß jedweder
wolte der Erſte ſeyn / brachten aber
nur zwey Weiber von ihrer Nation
mit ſich / die uns zu berichten kamen /
daß ein Theil ihres Volkes / die an der
Seiten gegen dem Ende des Sees de
Conde

onde auf der Jagt waren / 5. Geister
(also nennen sie die Franzosen) ange=
troffen hätten / welche durch einen ihrer
Sclaven ihnen hätten zu verstehen ge=
geben / daß sie gerne mit ihnen gehen
wolten / weil sie höreten / daß wir be=
ynen wären / um zu erfahren / ob wir
Engelländer / Holländer / Spanier /
oder Franzosen wären ; denn sie kon=
nen sich nicht einbilden / wie wir durch
inen so weiten Umweg zu diesem Vol=
e kommen waren.

Den 25. Julii 1680. als wir nach
vollbrachter Ochsen=Jagt / den Fluß
Colbert wieder aufwarts nach den
Dörffern der Wilden fuhren / begeg=
nete uns der Herr de Luth mit 5. Fran=
zösischen Soldaten / welcher zu denen
Nadussiusen reisete: Er kam zu uns /
a's wir ohngefehr noch 220. Meilen
von dem Lande derer / so uns gefangen
hatten / entfernet waren: Sie baten
uns / daß wir / weil wir einiger massen
der Sprache kundig waren / ihnen bis
zu den Dörffern dieser Völker Gesell=
chafft leisten möchten / welches ich um
so

so viel dello lieber that / weil ich wuste /
daß diese Franzosen von zweyen Jahren her niemals die Sacramenta genossen hatten. Als der Herr de Luth/
den die Wilden für einen Hauptmann
hielten / sahe/ daß ich den Kindern muste Platten scheeren / und einigen eng-
brüstigen Alten zur Ader lassen / wann
ich ein Stücke Fleisch haben wolte/ ließ
er den Wilden sagen / daß ich sein erst-
geborner Bruder wäre ; wodurch er
verschaffte / daß ich mit gnugsamer
Nothdurfft versehen wurde/ und mich
um weiters nicht/ als was zur Seeligkeit dieser Wilden gereichete/ bemühen dorffte.

Den 14. Augusti 1680. kamen wir
zu denen Flecken der Issaten / allda
ich unsern Kelch und Papier / die ich
in die Erde vergraben hatte/ noch wieder fand. Der Taback/ den ich g-säet
hatte/ war vom Unkraut ganz ersticket
worden / die Steck-Rüben hingegen/
der Kohl und die Hülsen-Früchte/ waren überaus groß worden ; allein die
Wilden unterstunden sich nicht davon
zu

essen. Weil wir uns bey ihnen auf-
elten/ luden sie uns zu einem Gast-
ahl/bey welchem über die 120. Män-
er gantz nackend erschienen. Der vor-
hmste Hauptmann unter denen Be-
eundeten des jenigen Verstorbenen/
er dessen Cörper ich eine Decke gele-
et hatte/trug mir in einer von Baum-
nde gemachten Schüssel zu essen auf/
nd satzte sie auf eine bereitete Ochsen-
aut/ die auf einer Se ten gebleichet/
nd mit Stachel-Schweins-Borsten
ebremet war/ auf der andern aber
och die krausse Wolle hatte; hernach
gte er mir sie aufs Haupt/ und deckte
nich gantz damit zu/ sagende/ der jeni-
e/ dessen todten Leichnam du bedecket
ast/ bedecke auch deinen Leib; er hat
on dir Zeitung ins Land der Seelen
racht; was du gegen ihm gethan hast/
st ein wichtiges Werk; die gantze Na-
ion preiset dich deßwegen. Er verwiese
s dem Herrn de Luth/ daß er nicht/
leich wie ich/ den todten Cörper bede-
ket hätte: und als dieser einwendete/er
edeckte nur die Cörper solcher Haupt-

L   leute

leute wie er ſey; antwortete ihm der
Wilde / der Pater Ludwig iſt ein gröſſerer Hauptmann als du biſt / denn ſein
Rock / (er meynete unſer geſticktes
Meß-Gewand / den wir unſern
Bunds-Genoſſen / welche drey Monden weit von dieſem Lande wohnen /
geſchickt haben / iſt viel ſchöner / als der /
den du anhaſt.

Zu Ende des Septembers weil wir
gar keinen Werkzeug hatten / durch deſſen Hülffe wir uns hie hätten feſt ſetzen
können / entſchloſſen wir uns / dieſem
Volck anzudeuten / daß wir / ihres Nu-
tzens und Wolfart halber / wieder zurücke nach den Franzöſiſchen Wohnungen gehen müſten: Der oberſte
Hauptmann der Iſſaten oder Nadoveſſiuſen verwilligte es alsbald / und
zeichnete mit einem Bley-Stefft auf
ein Papier / ſo ich ihm gabe / uns den
Weg vor / den wir auf einer Reiſe von
400. Meilen nehmen ſolten. Mit dieſer
Carte fuhren wir acht Franzoſen in
zwey Kähnen / die Flüſſe St. Franciſci
und Colbert hinab; und zween von unſern

rn Leuten nahmen zwey von Bieber-
ellen gemachte Röcke / so die Wilden
im Opffer an die Bäume bey dem
Basser-Fall St. Antonii de Padua
cheftet hatten / mit sich.

Als wir bey dem Fluß Uscusin etli-
e Tage stille lagen / um Ochsen-Fleisch
rösten / kamen drey Wilde von de-
en / die wir verlassen hatten / zu uns/
nd erzehlten uns / daß ihr grosser Ca-
itain Uasicude genandt / als er erfah-
en hätte / daß ein Hauptmann von ih-
er Nation uns nachsetzen wolte / uns
u erschlagen / sey er in desselben Hütte
egangen / und habe ihm den Kopff ein-
eschlagen / um sein schändliches Vor-
aben zu verhindern. Wir beschenkten
iese Wilden mit etlichen Stücken
fleisch / an dem wir für dieses mal kei-
en Mangel hatten.

Zwey Tage hernach wurden wir ei-
es Heeres von 140. Kähnen gewahr/
uf denen in die 250. Soldaten wa-
en: Wir vermeinten nicht anders / als
aß die / so uns itzt erzehlte Zeitung
racht hatten / müsten Kundschaffter

L 2 gewe-

geweſen ſeyn; zumal ſie nicht / als ſie
von uns ſchieden / den Fluß hinab gefahren waren / ſondern wieder zurücke
gegangen / ohne Zweiffel ihren Leuten
von uns die Nachricht zu bringen: Allein wir fürchteten uns ohne Urſach;
denn die Haupt-Leute dieſer kleinen
Armee beſuchten uns/ und giengen ſehr
freundlich mit uns um / fuhren hernach
noch ſelbigen Tages den Fluß hinab/
und wir ſchifften gleichfalls bis zu dem
Fluſſe Uſcuſin welchen wir ſo breit als
den Fluß Seignelay / und in ſelbem einen ſtrengen Strom befunden. Als
wir auf ſelbem etwan ſechzig Meilen gefahren waren / ſunden wir eine Uberfahrt / eine halbe Meile breit / die uns
der Nadoveſſiuſen Hauptmann angedeutet hatte. Wir blieben an ſelber
über Nacht ligen / damit wir Zeit hat-
ten/ den Ort mit Zeichen und Creutzen/
ſo wir in die Bäume hieben / zu be-
merken.

Den Morgen drauf/ ſatzten wir uns
auf einen Fluß / welcher über alle maſſen ſehr ſich krum oder Schlangen-weiſe
herum

herum ſchlinget und drehet: denn da
wir bereits ſechs Stunden drauf gefahren waren / befunden wir uns wieder zu nechſt an dem Orte/ wo wir auf-
geſeſſen waren. Als hie einer von unſern
Leuten einen Schwan im Fluge ſchieſſen wolte/ ſchlug ſein Kahn mit ihm
um / er ſand aber zu allem Glücke
Grund.

Wir fuhren durch vier Seen / derer
zweene zimlich groß waren / und an deren Ufern vor dieſem die Miamiſen gewohnet: Wir traffen daſelbſt die Ma-
ſkuten / Kikapuſen und Utaugamiſen
an/ welche/ zu ihrer Unterhaltung/ Indianiſch Korn ſäen: dieſes ganze Land
iſt ſo ſchön als der Illinoſen ih:es.

Wir muſten unſere Kähne an einem Waſſer-Fall / Cakalin genannt/
wieder über Land tragen/ und nachdem
wir ohngefehr 400. Meilen / von dem
Lande der Iſſaten und Nadueſſiuſen
angerechnet/ geſchiffet waren gelangeten wir glücklich am Ende des ſtinckenden Meerbuſens an; allwo wir unterſchiedene Franzoſen/ die denen dißfalls

geſtel-

gestelleten Ordnungen zuwider/mit denen Wilden Handlung trieben / an-
traffen / selbige hatten in einer zinner-
nen Flaschen ein wenig Wein / welcher
mir wol zu statten kam / daß ich konte
Messe halten: Ich hatte damals nichte
als einen Kelch/ und einen Marmor-
stein zum Altar; GOtt aber bescherete
mir auch die Priesterliche Zierrathen
Dann es hatten einige Illinosen / als
sie für der Jroquosen/so einen Theil ihrer Nation niedergemacht hatten/Ty-
ranney geflohen waren/den Ornat der
Capelle des Pater Zenobes / welcher
zur Zeit gedachtes Tumults sich bey
den Illinosen aufhielt / mit sich genommen: Diese gaben mir alles wieder bis
auf den Kelch; welchen sie nach etlichen
Tagen/ durch Vermittelung eines Ge-
schenkes von Taback / wieder zu geben
endlich versprachen.

Es waren nunmehr also neun Mo-
nat verflossen / daß ich aus Mangel des
Weins nicht Messe gehalten hatte.
Wir lagen zween Tage hier stille um
auszuruhen / das Te Deum und hohe
Messe

Messe zu singen und zu predigen; alle
Franzosen beichteten und communicir-
ten / GOtt zu dancken / daß er uns auf
so ferner Reise und so vielen Gefahren
behütet hatte.

Einer von unsern Franzosen ver-
tauschete ein Feuer-Rohr gegen einen
grössern Kahn / als unserer war / auf
welchem wir hundert Meilen durch
den stinckenden See-Busem nach
Missilimakinak fuhren / allwo wir zu
überwintern gezwungen wurden.

Damit wir nun die Zeit nicht un-
nützlich zubringen möchten/ predigte ich
alle Feste und Sonntage des Advents
und in der Fasten : da dann die Uttau-
cten und Huronen sich dazu einfunden/
doch mehr aus Fürwitz / als aus Begierde auf Christliche Weise leben zu
lernen. Diese letztere Wilden sagten
offt / wenn sie von unserer Entdeckung
redeten / daß sie Menschen wären / wir
Franzosen aber wären Geister / dann
wenn sie so weit reisen solten als wir gethan hätten/ würden sie die ausländi-
sche Völker unfehlbar erschlagen hä-

L 4 ben/

ben / da wir hingegen überall hin ohne
alle Furchte giengen.

Diesen Winter über fiengen wir in
dem See Dorleans / auf 20. und 22.
Ellen tieff Wasser / weisse Fische / welche
wir zu dem Indianischen Korn / als
unserer gewönlichen Kost / assen.

Vierzig Franzosen / welche an diesem
Orte mit denen Wilden handelten /
baten mich / ihnen sämtlichen den Gürtel St. Francisci zu geben / welches ich
ihnen gern verwilligte / und bey jedweder Ceremonie ihnen eine Vermah-
nung thät.

Wir reiseten von Missilimakinac
wieder ab in der Oster-Wochen 1681.
und musten unsern Vorrath und Kähne weiter als zehen Meilen auf dem
See DOrleans über das Eiß / welches
sehr weit in dieses süsse Meer reichete /
schleppen / und als dasselbe brach / uñ wir
zuvor das Fest Quasimodogeniti gefey-
ret hatten / indem wir ein wenig Wein /
welchen zu allem Glück ein Franzose
mit sich gebracht hatte / bekamen / und
uns desselben hernach auf der übrigen
Reise

Reise wol bedienten / tratten wir zu
Schiffe / fuhren 100. Meilen auf dem
See de Orleans / und dreissig Meilen
durch die Enge und den See St. Claren / der mitten in solcher Enge ist / kamen drauf in den See de Conty / da
wir mehr denn dreissig Störe / welche
an das Ufer zu leichen kamen/ mit Aer-
ten und Degen erschlugen: Unterwegens begegnete uns ein Hauptmann
der Uttauacten, Namens Talon / dem
sechs Personen aus seinem Geschlechte
Hungers gestorben waren / weil er keinen Ort glücklich zu fischen / oder auch
bequem zum jagen hatte antreffen können; dieser klagte uns/daß die Irequo-
sen eine Familie von zwölff Personen
aus seiner Nation entführet hätten/
und bat uns / zu ihnen zu gehen / und
wofern sie noch am Leben wären / sie
wieder aus ihren Händen frey zu machen.

Wir fuhren indessen längst dem
See de Conty hin / und als wir 120.
Meilen zurück geleget hatten / fuhren
wir durch die Enge des Wasserfalls

Niaga-

Niagara und bey der Feſtung de Conty vorbey / und kamen in den See
Frontenac/ an deſſen Mittägiger Seiten wir hinſchiffeten.   Dreiſſig Meil
Weges von itzt-gedachter Feſtung kamen wir um Pfingſten des 1681ſten
Jahres zu dem groſſen Flecken der
Tſonnontovaniſchen Iroquoſen / wo
wir in ihren Rath giengen / und ſie zu
Rede ſtelleten / warum ſie zwölff Uttavacten zu Sclaven gemacht / die doch
unſere Bunds-Genoſſen / und eben ſo
wol als ſie/die Iroquoſen/ des Franzöſiſchen Gouverneurs Kinder wären;
ſie kündigten mit ſolchen Frevel-Tha-
ten denen Franzoſen den Krieg an und
dergleichen / damit wir ſie aber deſto
eher uns unſere Bunds Genoſſen wieder zu geben bewegen möchten / verehreten wir ihnen zwey Halß-Bänder
von Porzellan-Corallen.

Den folgenden Morgen antworteten uns die Iroquoſen durch zwey andere dergleichen Halß-Bänder/daß die
jungen Soldaten welche ohne Verſtand wären/ die Uttavacten entführet
hätten;

hätten; wir könnten den Französischen
Gouverneur versichern / daß die Jroquosen ihm durchaus gehorchen wolten / und mit dem Onontio / (also nennen sie alle Gouverneurs von Canada)
als die gehorsame Kinder mit ihrem
Vatter leben / und die Gefangene wiedergeben wolten.

Einer / Namens Teganeot / der im
Namen der ganzen Nation in allen
Raths-Versammlungen das Wort
führet / gab mir ein Geschenke von
Fisch-Otter und Bieber-Fellen / mehr
denn 25. Silber-Kronen werth; ich
nahm es mit einer Hand an / gab es
aber mit der andern seinem Sohne
wieder / und sagte / daß ich es ihm schenkete / damit er ihm von andern Franzosen nöthige Sachen dafür kauffen könte; wir Baarfüsser / wie uns die Jroquosen nennen / verlangeten weder
Bieber-Felle noch ander Pelzwerk: ich
würde gleichwol dem Gouverneur der
Franzosen ihr geneigtes Gemüte und
gute Freundschafft hinterbringen. Der
Iroquosische Hauptmann entsetzte sich

fast

faſt / daß ich ſein Geſchenke nicht an=
nehmen wolte / und ſagte zu ſeinen Lan=
des=Leuten / daß es die andern Franzo=
ſen ſo nicht machten. Wir nahmen von
den Vornehmiſten Urlaub / und kamen /
nachdem wir ohngefehr achzig Meilen
gefahren waren / an der Feſtung Fron=
tenac an / allwo der liebe Pater Lucas
ſich hefftig entſetzte / als er mich ſahe:
Denn es war von zweyen Jahren her
das gemeine Geſchrey geweſen / als
hätten mich die Wilden mit unſerm
Gürtel St. Franciſci aufgehenckt. Alle
Franzöſiſche Einwohner und Wilde /
ſo um unſert willen nach der Feſtung
Frontenac kamen / empfiengen mich
mit ganz ungemeiner Freuden=Bezeu=
gung über meiner Zurückkunfft / und
hieſſen mich / die Hand auf den Mund
legende / Otkon / das iſt / der Barfüſſer
iſt ein Geiſt / weil er ſo weit gereiſet iſt.

Bey dem Munde des Sees Fron=
tenac iſt der Strom ſtrenge / und je
weiter man hinab kommt / je ſchneller
wird er / ſo daß er an etlichen Orten
recht erſchrecklich fortſcheuſt; dannen=
hero

hero fuhren wir auf diesem Fluß St.
Laurentii mit solcher Geschwindigkeit/
daß wir in dritthalben Tagen zu Mon-
real/welches 60. Meilen von gedachter
Festung entfernet ist/ ankamen. Es
hielt sich gleich damals der Herr Géne-
ral-Gouverneur von ganz Neu-Frank-
reich/ der Graf de Frontenac/ daselbst
auf/ welcher mich so wol empfieng/ als
immer ein Herr von gleicher Frömmigkeit einen Missionarium empfangen
kan. Und weil er gewiß glaubete/ich sey
von den Wilden ermordet worden/
stund er eine Zeitlang ganz erstaunet/
und meynete/es sey ein andere Ordens-
Person ; weil ich ganz mager/ ohne
Mantel/ in einem mit Stücken Wild-
Ochsen-Fells gestlicktem Habit erschie-
ne. Er behielte mich ganzer zwölff Tage
bey sich/ bis ich mich wieder erholete/
und gab mir selbst die Speise/ so ich essen solte/ weil er besorgete/ ich möchte
kranck werden/wenn ich nach so langem
Fasten zu viel esse: Ich hingegen erzehlete ihm meine Reise ausführlich/ und
stellete ihm die grossen Vortheile/ so
L 7   unsere

unſere Entdeckung geben wůrde/ ei
gentlich ſůr.

Indem ich mich an der Tafel des
Herꝛn Grafen de Frontenac an mei
nen Kråfften erholete/ bekam er in deſ
ſen Schreiben vom Pater Zenoble un
ſers Ordens Mit Gliede/ den ich bey
den Jllinoſen gelaſſen hatte/der ihn be
richtete/ daß der glückliche Fortgang
unſerer Entdeckung durch die Jroquo
ſen/und ich weiß nicht/was fůr ein Ver
hångnis über die Franzoſen/ indem die
jenigen / ſo wir in der Feſtung Creve
cœur gelaſſen / in Abweſenheit ihres
Commendanten/ des Herꝛn de Tonty/
welcher Jndianiſch Korn in denen Fle
cken der Jllinoſen zu holen / ausgegan
gen war / davon gelauffen / und den
Pater Gabriel am Uffer des Fluſſes
Seignelay allein gelaſſen / bis ſelben
ein Jllinoſe / ſo von der Jagt zurůck
kommen war / mit ſich in den Flecken
genommen / gånzlich unterbrochen ſey.

Es hatte der Herꝛ de la Salle / be
vor er nach der Feſtung Frontenac zu
růck gekehret/ die Miamiſen und Jlli
noſen

...osen gänzlich vereiniget. Allein die
Iroquosen/ die ein verschlagenes/ krie-
gerisches Volck von grossen Anschlägen
sind/ hatten hernach die Miamisen
durch Geschencke wieder auf ihre Seiten gebracht/ und zwar fast eben zu der
Zeit/ da die Frantzosen/ so uns bey den
Jllinosen verlassen hatten/ zu den Mia-
sen sich geflüchtet hatten. Folgenden
Herbst stiessen ohngefehr acht hundert
Feuer-Röhrer zu den Miamisen/ und
überfielen die Jllinosen/ die kein ander
Gewehr als Pfeil und Bogen haben:
diese erschracken für dem Prasseln der
Jroquosischen Feuer-Röhre dermaß-
sen/ daß sie/ als die vortrefflich schnelle
lauffen können/ in höchster Eil nach
dem Fluß Colbert zu/ entflohen: In
dieser Verwirrung machten die Jroquosen mit Hülffe/ der Miamisen ohne
besondere Mühe 800. Schlaven/ an
Weibern und jungen Knaben. Etliche
alte Jllinosen frassen diese Menschen-
Fresser alsbald auf der Wahlstatt/
und etliche andere/ die nicht Kräffte genug hatten/ ihnen bis in der Jroquosen
Heimat/

Heimat/ von der ſie bey die 400. Mei
len entfernet waren/ zu folgen/ ver
brannten ſie.

Kurz vot dem groſſen Einfall dieſer
Barbarn/ als etliche junge Jroquoſi
ſche Soldaten den Herrn de Tonty,
welcher mit dem Pater Gabriel und
dem Pater Zenobe/ nebſt noch zwey an
dern jungen Franzoſen/ bey den Jllino
ſen geblieben war/ erſehen/ hatten ſie
ihn als einen Feind angefallen/ und
ihm mit einem Meſſer einen Stoß ge
geben/ die Spitze aber hatte zu allem
Glück auf eine Ribbe aufgetroffen;
die alten Jroquoſen aber/ ſo ihn erken
net hatten/ hatten bald Frieden gebot
ten/ und als ſie geſehen/ daß er etwas
verwundet ſey/ hatten ſie ihme/ ihrem
wilden Gebrauch nach/ ein Halsband
von Porcellan-Corallen geſchenkt um
ſeine Wunde zu heilen/ und ſeine Thrä
nen abzuwiſchen; und hatten gegen
die beyden Ordensleute bezeuget/ daß
ſie des Onoatio Kinder zu erſchlagen
keines Weges geſinnet wären/ hatten
auch ein Papier von ihnen gefordert/
um

um bey ihrer Zurückkunfft der gänzen
Franzöſiſchen Nation die Aufrichtig-
keit ihrer Inclination zu erkennen zu
geben. Sie lieſſen hierauf die Franzoſen zu Schiffe gehen / um wieder
nach Canada zu kehren ; als Pater
Gabriel den Kahn mit Bieber Fellen
beladen ſahe / warff er einen Hauffen
derſelben den Iroquoſen zu / um ihnen
dadurch zu verſtehen zu geben / daß er
keines Weges da ſey / Pelzwerk zuſammen zu raſpeln. Als hernach ihr Kahn
geborſten / wurden ſie / die Franzoſen
genöthiget / ihn aufs Land zu bringen /
und am Feuer wieder zu ergänzen ; etwan 8. Meilen weit von den Illinoſen : Indeſſen war Pater Gabriel ein
wenig auf die Wieſen beyſeits gegangen / ſein Brevier zu beten / den Herrn
de Tonty aber überfiel eine ſo groſſe
Furcht / nicht anders / als ob ihn die
Iroquoſen auf den Ferſen ſäſſen / daß
er den Pater Zenobe und die zwey junge Franzoſen über Hals über Kopff zu
Schiffe ſitzen ließ / und über den Fluß
Seignelay / welcher an dieſem Orte
breit

breit ist/ an das andere Uffer fuhr; und
ließ diesen guten Alten am andern Uffer zurück / vermeinend / er habe gnug
gethan / daß er ihm gegen 8.Uhren des
Abends durch einen Schuß ein Zeichen
gegeben hätte.   Pater Zenobe schrieb
auch dem Ehrwürdigen Pater Valentin le Roux / der Recollecten in Canada Provincial-Commissario / daß er
den Herrn de Tonty gebetten hätte /
ohne den Pater Gabriel nicht wegzu-
fahren; un daß er geantwortet hätte;
wer für ihn beym Gouverneur des Landes antworten würde / wenn er nicht
abführe? Und weil der Pater Zenobe
nicht Muth genug und Nachdruck in
seinen Reden hatte / den Herrn de
Tonty zu bereden ein wenig zu war-
ten/ muste er ihm folgen / ob sie gleich
nichts von irgend einem Feinde merke-
ten.   Den folgenden Morgen fuhren
sie wieder über den Fluß an den Ort/
wo sie ihn verlassen hatten / und funden zwar Fußstapffen im Grase dieser
schönen Felder; weil sie aber von diesem guten Alten/ welcher sie ohne Zweiffel

l suchete/ nichts vernahmen/ setzte der
Herr de Tonty seine Reise nach Canada durch den stinkenden See-Busen
ort.

Wir haben nachmals von denen/
welche der Herr Graf de Frontenac/
Gouverneur in Canada / deßwegen
genaue nachzuforschen verordnet ge-
habt/ erfahren / daß die Onnontague-
sischen Iroquosen/ als sie gesehen/ daß
der Französische Kahn diesen Alten
verlasse / sich im Grase versteckt hät-
ten/ aus Furcht für den Röhren/ so die
Franzosen auf sie hätten lösen mögen/
und je mehr sich der Kahn entfernet/
je mehr wären sie heimlich herzu ge-
schlichen / und hätten also diesen Manne Gottes den Kopff eingeschlagen /
welchen wir mit Fug den Apostel
der Landschafft Lovisiana nennen können.

Unsere Patres Recollecti berichteten mich vergangenes Jahr aus Neu-
Frankreich/ daß als die Illinosen/ nach
ihrer Zerstreuung/ die Iroquosen/ die
mit grossem Sieges-Gepränge wieder
nach

nach Hauſe kehreten / aufs ſchnelleſte
nachſetzeten / ſie den Leichnam Pater
Gabriels in ſeinem Habit gefunden /
und ihn nach ihrem Flecken gebracht
hätten / allwo ſie ihn auf ihre Art begraben; und alſo demjenigen/ welcher
um ihrer Wolfahrt kommen war /
ihnen den Chriſtlichen Glauben zu predigen / die letzte Ehre bezeuget hatten.
Andere hingegen wollen ſagen / daß
ihn die Kikapuſen erſchlagen / und ſeinen Ordens-Habit in den Flecken
der Miamiſen gebracht hätten : Es
wird uns aber der Herr Graf de
Frontenac bey ſeiner Zurückkunfft
hiervon die gewiſſeſte Nachricht
bringen.

Aller nun bishero erzehleter Hinter-
nüſſe ungeachtet/ ſo ſind wir gleichwol
bis in die 800. Meilen jenſeits der
Haupt-Stadt von Neu-Frankreich
geweſen / allwo ich faſt 8. Monat unter den Iſſaten ein Sclave geweſen
bin. Es hat auch der Herr de la Salle / welcher 3. Barquen gebauet / von
denen die letzte zwey / eine 50. und die
an-

ndere 80. Tonnen führen / deren eine
on der andern bey nahe 500. Meilen
ntfernet ist; nicht unterlassen / mit
Kähnen über die drey grosse Seen / so
a Warheit süsse Meere sind / zu ge-
en / und sein Vorhaben in Gesell-
chafft des Pater Lucas Brissels / Pater
Zenobe und 50. anderer / ferner zu ver-
olgen.

Man berichtet mich dieses itzige
1682ste Jahr aus Neu-Frankreich /
daß weil der Herr de la Salle gesehen /
daß ich mit denen Völkern gegen Norden und Nord-Westen / welche auf
die 500. Meilen oberhalb dem Fluß
Colbert wohnen / und vormals die Illinosen und andere Nationen gegen
Süden bekriegeten / gutes Verständ-
nuß aufgerichtet hatte / und er / als ein
beherzter Capitain / und Comendant in
der Vestung Frontenac / welcher durch
seinen Eiffer und Helden-Muth den
berühmten Namen seiner Vorfahren
wieder erneuret / verwichenes Jahr
mit seinen Leuten und unsern beyden
Recollecten / bis in den Mund des
Flusses

Fluſſes Colbert/ und bis in das Meer
hinab/ gefahren/ und durch frembde
und unbekannte Nationen/ unter denen einige ein wol-eingerichtete Regierung haben/ kommen ſey: Man hof-
fet/ er werde nach Frankreich kom-
men/ und dem Hofe weitläufftigen
Bericht von der ganzen Landſchafft
Leviſiana/ welche wir mit Fug das
köſtlichſte und das irrdiſche Paradies
in America nennen mögen/ geben.
Der König kan daſelbſt ein Reich auf-
richten/ welches in kurzer Zeit in ſchö-
nem Flor ſtehen wird/ ohne daß einige
auswärtige Macht ſelbiges in einige
Weiſe verhindern könte.　Es wird
Seine Majeſtät/ durch den Dienſt
der Geiſtlichen vom Orden S. Fran-
ciſci/ ganz leichtlich das Reich JEſu
Chriſti unter ſo vielen Völkern/ die
bishero von dem Vortheil des Chri-
ſtenthums nichts gewuſt haben/ aus-
breiten können; und die Franzöſiſchen
Colonien werden ins künfftige überaus groſſen Nutzen und Gewinn davon zu genieſſen haben.

Sitten

Sitten und Gebräuche
derer Wilden.

I.

Jon der Fruchtbarkeit des Landes derer Wilden.

Ehe denn ich von denen Sitten und Gebräuchen der Wilden beſonders ſage / vermeine ich nicht undienlich zu ſeyn / daß ich mit wenigem die Fruchtbarkeit ihres Landes beſchreibe / als woraus man wird urtheilen können / wie leichtlich man daſelbſt Volkreiche Colonien werde aufrichten können. Es iſt nicht ohne / daß man viel Holz auszureuten haben werde; allein dieſe ungebauete Orte ſind nichts deſtoweniger vortheilhafftig / weil das Erdreich nirgends

gends in der Welt fruchtbarer iſt: Es
gebricht nicht allein da nichts von allem dem / was zu des Lebens Erhaltung nöthig iſt / ſondern es iſt auch alles überflüſſig vorhanden / und der
Boden iſt zum Beſäen überaus geſchickt. In den weiten Feldern der
Landſchafft Loviſiana findet man Wieſen / die ſich ſo weit erſtrecken / als man
immer ſehen kan ; und daß ich ein wenig das / was bey den Wilden wächſet / nach der Reihe erzehle / ſo hat es
Weinſtöcke in der Menge daſelbſt /
welche unſern Europäiſchen ziemlich
gleich kommen ; die Trauben / ſo an ſelben wachſen / ſind zwar etwas ſäuer-
lich / ſie geben aber faſt einen Wein wie
die Unſrigen / ja er verdirbet wegen
derſelben nicht ſo leichtlich. In der
Landſchafft Loviſiana und denen Ländern gegen Süden ſind die Beeren ſo
gut als in Frankreich / ſie haben aber
viel gröſſere Kerne. Man findet ſo
wol hier als dorten Hopffen / Pflaumen / Kirſchen / Aepffel / Birnen / Ci-
tronen / Nüſſe / Haſelnüſſe / allerhand
Arten

Arten Brämbeer und viel andere der⸗
gleichen Gattungen Früchte / so alle
ines vortrefflichen Geschmackes sind.
Es wächset so wol in dem einen als
dem andern Lande / Indianisch und
Französisch Korn/ Rüben/ sehr schöne
Melonen / ungeheure Wasser-Melo⸗
nen / Köhl / und unzehlich viel andere
Hülsen-Früchte / die ich ietzo nicht nen⸗
nen mag. In den Wäldern halten
sich Wölffe/ ungeheure Bären / wilde
Böcke / Hirsche und allerley Gattun⸗
gen anderer Thiere / derer Name mir
unbekannt ist/ in grosser Menge auf:
Unter andern aber / wilde Katzen/
Bieber/ Fischotter/ Stachel-Schwei⸗
ne und dergleichen/ und alle diese Thie⸗
re sind ungewöhnlich groß. In den
Seen und Flüssen werden Störe /
Lachse/ Lachs-Forellen / Hechte / Kar⸗
pen/ Aele/ gewaffnete Fische / Gold⸗
Fische/ Achiganen / Barben und aller⸗
hand andere Arten von Fischen gefan⸗
gen. So mangelt es auch unsern
Französischen Jägern an Gelegenheit
nicht / sich im Schiessen zu üben / weil

M   es

es Rebhüner / allerhand Gattungen
Endten / Waſſer-und Feld-Hüner/
Kranche/ Reiger/ Schwanen/ Trappen und anderes Geflügel im Uberfluß
giebet. In der Landſchafft Loviſiana
gibt es / über alle dieſe Thiere / auch
noch wilde Ochſen / welche die Einwohner im Lande niemals gänſlich haben vertreiben können / weil ſelbe in ſo
gar groſſer Menge ſind / und nach
Veränderung der Jahres-Zeit / aus
einem Lande ins andere ſich begeben.
Man findet auch allda viel zur Arzeney
dienliche Kräuter/ ſo man in Europa
nicht hat/ die ihre Wirkung unfehlbar
verrichten/ wie ſolches aus der Erfahrung der Wilden bewähret iſt / als
welche mit ſelben allerhand Wunden
heilen/ vier-und dreytägige Fieber cu-
riren/ ſich purgiren/ auch die Stein-
und andere Schmerzen ſtillen.

Es hat auch vielerley Gifft daſelbſt/
deſſen ſich dieſe Völker / einander damit umzubringen/ gebrauchen. Die
Schlangen ſind ſehr gemein / ſonderlich die Waſſer-Schlangen/ Vipern/
und

nd eine andere Art / welche so zu sa-
en Schellen oder Klappern an dem
Schwanze haben / und derowegen
Klapper-Schlangen genennet wer-
en / sie sind überaus groß und lang /
und beissen die Vorbeygehenden
höchstgefährlich. Allein man findet
in denen Orten / wo sie sich aufhalten /
bewehrte Mittel wider ihren Biß.
Man siehet allda Frösche von un-
glaublicher Grösse / derer Quarren
so stark lautet / als ob eine Kuh brülle.
Es werden auch eben dergleichen Bäume daselbst gefunden / wie in Europa /
als da sind Fichten / Cedern / Berber-
Beer-Bäume / Quitten-Bäume /
Thannen / Eichen und andere mehr:
Alle diese Bäume wurzeln sehr tief /
und wachsen sehr hoch in die Höhe /
woraus leicht von der Güte des Bodens zu urtheilen ist. Der grosse Fluß
S. Laurentii / von dem ich bereits in
der Beschreibung der Landschafft Lovisiana Bericht gethan / fleust mitten
durch der Jroquosen Land / und machet daselbst einen grossen See / wel-

M 2   chen

chen die Wilden Ontario / und die
Franzosen Frontenac zu / stetem
Andenken des Grafen von Frontenac / General-Gouverneurs von
Neu-Frankreich / nennen. Dieser
Fluß hat gegen Norden einen Arm /
der von einer Nation kommt / welche man die mit den durchlöcherten
Nasen oder Ontaonatzen nennet; gegen Nord-Ost hat er das Land der Al-
gonquainen / welches die Franzosen
besitzen / gegen Osten die Wolffs-Na-
tion / und Neu Holland / oder York /
gegen Süden Neu-Engelland oder
Baton / gegen Süd-West Virginien /
welches man Neu Schweden nennet /
gegen Westen das Land der Huronen /
welches itziger Zeit guten Theils wüste
ist / weil es von den Iroquosen ver-
heeret worden. Der vornehmste
Platz / den wir daselbst besitzen /
ist die Vestung Fron-
tenac.

❧ ◉ ☙

Von

II.

Von der Wilden Ursprung.

ES wundert mich im geringsten
nicht / daß unsere Geschichtschrei-
ber bekennen / daß sie nicht wissen / welcher Gestalt das Land der Wilden mit
Volk besetzet worden sey; sintemal die
Einwohner desselben / welche hiervon
am besten berichtet seyn solten / selbst
nicht das Geringste wissen: Wiewol
wir in Europa / wann wir / gleichwie
sie / die heilige Schrifft nicht hätten /
und die Hoch-Edle Kunst / welche die
Todten wieder lebendig macht / die
längst vergangene Zeiten wieder bringet / und uns ein ewiges Gedächtnuß
aller Dinge erhält / entbehren müssen /
eben so unwissend seyn würden / als
wie sie. Es ist zwar nicht ohne / daß
sie etwas von ihrem Ursprung zu erzehlen wissen / gleichwol aber / wenn man
sie fraget / ob das / was sie sagen / auch
wahr sey / antworten sie / daß sie solches nicht wissen könten / und daß sie

uns

uns solches zu glauben keines Weges
bereden wolten/ und daß sie glaubten
daß solches ihrer Alten Mährlein wä
ren/ denen sie nicht allzuviel Glauben
zustelleten. Wenn man das gantz
Mitternächtige America entdeckt
hätte/ so könte man vielleicht den Or.
wissen/ durch welche diese Völker erst
lich in diese Lande überkommen sind,
welches dann zu Erleuterung einiger
Stücke der alten Historien nicht gerin
gen Vorschub geben würde. Es wird
unter andern von ihnen folgende gar
curieuse Geschicht erzehlet: Sie sagen/
es sey ein Weib vom Himmel herab
kommen/ welche eine Zeit-lang sich in
der Lufft hin und her geschwungen/
und nirgend sunden hätte/ wo sie ihren
Fuß hätte aufsetzen können: Als hierüber die Fische im Meer zum Mitleiden
bewogen worden/ hätten sie untereinander Rath gehalten/ welcher unter
ihnen sie aufnehmen solte; hierauf
hätte sich die Schildkrotte darzu erbot-
ten/ und ihren Rücken über das Wasser empor gehoben:/ auf welchen sich
das

as Weib nidergelassen / und ihre
Wohnung auf selbem aufgeschlagen
hätte : Indessen hätten sich der
Schäum und andere Unreinigkeiten
es Meers rings herum die Schild-
roten angeleget / woraus nach und
nach ein so grosses und breites
land worden / welches itzo America
ist. Weil aber die Einsamkeit diesem
Weibe keines Weges gefallen wolte /
wurde sie verdrüßlich / daß sie niemand
hatte / mit dem sie sich zuweilen unterreden / und die Zeit mit grösserer An-
muth vertreiben kunte : Und als sie
endlich vor Unmuth entschlief / stieg
ein Geist vom Himmel / nahete sich
ganz unvermerkt zu ihr / und zeugete
ihr zweene Söhne / welche ihr zur Seiten heraus kamen. Diese zwey Kinder konten sich folgende Zeit ganz nicht
miteinander vertragen / weil einer ein
besserer Jäger war / als der andere:
Sie hatten täglich Händel miteinander / und kam endlich so weit / daß einer
den andern gar durchaus nicht mehr leiden konte sonderlich war der eine ganz

wil-

der/eigensinniger und eini rdischer Art/
und trug einen unversöhnlichen Haß
gegen seinem Bruder / welcher gantz
freundlicher und sanfftmütiger Natur
war. Dieser/ weil er unmöglich mehr
das üble Verhalten/ so ihm unaufhörlich begegnete/ ertragen konte / wurde
endlich gezwungen von jenem sich ab-
zusondern/ und in den Himmel zu keh-
ren/ von dannen er/ seine gerechte Em-
pfindlichkeit zu bezeugen/ je zu Zeiten
über dem Kopffe seines unglückseeligen
Bruders / sich mit dem Donner hören
lässt. Einige Zeit hernach/ kam dieser Geist wieder herab zu dem Weibe/
und zeugete ihr eine Tochter / von welcher ein so grosses Volk / welches itzo
eines von den grössesten Theilen der
Welt besitzet / entsprossen ist. Sie
erzehlen hierbey noch viel andere Um-
stände/ derer ich mich itzo nicht erinnern
kan : So fabelhafftig aber als diese
Geschichte zu seyn scheinet / so blicken
doch einige Strahlen der Warheit
aus selber hervor: Der Schlaff dieses
Weibes scheinet auf den Schlaff
Adams

Adams zu zielen / die Uneinigkeit dieser Brüder vergleichet sich mit dem unversöhnlichen Hasse / so Cain zu dem
Abel hatte/ und der Donner / der vom
Himmel brommet / deutet gnugsam
auf den Fluch / den GOtt über diesen
unbarmhertzigen Bruder-Mörder er-
gehen ließ. Man könte auch wol
muthmassen/ ob diese Völker nicht ur-
sprünglich Juden wären/weil sie in vielen Dingen mit diesen sich vergleichen.
Sie bauen ihre Hütten in Gestalt der
Zelten wie die Juden ; sie salben sich
mit Oel/ sie hängen sehr abergläubisch
der Traum-Deutung nach / sie bewei-
nen ihre Todten mit Weheklagen und
erschröcklichem Geheule; die Weiber
die trauren um ihre nächste Anverwandten ein gantzes Jahr / indem sie
sich des Tanzens und Gastereyen ent-
halten / und eine Kappe auf ihrem
Haupte tragen / und der Vatter des
Verstorbenen versorget gemeiniglich
die Wittib: So scheinets auch / daß
der Fluch GOttes über sie gefallen sey/
gleichwie über die Juden / denn sie sind

M 5 bru-

brutal und aus dermaſſen eigenſinnig/
und haben keine beſtändige und blei-
bende Wohnung.

III.

Von der Wilden Leibs-Be-
ſchaffenheit.

DJe Wilden ſind ſehr ſtark vom
Leibe / und haben nicht nur die
Männer/ ſondern auch die Weiber/ ja
ſelbſt die Kinder überaus gute Kräfften: dahero es auch kommt/ daß ſie ſelten krank ſind. Sie wiſſen von keiner
Zärtlichkeit / und ſind alſo auch tau-
ſend Ungelegenheiten/ ſo uns die allzu-
groſſe Weichlichkeit auf den Hals zie-
het/ nicht wie wir unterworffen. Es
hat unter ihnen keine Gichtbrüchtige/
keine Waſſerſüchtige; niemand wird
vom Stein geplaget/ oder von lang-
wierigen Fiebern ausgemergelt. Sie
ſind in ſteter Bewegung / und ruhen
ſo wenig/ daß ſie niemals mit Krank-
heit/ ſo uns Europäern meiſtentheils
vom Mangel genugſamer Bewegung
her-

erkommen/ befallen werden : Es feh-
et ihnen niemals am Appetit zum ef-
en / auch wenn sie schon ein hohes Al-
er erreichen ; ja sie halten so viel von
Ef-Waaren / daß sie öffters bey
Nacht aufstehen und essen / besonders
wann sie nicht Fleisch oder Sagamite
bey sich haben/ dann wann sie dieses
haben / fressen sie liegende / wie die
Hunde : Wie sie hinwiederum zu anderer Zeit trefflich Hunger leiden können / dergleichen uns sonder Zweiffel
unmöglich würde seyn auszustehen.
Dann sie verharren zwey oder drey
Tage ungessen / wann es die Noth er-
fordert / ohne daß sie im geringsten an
ihrer Arbeit deßwegen nachlassen solten / es sey gleich auf der Jagt/ auf der
Fischerey oder im Kriege : Ihre Kinder sind gegen die Kälte so abgehärtet/
daß sie mitten im grössesten Winter
ganz nackend im Schnee herum lauffen / und sich wie die Ferkel drinnen
herum wälzen/ ohne daß sie die geringste Ungelegenheit davon haben solten/
und im Sommer / wenn die Lufft vol-

M 6 ler

ler Maringovinen iſt / lauffen ſie ebenfalls ganz nackend / und warten ihres
Spiels ab / ohne daß ſie das Stechen
dieſes kleinen Ungeziefers fühlen ſolten.
Ich halte dafür / daß die rauhe Lufft/
welche ihre Leiber allezeit umgiebet/
zwar einiger maſſen die Haut abhär-
te; doch muß dieſe ſo groſſe Unem-
pfindlichkeit wol meiſtentheils von einem ganz aus dermaſſen harten Tem-
perament herrühre / indem unſere
Hände und Geſichter zwar auch allezeit von der Lufft frey umgeben ſind/
und doch nichts deſtoweniger die Kälte empfinden. Wann die Männer
auf der Fiſcherey ſind / ſonderlich im
Frühling/ ſind ſie faſt ſtets in damals
ſehr kalten Waſſer / und doch/ wann
ſie den Fang gethan haben/ kehren ſie
voller Frölichkeit wieder zu ihren Hütten / ohne daß ſie ſich der Kälte halber
im geringſten beklagen ſolten. Wann
ſie in den Krieg gehen / ſo liegen ſie zuweilen 3. auch 4. Tage hinter einem
Baum/ welche Zeit über/ſie faſt nichts
eſſen: Sie ermüden ſich niemals auf
der

er Jagt; ſie lauffen überaus ſchnelle
und lange Zeit aneinander. Die
Völker in der Landſchafft Loviſiana
lauffen viel ſchneller als die Iroquo⸗
ſen/ ſo daß nicht leicht ein wilder Och⸗
ſe ſeyn wird/ den ſie nicht erlauffen ſol⸗
ten/ ſie ſchlaffen ohne Feuer und ohne
Hütten/ in eine kleine Decke eingewi⸗
ckelt/ mitten im Schnee: Die Wei⸗
ber müſſen ihre Laſten tragen/ und ha⸗
ben ſolche Kräffte/ daß es wenig Män⸗
ner in Europa ihnen gleich thun kön⸗
nen/ ſie tragen eine Bürde/ welche
zwene oder drey von unſern Leuten
kaum aufheben können. Die Krie⸗
ges⸗Leute thun Reiſen zu 3. bis 400.
Meilen/ mit ſo geringer Mühe/ als
wenn wir von Paris nach Orleans
gehen. Die Weiber gebähren ihre
Kinder ohne ſonderliche Schmerzen/
einige von ihnen gehen aus der Hüt⸗
ten/ und verbergen ſich im nächſten
Walde/ und über eine kurze Zeit kom⸗
men ſie wieder/ und bringen ihr Kind
in einer Decke getragen/ die andern/ ſo
die Geburts⸗Stunde des Nachts

überfällt / gebähren auf ihren Matten
in aller Stille / und folgenden Morgen
ſtehen ſie auf / und verrichten ihre Arbeit in- und auſſerhalb der Hütten / als
ob ihnen gäntz nichts wiederfahren wäre. Es iſt auch Anmerkens werth /
daß / wann ſie gleich ſchwanger ſind /
ſie nichts deſtoweniger alles thun / ſie
tragen ſchwere Bürden / ſie ſäen ihr
Indianiſch Korn und Kürbis / und
reiſen mit den andern hin und wieder /
und dennoch / was am verwunderlich-
ſten iſt / ſiehet man gar ſehr ſelten einen
Hockrichten unter ihnen ; mit einem
Wort / ſie haben von Natur keinen
Mangel an ihrem Leibe / woraus zu
ſchlieſſen iſt / daß ihr Verſtand dieſer
äuſſerlichen Leibs-Diſpoſition nichts
bevor geben werde / wann ſie / durch
ſteten Umgang und Handlung mit denen Franzoſen / zu Schärffung deſſelben ſolten angeführet
werden.

❊❊❊❊❊

Von

IV.
Von der Wilden Arzney-Mitteln.

WAnn sie ermüdet sind / gehen sie in eine Bad-Stuben / darinnen ihre Glieder wieder zu stärcken ; wann sie Hüfftwehe oder Schmerzen in den Beinen haben / nehmen sie ein scharffes Messer / und schneiden damit Wunden in das schmerzende Theil / wann nun das Blut häuffig rinnet / streichen sie es mit einem Stecken oder Messer so lange herab / bis es aufhöret zu bluten / hernach trocknen sie die Wunde / und schmieren sie mit Oel oder Fettem von einigem Thiere ; und durch dieses Mittel werden sie unfehlbar gesund : Eben also machen sie es auch wann sie Kopffwehe oder Flüsse in den Armen haben. Für das drey- und vier-tägige Fieber bereiten sie eine Arzney aus einer gewissen Rinde / welche sie kochen lassen / und dem Kranken aufs Fieber zu trinken geben : Sie ken-

kennen gewisse Wurzeln und Kräuter,
mit welchen sie allerley Krankheiten
curiren ; sie haben auch ganz gewisse
Hülffs-Mittel / wider das Gifft der
Kröten/Schlangen und anderer Thiere ; aber wider die Franzosen-Krank-
heit wissen sie nichts. Es hat auch
Quacksalber unter ihnen / welche sie
Gauckler nennen ; selbiges sind alte
Männer / die auf anderer Leute Unkosten leben / indem sie sich auf ganz
aberglaubische Art für Aerzte ausge-
ben : Sie gebrauchen sich keiner Arzneyen / sondern wenn einer von ihnen
zu einem Kranken geruffen wird / so
lässet er sich lange bitten / gleich als ob
es eine sehr wichtige und schwere Sache antreffe : Nach vielem Bitten kommet er endlich / nahet sich zum Kranken / begreiffet und befühlet ihn am
ganzen Leibe überall / und nachdem er
ihn wol betrachtet und betastet hat /
saget er/es sey ihm etwas in dieses oder
jenes Theil des Leibes / zum Exempel /
ins Haupt/ins Bein / in den Magen
gezaubert ; welches man heraus treiben

en müsse/es würde aber solches schwer
ergehen/ und es würde viel vorher
müssen gethan werden.   Es ist eine
ehr böse Zauberey/spricht er/ allein es
nuß doch heraus/ es koste auch was es
wolle.   Die sämtlichen Freunde des
Kranken/ die alles leichtlich glauben/
sprechen hierauf: T.Chagon/T.Cha-
gon/ das ist/ nur getrost/ thue was du
kanst/ du darffst nichts sparen.   Alsdenn setzet sich der Gauckler nider/ be-
denket sich eine Zeitlang / auf was
Weise er es anstellen wolle / darnach
stehet er wieder auf/und stellet sich/ als
ob er aus einem tieffen Schlaft wieder
zu sich selber käme/ und schreyet: Si-
he da/ nun ist der Sachen gerathen!
Das Leben dieses Kranken / deines
Weibes/ oder deines Kindes ists noch
wol werth; drum laß es nur an nichts
fehlen.   Du must heute eine Gasterey
machen/ oder du must dieses oder das
geben/ dieses oder das thun/ und dergleichen.   Alsobald wird das / was
der Gauckler zu thun befohlen / werkstellig gemacht/ die Männer gehen in
die

die Badſtube / ſingen mit vollem Halſe / raſſeln mit Schildkrotten-Schaa-
len / oder mit Kürbſen / darein ſie Indianiſch Korn gefüllet haben / und tanzen ſo wol Männer als Weiber nach
dieſer Muſic / ja ſie trinken ſich zuweilen alle miteinander voll / ſo daß ſie ein
grauſames Getümmel anrichten. Unterdeſſen weil die andern alle auf ſolche
Weiſe beſchäfftiget ſind / bleibet der
aberglaubiſche Alte bey dem Kranken/
und martert ihn/ hält ihn bey den Beinen oder bey den Füſſen / oder drücket
ihm die Bruſt / oder plaget ihn ſonſt /
nachdem der Ort iſt / da er geſagt hat/
daß die Bezauberung ſtecke / alſo/ daß
er für Schmerzen ſterben möchte; und
ihm zuweilen das Blut fornen an den
Fingern oder Zähen heraus bringet:
Endlich / nachdem er das Geſichte auf
hunderterley Weiſe verſtellet hat /
bringet er ein Stücklein Fell / oder ein
Püſchlein Haare / oder ſonſt dergleichen etwas hervor / und beredet ſie /
daß dieſes das Zauber-Stücklein ſey /
welches er aus des Kranken Leibe heraus

uns gezogen habe / da es doch nur eine
nur lautere Betrügerey ist.

Ich tauffte einesmals ein Kind /
welches tödtlich krank zu seyn schiene /
folgenden Tag aber war es wieder gesund. Etliche Tage hernach erzehlete
die Mutter in meiner Gegenwart denen andern / wie ich ihr Kind hätte gesund gemacht : Sie hielte mich für einen solchen Gauckler / und sagte / ich
könte alle Krankheiten heilen / wenn
ich dem Kranken Wasser auf die Stirne giesse. Sie nehmen zwar öffters
ihre Zuflucht auch zu unsern Arzneyen /
weil sie befinden / daß sie sehr gut thun :
wann selbe aber nicht anschlagen wollen / so geben sie nicht der üblen Disposi-
tion des Kranken / sondern der Arzney
die Schuld.

V.

Von der Wilden Kleidung.

Die Wilden gegen Norden sind /
nach Aussage derer Alten / jederzeit gekleidet gegangen / auch ehe

sie noch die geringste Gemeinschafft mit
denen Europæern gehabt / und zwar
hat ihre Kleidung so wol der Männer
als Weiber aus Fellen bestanden.
Itziger Zeit bedecken sie sich auch zuweilen mit Fellwerk/meistentheils aber
haben sie ein Hembd / einen Rock mit
einer Kappen/ ein Stücke Tuch / so sie
bis auf die Knie decket / und mit einem
kleinen Gürtel umgegürtet wird / über
dieses tragen sie Strümpffe ohne Füß-
ling / und einfache / aus bereitetem
Leder gemachte Sohlen : Wann sie
im Früh-Jahr von der Jagt wieder
zurücke kommen / kauffen ihnen etliche
Leib-Röcke auf Französische Manier /
Schuh und Strümpffe ; ihrer ein
Theil tragen Hüte / denen Franzosen
zu gefallen: Bisweilen tragen sie auch
Mäntel / darein sie sich ganz und gar
einwickeln.   In ihren Hütten sind sie
meistentheils ganz nackend/auch Winters-Zeit / und haben nichts / als einen
Streiffen Tuch um sich gegürtet : Sie
besudeln sich das Gesichte mit rother
und schwarzer Farbe / die Haare / so
sie

...auf vielerley Manier ſchneiden/ fär-
en ſie ſich roth. Die Sud-Völker
:ngen ſich dieſelbe bis bey die Ohren
weg; und die gegen Norden/ laſſen ſie
auf einer Seiten lang herab hängen/
und auf der andern ſchneiden ſie ſie
glat hinweg nach eines jeden Fanta-
ſey. Sie beſtreuen ſich bisweilen den
Kopff voller kleiner Federn / und ſtecken ihnen groſſe hinter die Ohren / etliche tragen Kränze von Blumen / andere aus birkener Rinde/ und die dritten aus Fellwerk / welche ſie recht artig
zu machen wiſſen. Die Weiber gehen eben ſo gekleidet wie die Männer /
ausgenommen/ daß ſie einen ſtreiffen
Zeug/ in Geſtalt eines Weiber-Rocks
um ſich wickeln / den ſie um den Gurt
feſte machen / und ihnen nur bis an die
Knye reichet. Wann ſie auf Gaſtereyen zum Tanze gehen/ henken ſie ihren Schmuck um ſich / und färben ſich
die Schläfe / die Backen und die Spitze am Kinne. Die Knaben gehen
ganz nackend / bis ſie zu ihren mündi-
ſchen Jahren kommen/ und wenn ſie
ſich

ſich auch bedecken / haben ſie doch kein
Hembd an / und laſſen denjenigen
Theil des Leibes allezeit blos ſehen /
welchen doch die Natur zuzudecken lehret. Die Mägdlein / wann ſie 4. oder
5. Jahr alt werden / fangen ſie an / ſich
mit einem ſtreiffen Zeugs zu umgür-
ten ; wann wir in ihre Hütten kommen / ſie zu unterrichten / müſſen ſie ſich
bedecken / welches bereits ſo viel ge-
würket / daß ſie ſich anfangen ihrer
Blöſſe zu ſchämen / und ſich mehr / als
vor dieſem / bekleiden. Beyde Manns-
und Weibs-Perſonen / inſonderheit
aber die jungen Leute / trägen Hals-
Bänder von Glaß Corallen und allerhand Gattung Meer-Schnecken.
Sie haben eine gewiſſe Art Schne-
cken / welche eines Fingers lang / und
wie ein Röhrlein geſtaltet ſind / aus
ſelbigen machen ſie ihnen Ohren-Ge-
henke. Sie tragen auch Gürtel / welche theils aus Porcellan / theils aus
Stachel Schweins-Haaren / theils
auch aus Bären-Haaren gemachet
ſind;

no; theils sind auch aus allen diesen
Stücken gemenget.

Die Ansehnlichsten unter ihnen tragen auf ihrem Rücken einen kleinen
Sack / in welchem sie ihre Taback-
Pfeiffe / ihren Taback / ihre Feuer-
Rohr und andere geringe Sachen stecken haben. Uber dieses wenden sie
noch so viel Fleiß an / daß sie sich eine
Art Mäntel aus zubereiteten Bären-
Häuten / Bieber-Fellen / Fischotter-
Eichhörnlein Fellen / Wolffs-Löwen-
oder andern Thier-Häuten machen /
worinnen sie in ihren Versammlungen
zu erscheinen pflegen.

VI.
Von der Wilden Heyra-
then.

Die Heyrath bey denen Wilden
ist keines Weges ein Bürgerlicher
Contract; weil sie sich nicht begehren
verbündlich zu machen/ sondern sie halten sich so lange zusammen / bis eines
des andern überdrüssig wird. Die
Magd-

Mägdlein werden öffters im neunten
oder zehenden Jahre außgegeben/
nicht um des Ehemandes willen / weil
ſie wol wiſſen/ daß ſelbe darzu noch un-
tüchtig ſind ; ſondern weil die Eltern
ſolcher Mägdlein einigen Vortheil
von ihrem Schwieger-Sohn gewärtig ſind. Dann wann er von der Jagt
nach Hauſe kommt / ſo nimmt des
Mägdleins Vatter das Futterwerk
und Fleiſch in ſeine Verwahrung/ hingegen muß das Mägdlein ihrem Manne alle Mahlzeiten Sagamite / oder
Brey / aus Indianiſchem Korne ge-
macht/ bringen / ob ſie gleich nicht bey-
einander wohnen / ſie leben zuweilen
5. oder 6. Jahr auf ſolche Weiſe. Am
Tage ihrer Heyrath ſtellen ſie prächti-
ge Gaſtereyen und Freuden-Feſte an/
zuweilen kommt das ganze Dorff darzu / und jeder macht ſich auf ſem beſtes
luſtig; nach vollbrachter Malzeit wird
geſungen und getanzet.   Offters gehet es auch mit ihren Heyrathen ganz
ſtille zu / und iſt ſelbes mit ein Paar
Worten verrichtet: Denn der Wilde/

ſo

kein Weib hat/ suchet ihm ein Weib
e keinen Mann hat/ und spricht zu
r/ wo du willt mit mir kommen/ so
lst du mein Weib seyn: sie gibt ihm
nfangs keine Antwort/ sondern hält
en Kopff mit beyden Händen und be-
nnet sich eine Zeitlang: indessen weil
e die Sache also bey sich selbst über-
et/ hält der Mann seinen Kopff auch
gleicher Positur ohne einiges Wort
u reden.   Endlich/nachdem sie sich ge-
ug bedacht/hebt sie den Kopff auf und
pricht: Niau/ ich bins zufrieden: als-
ald stehet der Mann auf und spricht
u ihr One/ so ist die Sache richtig/ ich
erlaß mich drauf.

Auf den Abend nimmt sie seine Art/
gehet damit hin/ und hauet eine Bür-
de voll schönes Holz ab/ und trägt es
bis für ihres Mannes Hütten Thüre/
wirfft es daselbst nieder/ gehet hinein/
und setzt sich zu dem Wilden nieder/der
ihr im geringsten nichts liebkoset: wann
sie nun lange genug ohne einige Unterredung beysammen gesessen haben/
spricht der Mann zu ihr Sentaonv/

N   tes

leg dich nieder; und über eine klein
Weile geht er und legt ſich zu ihr. Mar
findet ſehr wenige unter ihnen / die ein
ander auf Europäiſche Manier buhle
ten mit Lachen und Kurtzweilen; ſ
ſcheiden ſie ſich auch leichtſinnig / un
ohne groſſes Weſen zu machen / wiede
von einander; denn ſie dörffen meh
nicht ſagen / als / ich ſcheide mich vor
dir / ſo iſts geſchehen. Sie thun hernad
gegen einander / als ob ſie einander ih
Lebenlang nie geſehen hätten: zuweiler
ſchlagen ſie ſich erſt mit einander / ehe ſi
ſich von ſammen ſcheiden / ſolches abe
geſchiehet ſehr ſelten. Etliche unter ih
nen haben zwey Weiber auf einma
aber nur auf eine kurze Zeit; wann ſi
ſich ſcheiden nimmt das Weib zuwei
len alles Pelzwerk und allen Hausratl
mit ſich / zuweilen auch nichts als der
ſtreiffen Zeug / ſo ihr an ſtatt des Ro
ckes dienet / und ihre Decke.   Insge
mein / wenn ſie Kinder zuſammen ge
zeuget haben / theilen ſie dieſelben mi
einander / ſo daß etliche von ihnen beym
Vatter bleiben / die andern gehen mi
De

:r Mutter. Ihrer etliche laſſen die
finder den Weibern gar auf dem
jalße / vorgebend / ſie glaubeten nicht
aß ſie Vatter dazu wären. Und zwar
eden ſie öffters hierinnen die War-
eit / weil wenig unter ihnen gefunden
verden / die nicht um einen Rock oder
nderes Geſchencke jemand zu Willen
eyn ſolten: wiewol man der Frantzoſen
Kinder bald am Geſicht und ſonderlich
in den Augen / erkennet. Der Wilden
Augen ſind gantz ſchwartz / ſehen auch
weit ſchärffer als die Europäer / und
ſpitzen gleichſam. Wann die wilden
Weiber dazu zu bereden wären / daß ſie
ſich in eine verbündliche Heurath ein-
lieſſen / würden unſere Frantzoſen Weiber bekommen / ſo viel ſie derſelben verlangeten: allein ſo ſind ſie nicht dazu zu
bringen / ſie ſind ſo treue nicht / als wol
hiezu nöthig iſt / können auch ihren
Willen / ſich nimmer zu ſcheiden / nicht
einhalten; wie theils die Erfahrung
uns lehret / theils aus ihren Diſcurſen /
ſo man dieſer Sache mit ihnen hält / zu
ſchlieſſen iſt. Wann ein Mann / der kein

N 2 Weib

Weib hat/ durch ein Dorff reiſet/ din-
get er ihm eine auf eine Nacht oder
zwey/ und ihre Freunde dörffen nichts
darwider reden: ja ſie ſind vielmehr
froh/ daß ihre Töchter etwas Haus-
raths oder Pelzwerk verdienen. Es hat
Leute von allerley Humeur unter ih-
nen/ wie in Europa: Ein Theil haben
ihre Weiber gar zu lieb; die andern
halten ſie gar geringe: ja ſie ſchlagen ſie
wol gar und fahren ihnen ſehr übel mit;
allein das wäret nicht lange dann die
Weiber gehen davon. Es gibt auch
Eyfferſüchtige unter ihnen/ wie ich
denn einen geſehen habe der ſein Weib
um deß willen ſchlug/ weil ſie mit andern Männern getanzet hatte. Die
guten Jäger wehlen ihnen die ſchönſten Weiber aus: die andern müſſen
mit den Ungeſtalten/ und mit denen/ ſo
niemand haben mag/ zufrieden ſeyn.
Wenn ſie alt werden/ ſcheiden ſie ſich
nicht leichtlich ohne ſondere Urſachen
mehr von einander. Es gibt gleichwol
etliche/ wiewol ihrer ſehr wenig ſind/
unter ihnen/ die zwanzig/ auch dreiſſig
Jahr

aber mit ihren Weibern haushalten;
dieſe / wann der Mann ſonderlich ein
guter Jäger iſt / wollen gar verzweif-
eln / wann er ſich von ihnen ſcheidet / ja
ſie vergifften ſich ſelbſt zuweilen / wie ich
denn einer / ſo ſolches gethan / das Leben
mit Theriack noch gerettet habe.
Wenn dieſe Barbarn im Frühling
auf die Bieber-Jagt gehen / laſſen ſie
gemeiniglich ihre Weiber zu Hauſe /
damit ſelbe das Indianiſche Korn
ſäen / und Kürbis pflantzen; und ziehen unterdeſſen eine andere / die mit ihnen ziehet: wann ſie dann wieder nach
Haus kommen / ſo geben ſie dieſer einen
Bieber oder zweene / fertigen ſie damit
ab / und halten ſich wieder zu der erſten.
Wann aber ihnen dieſe letztere beſſer
gefället / ſo ſchicken ſie die erſte fort / und
wundern ſich daß es unſere Frantzoſen
nicht auch ſo machen. Als einesmals
einer von unſern Frantzöſiſchen Frey-
leuten 20. bis 30. Meilen verreiſet
war / kamen die wilden Weiber zu deſſen ſeiner Frauen / und ſagten zu ihr / du
biſt närriſch / daß du dir nicht unterdeſ-

N 3 ſen

ſen einen andern Mann nimmſt / kanſ
du ihn doch / wenn deiner nach Hauſ
kommen wird / wieder gehen laſſen.

Dieſe groſſe Unbeſtändigkeit und
Wechſelung mit den Weibern / gibt
dem angehenden Chriſtenthum bei
dieſen Wilden nicht eine geringe Ver-
hinderung / und iſt eine von den vornehmſten Urſachen / warum wir ſo wenig unter ihnen erbauen.

Mit denen Völckern gegen Mittag
hat es gantz eine andere Bewandnis/
als welche viel Weiber auf einmal zu
haben pflegen: dann aller Orten der
Landſchafft Loviſiana haben die Wilden bis 10. oder 11. Weiber / und öffters unter denenſelben drey leibliche
Schweſtern zugleich / als die ſich ihrer
Meinung nach / am beſten zuſammen
vertragen. Wann ein Mann dem
Vatter und Mutter einer Dirne die
gehörige Geſchencke gegeben hat / ſo iſt
ſie ſein eigen ſo lange er lebet / wann es
anders ihm alſo gefället: Zuweilen
zwar nehmen die Eltern ihr Kind den
Eidam wieder / und geben ihm die Ge-
ſchencke/

hencke / so sie empfangen haben / auch
wieder zuruck; allein das geschiehet
gar wunderselten. Solte sich ein Weib
ertappen lassen / daß sie ihrem Manne
untreu wäre / so würde er ihr / die Nase
oder ein Ohr abschneiden / oder ihr mit
einem steinern Messer eine Schram-
men ins Gesichte machen: und wenn er
sie auch schön gar deßwegen todt schlü-
ge / würde es ihm doch keine andere
Busse tragen / als daß er ihren Eltern
ein Geschencke gebe / um ihnen damit
die Thränen abzuwischen. Ich habe ihrer viel gesehen / die zimlich im Gesicht
gezeichnet waren / die gleichwol mit einigen liederlichen Kerlen Kinder zeugeten. Die Männer in den warmen
Ländern eyfern mehr mit ihren Weibern / als die so gegen Norden wohnen;
jene sind so argwöhnisch in dergleichen
Sachen / daß sie sich aus einer sonder-li-
chen Liebes Raserey selbst verwunden /
oder wol gar erstechen. Die jungen
Kriegs-Leute / nahen sich selten vor dem
dreissigsten Jahre denen Weibern;
dann sie sagen / die Gemeinschafft mit

N 4   den

den Weibern verhindere ſie / daß ſi
nicht ſo ſchnelle lauffen können. Di
Männer gehen an dieſen Orten gan
nackend; die Weiber aber ſind zun
Theil gar wol mit Fellen bedeckt / ſon
derlich wann ſie ihre Täntze und Feſte
halten : Die Dirnen krauſen ihre Haa
re auf / und die Weiber tragen dieſelb
auf Böhmiſche Manier.

VII.

Von der Wilden Gaſte-
reyen.

DIe Wilden haben unterſchiedene
Arten von Gaſtereyen: ſie halten
ſelbe entweder wann ſie in den Krieg
ziehen wollen / oder wann jemand ge
ſtorben iſt/ oder wann ſie ſich verheyra
then / oder wenn ein Krancker ſoll ge
ſund werden; zuweilen auch ohne der
gleichen wichtige Urſache. Vor dieſem
trieben ſie groſſe Schande bey ſolchen
Gaſtungen/da ſich Männer und Wei
ber durch einander ohne Scheu vermi
ſcheten:

heten: itzo / dafern es ja noch geschie-
et / ist es doch sehr selten. Wann sie in
en Krieg ziehen wollen / geschiehet sol-
es bisweilen / weil ihnen / ihrem Vor-
eben nach / einiges Unrecht wieder-
ahren: bisweilen aus einer Raserey /
isweilen auch aus einer blossen Fan-
asey / oder daß einer den andern auf
olgende Art verspottet: Du hast kein
Hertze: du bist dein Tage noch nie im
Kriege gewesen; du hast dein Lebenlang noch keinen Menschen erschlagen.
Wann einer alleine gehen will / machet
er keine Gasterey / sondern er befihlet
nur seinem Weibe / daß sie ihm Meel
bereiten solle / er wolle in den Krieg gehen. Wann er aber Gesellschafft ver-
langet / so gehet er durch den gantzen
Flecken und bittet die junge Mannschafft zu Gaste: diese nehmen jeder seinen Kessel oder Schüssel zu sich / und
gehen in die Hütte dessen der sie eingeladen hat / wo er ihrer singend erwar-
tet: alle seine Lieder sind vom Kriege;
Ich ziehe in den Krieg; ich will den
Todt meines Feindes rechen / ich will

N 5 todt

todt ſchlagen / ich will verbrennen / ich
will Sclaven mit heim führen / ich will
Menſchen freſſen / und andere dergleichen auf Grauſamkeit ziehlende Dinge.
Wann ſie alle beyſammen ſind / werden die Keſſel gefüllet / und jedermann
iſſet: indeſſen ſinget der / ſo das Gaſtmahl angeſtellet hat / immer fort / und
vermahnet ſie alle / ihm zu folgen ; ſie
hingegen ſagen kein Wort / ſondern eſſen weil ſie was haben ; auſſer daß je zuweilen einer oder der andere aus ihnen
ſpricht / Netho oder Togenska das iſt
gut! du machſt es recht! Wenn ſie nun
aufgeſſen haben / hält der Wirth eine
Rede zu ihnen ; und ſie antworten ihm
denn und wenn Netho/recht ſo! Wenn
er ſeine Rede beſchleuſt / ſo ſpricht er ;
Nun der Schluß iſt gemacht/ morgen/
übermorgen ; oder über drey Tage/
(nachdem es ihm einkommt /) will ich
aufbrechen. Folgenden Morgen/oder
auf einen andern Tag/ beſuchen ihn
die/ ſo mit ziehen wollen / und ſprechen/
ich ziehe mit dir in Krieg ; er antwortet: wol gut ; halt dich auf dieſen oder
dieſen

esen Tag fertig: öffters stellen sie wol
hen solche Gastereyen an / ehe sie fort
ehen.   Vor diesem begiengen sie auf
iesen Gastereyen grosse Unzucht / ehe
e in den Krieg zogen: dann wann eine
Dirne dem jenigen / welchem sie der
Hauptmann solches Herzugs zueigne-
e/nicht zu willen gewesen wäre/würde
man alles Unglücks so in solchem Heer-
zuge vorgegangen / Schuld auf sie geworffen haben / so gar meisterlich weiß
der Teuffel die Unzucht in Schwung
zubringen.

Wann sie ihre Kinder verheura-
hen / machen sie selten Gastereyen/ ge-
chiehet es aber / so nehmen sie gewisse
Ceremonien dabey in acht.   Das erste
vas sie thun ist/daß sie auf Esse-Wah-
en bedacht sind / derowegen füllen sie
grosse Kessel voll mit Fleisch / nach der
Zahl derer die sie einladen wollen:
venn nun das Fleisch oder Sagamite
gekocht ist/gehen sie hin/ihre Gäste ein-
zuladen / und indem sie ihnen ein Höltz-
ein in die Hand geben / sprechen sie/ ich
ade dich zu meinem Gastmahl ein; so

N 6   bald

bald geſagt / ſo bald gethan; und iſt
nicht nöthig ſie zum andern mal zu bitten; ſie kommen alsbald mit ihren Keſ-
ſeln. Der Wirth im Hauſe theilet gantz
gleiche die Theile unter ſie aus / und
der/ſo die Gaſterey machet/oder ein anderer an ſeine Stelle/ſinget unaufhörlich ſo lange / biß alles verzehret iſt:
Nach der Mahlzeit ſinget und tantzet
man / und dann gehet ein jeder wieder
nach Hauſe / ohne Verlierung einiges
Wortes; ausgenommen etliche / die
ſich gegen dem / ſo ſie gaſtiret hat / be-
dancken.

    Die Gaſtereyen / die wegen Gene-
ſung eines Crancken angeſtellet wer-
den/werden auf gleiche Weiſe / wie itzt
erzehlet/ gehalten.

    Bey den Todten-Mahlzeiten gehet
es gar betrübt und traurig her / niemand ſinget oder tantzet; ſondern die
Anverwandten des Verſtorbenen ſitzen gantz ſtille mit niedergeſchlagenem
betrübtem Geſichte / die Eingeladenen
dadurch zum Mittleiden zu bewegen.
Alle die zu ſolchem Gaſtmahl gehen/
bringen

ringen ein Geschencke mit/ und indem
sie es den nechsten Anverwandten zu
werffen/ sprechen sie: nimm dieses hin/
beine Thränen damit abzutrocknen/
dem Todten das Grab davor zu ma-
chen/ oder ihn damit zu bedecken/ ihm
eine Hütten zu bauen; nimm dieses/ um
ein Stacket um sein Grab davor zu
machen. Wenn sie denn ihre Geschencke auf solche Weise übergeben/ und ihre Kessel ausgeleeret haben/ gehen sie
ohne Abschied nehmen wieder nach
Hause. Was die gemeinen Gastereyen
anbetrifft/ machen sie es auf allerley
Art und Weise/ wie es sie selbst gut zu
seyn düncket.

VIII.

Von der Wilden Spielen.

ES haben so wol Männer und
Weiber als die Kinder ihre Spiele und Zeit-Vertreibungen. Das ge-
meineste unter den Männern ist dieses;
es wächset eine besondere Art Früchte

N 7　　　　bey

bey ihnen / derer Kerne ſind auf der einen Seiten ſchwartz auf der andern roth: dieſe Kerne oder Nüßlein thun ſie in eine höltzerne oder aus Baumrinde gemachte Schüſſel / unter eine Decke / Rock / oder aus bereitetem Leder gemachtes Kleid: Ihrer ſechs oder achte ſpielen mit einander: aber nur zweene aus ihnen dürffen die Schüſſel einer um den andern angreiffen: ſie heben ſie dann mit beyden Händen auf/ und ſtoſſen ſie mit dem Boden wieder die Erde / damit hierdurch die Kerne wol durcheinander geſchüttelt werden: wann nun fünff ſolche Kerne das ſchwartze oder rothe zugleich in die Höhe kehren / ſo iſt ein Spiel gewonnen; ſie ſpielen aber gemeiniglich viel Spiele / nachdem ſie ſich dißfalls mit einander verglichen haben / ehe eine gantze Parti gewonnen iſt. Sie ſind eines Theils dieſem Spiel ſo ſehr ergeben/ daß ſie alles / bis auf ihren Rock / dran ſetzen: die / welche würklich ſpielen/ ſchreyen aus vollem Halſe dazu / wenn ſie die Schüſſel ſchütteln / und ſchlagen einan-

inander so starck auf die Achseln / daß
sie braun und blau davon werden. Sie
spielen auch öffters mit einer Hand-voll
Strohhalmen / so ohngefehr eines halben Schuhes lang sind / selbige nimmt
einer unter ihnen in die Hand / und theilet sie mit abgewendetem Gesicht in
zwey Theil; deren einen er seinem Ge-
gentheil giebet; der nun welcher unter
ihnen beyden grade hat / hat / nachdem
sie es untereinander abgeredet / das
Spiel gewonnen.

Sie haben noch ein anderes Spiel/
welches unter den Kindern in Europa
sehr gemein ist: Sie nehmen Indianisch Korn / oder etwas anders dergleichen / davon halten sie etliche Körner in
der Hand / und fragen / wie viel sie der-
selbigen haben; der welcher es erräthet/
hat das Spiel gewonnen.

Es ist noch ein andere Art zu spielen
unter ihnen bräuchlich welche sie in ihrer Sprache Unonhayenty nennen: ist
aber vielmehr eine Kauffschlagung/ als
ein Spiel. Es verfügen sich in zwey
Hütten/ zwölff Personen/ in jede derselben

ben ſechſe; dann nimmt einer aus ihnen
einiges Geräthe oder Peltzwerck / das
er zu vertauſchen willens iſt / gehet da
mit an die Thüre der andern Hütte/
und ſchreyet einen Gall: die in der andern Hütten antworten ihm mit glei-
chem Schalle/er aber gehet hinein/und
ſagt ſingende / er wolle diß was er in
Händen habe / verkauffen / die in der
Hütten antworten ihm/ hon/hon/hon/
hon/hon/hon: Der Verkauffer/ wenn
er ſeinen Geſang vollendet hat / wirfft
er ſeine Wahre in die Hütten / und gehet wieder nach Hauſe: Wann nun
die andern dieſe Wahre beſehen/ und
was ſie werth ſey / geſchätzet haben/
auch von dem Verkauffer vernommen
haben/ ob er dafür einen Rock / oder
Hemde/ ein paar Soolen/ oder ſonſt
dergleichen was dafür verlange: ſo gehet einer aus ihnen hin zu der erſten
Hütten / und trägt den Werth deſſen/
was der erſte gebracht wieder in dieſelbe; oder bringet auch wol die Wahre
ſelbſt wieder zurücke/wenn ſie ihm nicht
anſtehet/oder nicht ſo viel werth iſt/ als
das/

as/was man dargegen giebet. Dieſe Ceremonien geſchehen unter ſtetem Geſang/ mit welchem ſie auf beyden Theilen erluſtiget werden.

Die Kinder ſpielen mit Bögen und zweyen Stöcklein/deren einer groß/der andere klein iſt: den kleinen halten ſie in der lincken Hand/ und ſchlagen ihn mit dem groſſen in die Lufft/ein anderer laufft und ſucht ihn wieder/ und wirfft ihn dem/ der ihn geſchlagen hat wieder zu: faſt eben ſo wie unſere Kinder in Europa auch ſpielen. Sie machen auch einen Ball aus Binſen/oder Blättern vom Indianiſchen Korn/ den werffen ſie in die Höhe/ und fangen ihn mit der Spitze eines Steckens wieder. Die Erwachſenen/ ſo wol Männer als Weiber/ wann ſie des Abends behm Feuer beyſammen ſitzen/ erzehlen einander Mährlein/wie auch bey uns Europäern bräuchlich iſt.

IX. Von

IX.

Von der Wilden Unhöflich-keit.

Je Wilden bekümmern ſich nicht
groß um unſere Höflichkeiten / ja
ſie ſporten viel mehr unſer/wann ſie ſelbige von uns ſehen: wann ſie wohin
kommen / grüſſen ſie öffters keinen
Menſchen / ſondern ſetzen ſich zuſammen gekrüpt nieder / und es mag kommen wer da will/ ſie zu ſehen oder zu beſuchen / ſo ſchauen ſie doch keinen Menſchen an: ſie gehen zuweilen in die erſte
Hütte die ſie antreffen / ohne einiges
Wort zuſprechen / ſetzen ſich wo ſie
Platz finden/zünden dann ihre Taback-
Pfeiffe an/und ſchmochen eine Zeitlang
ohne Reden. Wann ſie in unſere Häu-
ſer kommen/ſo ſetzen ſie ſich oben an: ſte-
het ein Stul beym Feuer / ſo rücken ſie
ihnen denſelbigen zurechte / und ſtehen
nicht auf/ es mag kommen wer da will.
So wol Weiber als Männer verbergen

jen kümmerlich ihre Schaam; ſie laſſen die Winde von ſich wo das iſt / und
fragen deßwegen nach keinem Menſchen. Gegen ihren Alten bezeugen ſie
ſich ſehr unhöfflich / ſo daß ſie ihnen für
der Naſen einen Wind ſtreichen laſſen:
Ihre Reden ſind / ſo wol der Männer
als Weiber/ gewöhnlich anders nichts
als Schand-Poſſen und Unflåterey.
Wann ſie mit ihren Weibern zu thun
haben wollen / verbergen ſie ſich gemeiniglich: doch geſchiehet ſolches auch
nicht allezeit. Sonſt ſpühret man an
ihnen nicht / daß ſie aus Haß oder aus
Liebe ſich åuſerlicher Schande befliſſen/
wie wol bey uns in Europa zu geſchehen pflegt. Sie waſchen ihre hölzerne
oder aus Rinden gemachte Schüſſeln/
Näpffe und Löffel niemals. Wann die
Weiber den Kindern mit den Fingern
den Unflat abgewiſchet haben / reiben
ſie ſich an ein wenig Rinde / und greiffen hernach ſo bald das Fleiſch/ ſo ſie eſſen / wieder mit an: Sie waſchen ihre
Geſichte und Hånde faſt niemals; die
Kinder halten ihre Eltern in ſchlechten
Ehren/

Ehren/ die Vätter lassen sich von ihren
Kindern schlagen; dann (sagen sie)
wann sie sie straffeten/ würden sie nur
furchtsam/ und keine gute Soldaten
werden. Wenn sie essen/so schnudern
und schnieben sie wie das Vieh: so bald
ein Mann in ein Haus kommt/ fängt
er an Taback zu schmauchen, finden sie
einen zugedeckten Topff/ so decken sie
ihn auf: sie essen aus der Schüssel/ wo
ihre Hunde draus gefressen haben/ ohne dieselbe vorher zu waschen. Wann
sie fett Fleisch essen/ beschmieren sie sich
das gantze Gesichte mit dem Fetten/
und rültzen ohn Unterlaß. Die so mit
denen Frantzosen umgehen/ waschen ihre Hemde niemals/ sondern tragen es
so lange/ bis es ihnen am Leibe verfau-
let. Sie schneiden ihnen selten die Nägel ab/ und das Fleisch waschen sie
nicht zuvor ab/ ehe sie es zukochen. Ihre
Hütten sind gemeiniglich voller Koth:
sie fressen die Läuse: die Weiber lassen
ihr Wasser für jedermann/und für der
gantzen Versammlung ohne Scheu.
Wann die Kinder ihnen auf ihre Decken

ten gepiſſet haben/ ſtreichen ſie ſolches
nit den Händen ab: ſie freſſen offt li-
ſend/ wie die Hunde. Mit einem
Wort/ ſie thun ſich in allem ihrem
Wandel nichts wehe/ ſondern leben/
vie das Vieh/unbeſorget.

X.

Von der Wilden Höflichkeit.

BEy allen dieſen Unhöflichkeiten/
findet ſich gleichwol auch noch einige Höflichkeit unter ihnen. Gemeinig-
lich/ wenn ſemand zu ihnen in ihre
Hütten kommt/wann ſie eſſen/ſo bieten
ſie demſelben ihren Keſſel an. Einige
unter ihnen wieſen uns auch die beſte
Stelle in ihren Hütten an/ wenn wir
zu ihnen/ ſie zu beſuchen kamen. Die/
ſo viel und offt mit denen Franzoſen
umzugehen pflegen/grüſſen uns/ wann
ſie uns begegnen.Es iſt auch eine beſondere Höflichkeit bey ihnen/ daß ſie hin-
wieder etwas ſchencken/ wenn ihnen
was iſt geſchencket worden. Ob ſie auch
gleich

gleich ſehr unhöflich mit ihren Alten
umgehen/ ſo halten ſie doch ihren Rath
und Gutachten in Werth und Ehren/
und folgen denſelben öffters: dann ſie
ſagen/ die Alten hätten viel erfahren/
und verſtünden die Sachen am beſten.
In denen Gaſtereyen machen ſie öffters einen Unterſchied unter den Vor-
nehmſten/ und unter andern: Denn ſie
legen ihnen den gantzen Kopff des
Thieres ſo geſchlachtet worden/ oder
ſonſt das beſte Stücke für: Sie geben
einer dem andern Geſchencke/ und ga-
ſtiren einander öffters. Sie ſind auch
in dieſem Stücke Ehrerbietig gegen ihre Alten/ daß ſie dieſelben in allen wich-
tigen Angelegenheiten/ es lange Frieden oder ſonſt was an/ machen laſſen/
dann dieſes halten ſie ihnen rühmlich
zu ſeyn. Einige unter ihnen/ wiewol derer ſehr wenig ſind/ grüſſen uns auf
Frantzöſiſche Manier: Ich habe einen
geſehen/ welcher Garakontie/ das iſt
die gehende Sonne hieß: Dieſer als
er vor dem Herrn Grafen Frontenac
eine Rede hielt/ zog allemal/ wenn er
einen

inen neuen Discours anfieng seine
Mütze ab: ein anderer / der Geiogoi-
ten Hauptmann / als er ein Mägdlein /
welche er dem Herrn Gouverneur / sie
unterweisen zu lassen / gegeben hatte /
sahe; sagete er gantz höfflich: Onontio
(also heissen sie den Frantzösischen Gouverneur;) dieses Mägdlein ist zu deinen Diensten / laß sie wol lesen und
schreiben lernen; wann sie wird groß
seyn / magst du mir sie wiedergeben /
oder auch / so du wilt / sie dir zum Weibe
nehmen.   Ich habe einen andern gesehen / welcher Atreovati / das ist Groß-
Hals / hieß; der aß mit uns wie andere
Frantzosen / er wusch die Hände / setzte
sich am Tische unten an / wickelte das
Teller-Tuch gantz manierlich auf / aß
mit der Gabel / Summa er machte es
durchaus so / wie wir es machten / aber
meistentheils aus Schalkheit / und zum
Affen-Spiel / und damit er etwas von
denen Frantzosen zum Geschenck bekommen möchte.

XI. Von

XI.

Von der Wilden Art zu kriegen.

UNter allen Wilden / ſo uns bishe=
ro bekandt worden ſind muß man
den Iroquoſen den Ruhm laſſen / daß
ſie die ſtreitbareſten ſind. Denn ſie haben bereits viel Nationes ausgerottet/
und die/ſo von denſelben noch übrig geblieben ſind / haben ſich ihnen ergeben
müſſeu. Die Anſehnlichſten und Vornehmſten unter ihnen ſind gleichſam
der andern Hauptleute/ welche auf der
Reiſe anordnen und befehlen / und denen die andern folgen und in allem ge-
horſam ſeynd. Ehe ſie ſich auf den
Weg machen / verſehen ſie ſich mit guten Röhren / Pulver / Bley / Keſſeln/
Aexten / und anderer Krieges=Rü-
ſtung : öffters ziehen auch einige junge
Weiber und halb=wachſ'ne Knaben
mit ihnen / und mit dieſer Rüſtung reiſen ſie offt drey bis vier hundert Meilen.

Wann ſie nahe zu dem Orte kom-
men / wo ſie einfallen wollen / gehen ſie
mit langſam/und mit groſſer Behut-
ſamkeit/ und thun im geringſten keinen
Schuß nach irgend einigem Wild;
ſondern gebrauchen ſich alsdenn des
Bogens / weil ſelber keinen Knall gie-
bet/und indem ſie ſchieſſen ſehen ſie ſich
auf allen Seiten um / damit ſie nicht
unverſehens überfallen werden: ſie ſchicken Kundſchaffter aus / die den Eingang zu den Dörffern ausſpehen / und
ſehen / wo der Angriff am füglichſten
geſchehen könne / oder wann irgend jemand heraus gehe / daß ſie ihn unver-
muthet weg nehmen mögen / welches
zum öfftern geſchiehet: dann ſie thun
ihren Streich allezeit verrätheriſch / in
dem ſie hinter einem Baume auf einen
Menſchen lauren / als ob ſie ein wildes
Thier ſchieſſen wollten; und halten den
für den beſten Soldaten / der ſeinen
Feind auf's heimlichſte hinterſchleichen
und überraſchen kan. Man muß ſich
über ihre groſſe Gedult höchlich verwundern; dann wann ſie ſehen daß ſie

O wol

wol verborgen sind / bleiben sie öffter
zwen auch drey Tage hinter einen
Baume ungessen stecken / und warten
bis sie Gelegenheit haben / einen Menschen zu tödten. Zuweilen marchiren
sie zwar öffentlich und ohne Furcht / allein das geschiehet sehr selten. Als sie
mit den Frantzosen Krieg führeten /
kam einer von den Ansehnlichsten aus
ihnen / Namens Atreovati / selbst zwölffe oder dreyzehen / einen von den Prie-
stern des Seminarii S. Sulpitii / welches in einem Flecken / la Chine ge-
nannt / ist / zu ermorden: als er dahin
kam / begegneten ihm einige Frantzosen / zu denen sagte er / ich komme diesen
zu erschlagen: und wenig Tage hernach / that er es auch. Eben dieser / als
ihm einesmals sein Streich gefehlet /
kam er in Montreal und schrie: hay /
hay / welches ein Zeichen des Friedens
ist: man nahm ihn alsbald freundlich
auf / beschenckete ihn / und tractirte ihn
auffs beste / als er aber wieder heraus
gieng / brachte er zweene Menschen um /
so ein Haus deckten. Einige unter ihnen

en haben sich gegen uns gerühmet/
aß sie bis in dem Spanischen Gebie-
/in Neu-Mexico/ im Kriegs gewesen
... darin sie erzehlen/ daß sie in ei-
em Lande gewesen wären/wo die Ein-
oohner rothe Erde sammleten/ welche
ie einer Nation brachten/ die ihnen
Lexte/ Keßel und andere dergleichen
Sachen dafür gebe: sonder Zweiffel ist
diese rothe Erde Gold. Die/so nicht mit
n den Krieg ziehen/werden verächtlich
gehalten/ und als verzagte und feige
Memmen nichts geachtet. Sie greif-
sen alle andere Nationen an; und darff
sich niemand unter allen wagen/sich ihnen zu widersetzen: Dannenhero sind
sie auch stoltz/ und fast unerträglich;
und nennen sich um deß willen Menschen per excellentiam, gleich als ob
die andern gegen sie zu rechnen nur
Bestien und unvernünfftige
Thiere wären.

O 2   XII. Von

XII.

Von der Wilden Grausamkeit.

Wir erschrecken über der Tyrannen Grausamkeit/ und tragen einen Abscheu darfür: Der Iroquosen ihre ist nicht weniger entsetzlich. Wann sie einen Menschen erschlagen haben/ ziehen sie ihm die Haut vom Kopffe ab/ und nehmen sie mit sich/ zum unwidersprechlichen Zeichen und Zeugnuß ihres erhaltenen Sieges. Wann sie einen Sclaven gefangen haben/ binden sie ihn/ und zwingen ihn/ daß er lauffen muß; kan er ihnen nicht folgen/ so schlagen sie ihn mit einer Art für den Kopff/ ziehen ihm die Paruque/ oder die Haut mit den Haaren ab/ und lassen ihn ligen/ sie schonen auch der kleinen Kinder an der Mutter Brüsten nicht. Ist der Sclave gut zu Fusse/ daß er wol gehen kan/ so führen sie ihn mit sich/ des Nachts binden sie ihn auf eine

ne gantz grausame Weise / indem sie
Pfähle in die Erde schlagen / und an
sölbige ihn mit Händen und Füssen an-
binden / daß er die gantze Nacht also
uf der Erden gestreckt liegen / und alles Ungemach des Wetters ausstehen
muß / von hundert andern Plagen / die
sie ihm den Tag über anthun / will
ich nicht sagen.   Wann sie nahe zu
ihrem Flecken / darinnen sie wohnhafftig sind / kommen / machen sie ein grosses Geschrey / an welchem ihre Landsleute erkennen / daß ihre Kriegs-Leute
wieder nach Hause kommen / und Sclaven mit sich bringen.   Alsbald schmücken sich beydes Männer und Weiber /
und gehen ihnen bis in den Eingang
des Fleckens entgegen / daselbst stellen
sie sich in zwey Reihen / und lassen die
Sclaven mitten durch sich hingehen;
es ist aber ein erbärmliches Willkom-
men für diese unglückseelige Menschen:
Dan dieses Lumpen-Gesindlein fället
sie an / wie die Hunde ihren Raub /
und fänget an / dieselbe zu martern / indessen die Soldaten wegen glücklicher

Verrich-

Verrichtung ganz aufgeblaſen nach
einander vorbey gehen. Ein Theil
ſtoſſen dieſe arme Gefangene mit den
Füſſen / die andern ſchlagen ſie mit
Prügeln/ viele ſtechen ſie mit Meſſern/
etliche reiſſen ihnen die Ohren ab/ oder
ſchneiden ihnen die Naſen und Lippen
ab/ ſo daß die mreiſten aus ihnen in dieſem prächtigen Einzuge ihr Leben ein-
büſſen; die andern/ die ſtärker und leb-
haffter ſind/ werden zu einer noch gröſſern Marter aufgehoben. Sie ſchen-
ken zwar bisweilen etwan einem oder
dem andern das Leben; das geſchiehet
aber gar ſelten. Wann nun die Soldaten in ihre Hütten gegangen ſind/
verſammlen ſich alle Alte / um zu ver-
nehmen/ was in dieſem Kriege vorgegangen ſey; hernach beſchlieſſen ſie/
wie es mit denen Sclaven ſolle gehalten werden. Wenn eines Wilden
Weibes Vatter von ihren Feinden iſt
erſchlagen worden/ ſo geben ſie ihr einen Sclaven an ſeine Statt / und ſte-
het alsdenn bey dem Weibe/ ob ſie ihn
will leben laſſen/ oder ob ſie ihn tödten
will.

d. Wann sie einen Sclaven der rechten wollen/ machen sie es auf folgende Weise: Sie binden ihn mit Händen und Füssen an einen Pfahl; lassen hernach Feuer-Röhr-Läuffe/ Aexte und anderes Eisenwerk glühend werden/ und halten es an ihren Leib von den Füssen bis aufs Haupt/ sie reissen ihnen die Nägel mit den Zähnen ab/ schneiden ihnen Riemen Fleisch aus dem Rücken/ und ziehen ihnen vielmahls auch die Haut mitsamt den Haaren vom Kopffe/ und streuen ihnen hernach glühende Aschen auf die Wunde; Sie schneiden ihnen die Zunge aus/ und thun ihnen alle Marter an/ die sie nur erdenken können. Wenn sie sie nun also gequälet haben/ und sie sind noch nicht todt/ so zwingen sie sie mit Stöcke-Streichen/ daß sie lauffen müssen. Man saget von einem solchen Sclaven/ daß er noch so hurtig gelauffen sey/ daß er in einen Wald entkommen/ ohne daß sie ihn hätten wieder ertappen können. Es ist sich aber am meisten zu verwundern/ daß diese

D 4 Scla-

Sclaven mitten in der gröſſeſten Marter noch darzu ſingen; worüber denn
ihre Henker noch hefftiger erbittert
werden. Es wird erzehlet/ daß einer
als ſie ihn marterten/ zu ihnen geſagt
habe: Ihr ſeyd einfältige unverſtän-
dige Narren/ ihr wiſſet nicht einmal/
wie man einen martern ſoll/ ihr verzagten Männer/ hätte ich euch in meinem
Lande/ ich wolte euch ein wenig anders
angreiffen: indem er aber alſo geredet
hatte ein Weib einen kleinen eiſernen
Bratſpieß laſſen glüend werden/ uñ hat
ihm hernach mit ſelbigem ſein mañlichs
Glied durchſtochen: Da hatte er laut
geſchryen/ und zu ihr geſagt/ du biſt
klug! du verſteheſt dich drauf/ ſo muß
mans machen! Wann nun der Scla-
ve/ den ſie gebrennet haben/ todt iſt/
ſo freſſen ſie ihn/ und geben ihren Kindern ſein Blut zu trinken/ damit ſie
grauſam und unmenſchlich werden.
Die welche beym Leben gelaſſen wer-
den/ ſind unter ihnen als Leibeigene
und Knechte gehälten/ mit der Zeit
aber verlieren ſie die Leibeigenſchafft/
und

nd werden geachtet / als ob ſie von ihrem Geſchlechte wären.

Die Wilden in der Landſchafft Lo-
uiſiana / ſo 600. Meilen von denen
Jroquoſen entfernet iſt / inſonderheit
die Naduſiuſen / bey denen ich gefangen geweſen bin / ſind für ihre Perſon
nicht weniger wackere Soldaten. Sie
machen ebenfalls auch alle ihre Nachbarn rings um ſich her zittern / ob ſie
gleich nur Bogen und Pfeile zum Gewehre haben / ſie lauffen ſchneller als
die Jroquoſen / ſie ſind aber nicht ſo
grauſam / und freſſen nicht das Fleiſch
ihrer Feinde / ſondern laſſen ſich daran
genügen / daß ſie ſie verbrennen. Als
ſie eines Tages einen Huronen / welche
auch wie die Jroquoſen / Menſchen-
Fleiſch freſſen / gefangen hatten / ſchnit-
ten ſie Stücker von ihm / röſteten ſie /
reichten ſie ihm hin / und ſagten / da-
weil du ſo gerne Menſchen-Fleiſch friſ-
ſeſt / friß von deinem eignen Fleiſch /
damit deine Landsleute erkennen mögen / daß wir eine Abſcheu vor ihren
Maximen haben : Denn deine Leute

O 5 ſeynd

seynd wie die erhungerten Hunde / die
alles Fleisch fressen / was ihnen nur vor-
kommt.

XIII.

Von der Wilden Policey und Regierungs-Art.

DAsjenige / was die Iroquosen im
Flor erhält / und sie so erschröcklich
macht / sind ihre Raths-Versammlungen / welche sie stets / auch um der
geringsten Ursache willen / halten. Es
mag leichtlich etwas vorgehen / so kommen sie zusammen / und unterreden sich
eine lange Zeit deßwegen mit einander /
so daß sie niemals etwas unbesonnen
anfangen. Wenn man sich bey ihnen beklagt / daß einer von ihnen etwas
gestohlen habe / bemühen sie sich alsbald aufs fleissigste / zu erfahren / wer
solchen Diebstal begangen habe? können sie nicht darhinter kommen / oder
hat der Thäter nicht zu bezahlen / wann
sie anders nur überzeuget sind / daß
sich

ch die Sache in Warheit also verhab
e? so geben sie der beleidigten Parthey
einige Geschenke/ um sie zu Frieden zu
stellen. Wann sie jemand unter ih-
nen/ den sie Straff würdig erkennen/
ums Leben wollen/ so dingen sie/ damit sich seine Feinde ihn zu rächen nicht
Ursach haben/ einen/ der sich voll saufft/
wann dann derselbe den Streich voll-
bracht hat/ entschuldigen sie es damit/
daß es nicht bey Verstand gewesen sey/
es habe ihn die Trunkenheit darzu ge-
bracht/ daß er solches gethan habe.
Vormals haben sie dieses Straff-
Gerichte auf eine andere Weise ange-
stellet; es ist aber itziger Zeit nicht mehr
gebräuchlich. Sie haben des Jahrs
einen gewissen Tag gehabt/ welchen
man hätte das Narren-Fest nennen
können; denn sie stelleten sich/ als ob
sie närrisch wären/ lieffen aus einer
Hütten in die andere/ und wann sie jemand übermitfuhren/ oder entwende-
ten etwas/ so entschuldigten sie sich folgenden Morgen damit/ daß sie wären
närrisch gewesen/ sie hätten nicht ge-

O 6   wust

wust was sie thäten; und mit dieser
Entschuldigung waren die Beleidigte
zu frieden / ohne daß sie sich zu rächen /
oder einigen Wieder-Entgelt begehret
hätten. Wann sie num jemand tödten wolten / so dingeten sie einen / welcher in solcher tollen Weise den / so sie
ihm nenneten / umbrachte. Sie haben gewisse Spionen unter sich / die
immer ab- und zugehen / und alles
das/ was sie neues erfahren/ ihnen hinterbringen. Was die Kauffmannschafft anbetrifft / sind sie verschlagen
und witzig genug / sie lassen sich nicht
leicht betriegen / sondern besehen alles
auffs genaueste/ und befleissigen sich/die
Wahren wol kennen zu lernen. Die
Unontaguesen sind die verschlagensten
unter allen / die Listigsten zum Steh-
len/ und andern dergleichen Dingen.

XIV.
Von der Wilden Art zu jagen.

JHre Jagten stellen sie zu gewissen
Jahres-Zeiten an: Die Elend-
Thiere

Thiere und wilden Böcke ſchieſſen ſie
allezeit / meiſtentheils / aber wenn
Schnee gefallen iſt: zu Winters-Zeit
jagen ſie wilde Katzen und Stachel-
Schweine: Biber aber und Fiſch-
Otter im Frühling; und zuweilen im
Herbſte. Sie fangen gemeiniglich
die Elend-Thiere mit der Schlingen:
Die Bären ſchieſſen ſie auf den Bäumen / wann ſie Eicheln freſſen; die wilden Katzen zu fangen / hauen ſie die
Bäume um / worauf ſie ſich aufhalten / und hetzen hernach die Hunde an
ſie / daß ſie ſie erbeiſſen; die Stachel-
Schweine werden faſt auf gleiche
Weiſe gefangen / auſſer daß ſie ſelbe
mit Aexten todt ſchlagen / wann der
Baum gefallen iſt; dann die Hunde
dürffen ihnen / wegen der langen und
ſpitzigen Borſten / die ganz unvermerkt
einen Menſchen durchſtechen können /
nicht nahe kommen; die Hunde / ſo ſie
erbeiſſen / müſſen ſterben / wenn ihnen
dieſe Borſten / ſo viel länger und ſpitzi-
ger ſind als die Igels-Borſten / nicht
ausgezogen werden. Es können aber

dieſe

diese Thiere nicht geschwind lauffen /
dannenhero sie von den Menschen
bald eingeholet werden. Die Fisch-
Ottern werden entweder mit einer
Fallen gefangen / oder mit dem Feuer-
Rohr erschossen / die wenigsten werden
mit der Art erschlagen / dann sie sind gar
zu subtil.

Die Bieber fangen die Wilden im
Winter unter dem Else : sie forschen
vor die See aus / darinnen diese Thiere wohnen. Die Bieber haben von
Natur einen recht verwunderlichen
Witz / wann sie sich von einem Ort an
einen andern begeben wollen / so suchen
sie ein Bächlein im Walde / an selben
gehen sie so lange hinan / bis sie einen
ebenen Platz finden / welcher sich zu
Bauung eines Sees schicket : wenn sie
den Ort überall wol betrachtet haben /
fangen sie an Dämme zu bauen / das
Wasser dadurch aufzuhalte /welche sie
öffters so stark machen / als die so in Europa um die Teiche gemachet werden.
Wann nun der Damm mit Holtz / Erden und Letten wol verwahret ist / so
daß

daß er einen grossen See / der zuweilen
eine Viertel-Meile lang ist / halten
kan / so bauen sie mitten in solchen See
auf der Wasser-Fläche ihre Hütten /
aus Holtz / Binsen und Letten / welche
sie mit ihren Schwänzen / die länger
und breiter sind / als eine Mauer-Kelle / sehr gleiche zu schlagen wissen: ihr
Gebäude hat drey bis vier Stockwerk /
voller Binsen-Matten / auf welchen sie
ihre Jungen bringen / die sie / gleichwie
alle andere Thiere / so im Trocknen leben / durch Vermischung zeugen. Am
Grunde des Wassers haben sie ihre
hohe und tieffe Ausgänge ; wann die
Seen gefroren sind / können sie nur allein unter dem Eisse gehen ; dannenhero versehen sie sich bey angehendem
Winter mit genugsamen Vorrath
von erlenem Holtz / welches ihre gewöhnliche Speise ist / selbiges legen sie
im Wasser rings um die Hütten her /
derer es zuweilen drey auch viere in einem See hat. Die Wilden stossen
mit einem Stiel von einer Axt / oder
mit einem Fusse das Eiß um die Hütten

ten herum ein; und forschen am Grunde des Wassers den Weg / durch welchen die Weiber aus der Hütten gehen; wann sie denselben gefunden / so
machen sie ein Loch / und stecken durch
selbes eine Schnure einer Elen lang /
und zwey Stöcken / die mit ihren Spitzen durch das Loch weit über das Eiß
heraus ragen / an denen beyden Stöcken sind zwey andere Schnüre feste
gemacht / mit selben die erste Schnure
zu ziehen / wenn der Bieber gefangen
ist: Damit aber dieses schlaue Thier
weder die Schnüre noch die Menschen
sehen möge / streuet man faul Holtz /
Baumwollen / oder andere dergleichen
Sachen auf das Wasser.   Einer von
den Wilden bleibet mit einer Art bey
den Schnüren auf der Hut / um den
Bieber aufs Eiß zu ziehen; indessen
gehen die andern hin / und schlagen mit
ziemlicher Mühe die Hütten ein; denn
offters müssen sie einen Schuh dicke
Holtz und Erden mit den Aexten durch-
hauen / weil alles Stein-harte gefroren ist / alsdenn suchen sie auf dem gan-

in See / wo irgend eine Grube ist /
und rissen auf / damit sich die Bieber
nirgends verstecken können / sondern /
indem sie von einem Ort zum andern
zu lauffen genöthigt werden / sie endlich
in ihre Schlingen fallen müssen. Sie
arbeiten öfters aus allen Kräfften vom
Morgen bis auf den Abend / und fangen doch nichts / bisweilen fangen sie
3. oder 4. Stücke. Zuweilen fangen
sie auch die Bieber im Frühling mit
der Fallen auf folgende Weise: Wann
das Eiß anfängt zu schmelzen / so spä-
hen sie den Ort aus / wo sie heraus gehen / daselbst hin machen sie eine Falle /
und legen an statt des Aases oder Köders einen Erlenen Ast / der von der
Fallen bis ins Wasser gehet / wann
nun die Bieber denselben finden / fressen sie ihn bis in die Falle / da ihnen zwey
schwere Holz-Klötzer auf den Halß
fallen und sie fangen. Die Marder
fangen sie auf eben solche Art / ausser
daß sie kein Aas in die Falle legen.

Alle die Nationen gegen Süden /
oder in der Landschafft Lovisiana / sind /
was

was ihre Jagten anbelangt/ viel aber-
gläubiſcher als die Völker gegen Norden / und als die Jroquoſen. Als ich
bey denſelben war / ſchickten die Alten/
6. Tage zuvor / ehe ſie auf die wilde
Ochſen-Jagt zogen/ 5. oder 6. von den
Wackerſten ihres Volks auf das Ge-
bürge/ den Calumet daſelbſt mit eben
denen Ceremonien zu danzen / mit welchen ſolches ihre Abgeſandten bey denen Nationen / mit denen ſie Bünd-
nüſſe aufrichten/ zu thun pflegen : Als
ihre Abgeordnete wieder zurücke kommen waren/ ſtelleten ſie drey Tage lang
einen groſſen Keſſel/ den ſie uns genommen hatten / offentlich anzuſchauen
aus / und umgaben denſelben mit allerhand Farben Federn / legten auch ein
Feuer-Rohr / ſo einem unſerer Fran-
zöſchen Schiffleute zuſtund / zwerchs
über denſelben : Drey Tage nacher-
der trug das vornehmſte Weib eines
Hauptmanns dieſen Keſſel auf ihrem
Rücken zum Gepränge herum/ in Begleitung mehr denn 200. Jäger / welche ein Alter/ der ein Türkiſch Schnupf-
Tüchlein

Tüchlein an einem Stecken/ statt einer
Fahne/ trug/ und Pfeile in der Hand
hatte/ in aller Stille halten/ um den
Tod der Ochsen zu beweinen/ und als
sie das letzte mal hielten/ sendeten die
Eltesten unter ihnen zweene von den
Geschicktesten/ denen sie gar heimlich
ins Ohre redeten/ ab/ die Ochsen aus-
zuspehen: bey derer Wiederkunfft/
ehe sie den Angriff auf diese ungeheure
Thiere thaten/ zündeten sie dürren
Ochsen-Mist an/ und stecketen bey diesem neuen Feuer ihre Taback-Pfeiffen
an/ und gaben ihren Kundschaffern/
die sie ausgesendet hatten/ daraus zu
schmochen/ und bald nach vollbrachten
diesen Ceremonien giengen 100. Mann
hinter die Berge auf eine Seiten/ und
hundert auf der andern Seiten/ die
Ochsen umzubringen/ die sie mit der
grössesten Unordnung fälleten. Die
Weiber trockneten das Fleisch an der
Sonnen/ und assen nur das geringste
davon/ die besten Stücke aber nahmen
sie mit in ihre Flecken/ welche über 200.
Meilen von diesen grossen Schlacht-
Platze entfernet waren.   XV.

XV.

Von der Wilden Manier zu fischen.

SIe fangen allerley Fische / mit Ne-tzen / Schlingen und Wurff-Pfei-len / wie in Europa / auch einige / doch sehr wenig mit Angeln : Ich habe sie sehen mit Schlingen fischen / welches mir sehr wol gefallen hat : Sie neh-men eine kleine Gabel / zwischen derer beyden Zacken machen sie eine Schlin-ge / fast auf die Weise / wie man sie in Frankreich macht / die Rebhüner da-mit zu fangen / solche stecken sie ins Wasser / und wann der Fisch ge-schwommen kömmt / halten sie ihm die-selbige für / wann er nun drein gegan-gen ist / ziehen sie sie zu / so bleibt der Fisch mit den Flosen darinnen hangen: Ich habe sie unterwiesen / wie sie sie im Frühling mit den Händen erwischen sollen. Ihre beste Fischerey bestehet in Aelen / Lächsen / und weissen Fischen:

Die

Die beſte Fiſcherey der Aguiez n/ die ahe an Neu-York wohnen/ ſind Fröche/ die ſie ſo ganz unabgezogen in ihre Keſſel werffen/ und damit ihr/ aus Indianiſchem Korn/gemachte Sagamite machen. Die weiſſen Fiſche werden in groſſer Menge zu Niagara/ wo die Veſtung Conty iſt/ gefangen. Die Lachſe/ oder vielmehr Lachs-Forellen werden an vielen andern Orten/ rings herum an dem See Fromenac gefangen: Die Aele fangen ſie des Nachts/ wann es ſchöne und ſtille iſt: Dieſer Fiſch gehet in groſſer Menge den Fluß St. Laurentii herunter. Sie legen ein groſſes Stück Rinde/ mit Erde auf die Spitze eines Pfahls/ und zünden es gleich einer Fackel an/ welches denn ein helles Liecht giebet; dann ſetzen ſich einer/ zweene oder ihrer mehr in einen Kahn/ mit einem Wurff-Pfeil/ welcher zwiſchen den Zacken einer Gabel liget: Wänn ſie nun beym Liechte dieſes Feuers einen Aal erſehen/ſtechen ſie ihn mit ihrem Wurff-Pfeil/ und auf dieſe Art fangen ſie ſehr viel ſolche Fiſche.

sche. Die Lachse fangen sie mit deren
Wurff-Pfeil/ und die weissen Fische
mit der Schnure. Die Völcker gegen
Suden sind so geschickt/ daß ob gleich
die Fische sehr schnelle in dem Wasser
schwimmen/ sie sie dennoch mit den
Pfeilen/ die sehr tieff ins Wasser fah-
ren/erschiessen. Sie haben so lange spi-
tige Ruthen oder Stangen/ und dabey so helle scharff-sichtige Augen/ daß
sie die grossen Störe und Foren/ die
sieben bis acht Ellen tieff unterm Wasser sind/ stechen und heraus ziehen.

XVI.

Von der Wilden Hausrath.

VOr der Europäer Ankunfft in
America/ gebrauchten sich die
Wilden (wie denn die Nationen der
Landschafft Lovisiana noch auf heuti-
gen Tag thun)irdener Töpffe an statt
der Kessel/ und scharffer Steine anstatt der Messer und Aexte: Sie stecken kleine Steinlein in einen gespalte-
nen

en Stöckel/ und ein gewisses Bein/
welches oberhalb dem Fersen-Bei-
ne des Elend-Thiers gefunden wird/
und brauchen solches/ anstatt eines
Schuh-Aals: sie haben keine Feuer-
Röhre/ sondern nur Pfeil und Bogen:
wenn sie Feuer machen wollen/ nehmen
sie zwey kleine Stöcken/ einen von Ce-
dern-Holtz/ den andern von einem harten Holtz/ und reiben zwischen den
Händen das Harte auf den Weichen/
so wird ein Loch im Cedern-Holtze/ als
welches sich zu Pulver reibet/ und ent-
zündet sich endlich. Wann sie eine
Schüssel/ Teller oder Löffel machen
wollen/ so hacken sie das Holtz erstlich
mit ihren steinernen Hacken so wie es
seyn soll/ hernach hölen sie es mit glüenden Kohlen aus/ und schaben es endlich
mit Bieber-Zähnen/ daß es glatt wird.
Was die Völcker gegen Norden/ bey
welchen der Winter harte ist/ betrifft/
so gebrauchen sich dieselben der Racke-
ten oder Fuß-Netze/ um auf denselben
über den Schnee zu gehen: Und die/
welche nahe bey den Europäern woh-
nen/

nen / haben itzo Feuer - Röhre / Aexte /
Keffel / Schuh - Aal / Messer / Feuer /
Zeug / und andern Hausrath / wie wir /
Ihr Oel oder Schmaltz von den Bären und wilden Katzen / halten sie in
ausgehöleten Kürbissen: es ist nicht
leicht eine Manns - Person zu finden /
die nicht einen kleinen Sack / zu ihrem
Taback und Pfeiffen habe: Die Weiber machen Säcke aus Indianischen
Korn-Blättern / lindenem Bast / oder
Binsen / darein sie ihr Indianisches
Korn thun; die Stricke machen sie aus
Nesseln / Linden-Bast / und aus einer
gewissen Wurtzel / derer Name ich
nicht weiß. Ihre Sohlen hefften sie nur
mit Nesteln zusammen. Sie machen
ihnen Matten oder Decken aus Binsen / worauf sie schlaffen / und wann sie
dergleichen nicht haben / schlaffen sie auf
Baum-Rinde. Die Weiber windeln
ihre Kinder fast eben auf solche Weise /
wie bey uns in Europa geschiehet / und
wann sie ihre Speise kochen wollen /
hencken sie sie indessen an ein Bret: etliche haben auch Kreuel / womit sie ihr
Fleisch

fleisch aus dem Kessel nehmen / die
aber keinen haben / brauchen an dessen
statt einen Ast eines Baumes.

XVII.
Von der Wilden Manier
zu begraben.

Ie Wilden begraben ihre Todten
sehr prächtig / sonderlich aber ihre
Blutsfreunde: sie legen ihnen all ihren
besten Schmuck an uñ bestreichen ihnen
das Angesicht mit allerley Farben; hernach legen sie sie in einen Sarg/den sie/
wann es ein Kind ist / daß sie leichtlich
in ihre Decken verbergen können / als
ein Mausoleum zurichten / oder setzen
selben auf eine Schleiffen / in Gegenwart aller Verwandten/um hierdurch
desto mehr Geschencke / die ihnen gewöhnlich gegeben werden/ ihre Thränen damit abzuwischen / zu wege zu
bringen; wann sie ihn dann begraben/
geben sie ihm alles / was er gehabt hat/
mit ins Grab/wann es auch 200. Sil-
berkrohnen solte werth seyn / auch so
gar

gar seine Sohlen/ Raquetten/ Schuh-
Aahle / Feuerzeug / eine Axt / Porcel-
lain-coralline Hals-Bänder / einen
Kessel voll Sagamite / Indianisch
Korn / Fleisch und andere Sachen
mehr. Ist der Todte eine Manns-Per-
son / so geben sie ihm ein Feuer-Rohr/
Pulver und Kugeln mit/weil er/wie sie
sagen / wann er ins Land der Todten
oder der Geister kommen wird / er alle
diese Sachen werde vonnöthen haben.

XVIII.

Von der Wilden Aber-
glauben.

ES ist unter den Wilden einer
mehr abergläubisch als der andere / insonderheit halten die Alten und
die Weiber so eifrig und hartnäckig
über den Traditionen ihrer Vorfahren / daß / wenn man ihnen sagt / sie
seyen dißfalls unverständig / sie solten
solch närrisch Ding nicht glauben / sie
alsbald fragen ; wie alt bist du ? du bist
kaum

ram dreißig oder vierzig Jahr alt/
nd wilst die Sache besser wissen als
sere Alten: Packe dich! du weissest
cht was du sagst: ob du gleich weißt
as in deinem Lande geschehen ist/ weil
s dir deine Alten gesagt haben/ so
anst du doch nicht wissen/ was bey uns
vorgangen ist/ ehe die Franzosen hie-
er kommen sind. Sagen wir/wir wis-
en alles aus der Schrifft: so fragen
ie; wustet ihr dann/ ehe ihr in dieses
Land kommen seyd / daß wir hier wa-
en? wann man nun antwortet/Nein:
o sagen sie; wol dann/ so weist du nicht
alles aus der Schrifft / und sie hat dir
nicht alles gesaget.

XIX.

Von der Wilden lächerlichen Meinungen.

Viel unter ihnen glauben nichts
von dem allen / was die Alten er-
zehlen/ viele hingegen halten viel darauf. Ich habe oben schon ihre Meinung

P 2   von

von ihrem Urſprung erzehlet / und wie
ſie ihre Krancken heilen: Sie glauben/
daß die Seele unſterblich ſey/ und ſa=
gen / es ſey gegen Niedergang ein ſehr
anmuthiges Land / wo eine herrliche
Jagt ſey: man könne da von allerhand
Sorten Thieren erſchlagen / ſo viel
man wolle: in ſelbiges Land wander=
ten die Seelen / ſo daß ſie hoffen / da=
ſelbſt alle wieder zuſammen zu kom=
men.   Das iſt aber lächerlich/ daß ſie
glauben/ die Seelen der Keſſel/Röhre/
Feuer-Zeuge / und anderes Geräthes/
ſo ſie mit denen Todten begraben / be=
gleiteten die Verſtorbenen/ und lieſſen
ſich von ihnen / gleich wie hie in dieſem
Leben gebrauchen.

Als einesmals ein Mägdlein/ nach=
dem ich es getauffet hatte / geſtorben
war / und ſeine Mutter einen ihrer
Schlaven ſahe/ daß er todt kranck wa=
re und ſterben würde / ſagte ſie zu mir:
Meine Tochter iſt im Lande der Toden
mitten unter den Franzoſen alleine/ oh=
ne einigen Verwandten und Freund;
und ſihe / der Frühling iſt für der Thü=
re/

r / da ſie ſoll Indianiſch Korn ſehen/
und Kürbis-Kerne ſtecken: darum
hüffe meinen Sclaven/daß er auch ins
Land der Frantzoſen gehe/ und daſelbſt
meiner Töchter diene. Ein ander
Weib/ als ſie ſterben ſolte/ ſagte/ ſie
möchte nicht getaufft ſeyn/ weil die
Wilden/ welche als Chriſten ſtürben/
in Lande der Seelen von denen Fran-
joſen verbrennet würden. Andere ſa-
gen/ wir tauffeten ſie darum/ damit ſie
in der andern Welt unſere Sclaven
ſeyn müſten. Andere fragen/ ob auch
ſolche Jagten in dem Lande/ da wir ſie
hinſchicken wolten/ wären? und wann
man antwortet; man eſſe und trincke
nicht daſelbſt/ ſo ſagen ſie: Ich begehte
nicht dahin zu kommen/ weil ich eſſen
will/ und nicht Hunger leyden mag:
Spricht man: ſie würden weder Speiſe noch Tranck vonnöthen haben; ſo legen ſie die Hand auf den Mund/ und
ſagen/ du biſt ein unverſchämter Lüg-
ner/ wie iſts möglich daß man ohne Eſſen leben kan? Einsmals erzehlte mir
einer von den Wilden/ nachfolgende

Fabel

Fabel: Als einesmals einer von unſe
Alten geſtorben / und in das Land de
Seelen kommen war / begegneten ih
alsbald etliche Frantzoſen / die ih
freundlich empfiengen / und aufs her
lichſte tractirten; hernach kam er au
an den Ort / wo die Wilden ſind / d
ihn gleichfalls ſehr wol empfiengen: be
dieſen wurden alle Tage Gaſtereye
angeſtellet / zu welchen ſie die Frantzoſe
faſt allezeit einluden; dann es iſt dorte
niemals kein Zanck oder Krieg zw
ſchen ihnen beyden. Nachdem nun vo
gemeldeter Alte alle dieſe Länder beſe
hen hatte / kam er wieder zurücke und e
zehlete ſolches alles ſeinen Landsleute
Wir fragten hierauf den Wilden / o
er dieſes glaube ; er antwortete / Nein
allein ihre Alten erzehlten dieſes alſo
es konnte aber wol ſeyn daß ſie lüger
Sie geſtehen eine gewiſſe Art Geiſte
zu / in allen Dingen: ſie glauben alle
daß ein HErr des Lebens ſey: habe
aber von ſelben ſo wunderliche Einbi
dung / daß etliche unter ihnen eine
Raben / den ſie ſtets mit ſich tragen
de

den Herrn ihres Lebens nennen; andere haben eine Eule/ andere ein Bein/ andere eine Meer-Muschel/ andere etwas anders dergleichen. Wann sie eine Eule pfeiffen hören/so erschrecken sie daß sie zittern/ und halten es für ein böses Zeichen. Sie halten viel auf Träume/sie gehen in die Badstuben/ um dadurch heimlich Wetter zum Bieberfang/ und zu der Jagd zu erlangen. Sie geben die Knochen von den Biebern und Fisch-Ottern niemals ihren Hunden und als ich einesmals die Ursache dessen fragte/ sagten sie/ es wäre ein Geist im Walde/ der es den Biebern und Fisch-Ottern sagen würde/ und alsdenn würden sie keine mehr fangen können. Ich fragte sie/was ein solcher Geist für ein Ding wäre? sie antworteten/es wäre ein Weib/ die alles wisse/ und hätte alles Wild und Jägerey unter ihrer Gewalt. Es ist aber wol zu mercken/ was ich vorhin erinnert habe/ daß die meisten unter ihnen dieses nicht alles gläuben. Es sind ohngefehr zwey Jahr/ daß ein Weib

P 4　　　von

von denen Wilden mit auf die Jagt
gegangen / und daſelbſt vergiftet worden / daß ſie geſtorben: als ſie nun die
Jäger todt zurücke in ihre Hütte
brachten / gieng ich auch hin / ſie zu ſehen ; da ich hörete / daß ſie von der Verſtorbenen unter einander redende / ſagten / ſie hätten auf dem Schnee die
Spur von einer Schlangen geſehen /
welche der Verſtorbenen aus dem
Munde wäre heraus kommen ; und
dieſes erzehleten ſie in allem Ernſt: als
ſolches ein altes aberglaubiſches Weib
hörete / ſagte ſie: Otkon; das iſt der
Geiſt geweſen / der ſie / als er da ſürbey
gegangen iſt / getödtet hat.   Ich habe
einen jungen Menſchen / von ſiebenze-
hen oder achtzehen Jahren bey ihnen
geſehen / der die thörichte Einbildung
hatte / er ſey ein Weibesbild / und
glaubte ſolches ſo feſtiglich / daß er ſich
wie ein Weibesbild kleidete / und alles
thät / was bey ihnen die Weiber zu
thun pflegen. Der Hauptmann in unſerm Flecken ſagte einesmals zu mir:
Der Onontio (das iſt der Franzöſiſche
General.

General-Gouverneur/ der Graf von Frontenac/) wird heute hieher kommen/ wenn die Sonne an dieſem Ort/ den er wieſe/ ſeyn wird : und es geſchah auch/ daß er zu eben derſelbigen Zeit ankam ; Dieſer Alte hatte gleichwol vorher keine Nachricht von ihm gehabt/ ſo daß ich nicht weiß/ was ich von dieſer ſeiner Wahrſagung halten ſoll.

XX.

Von denen Hinderniſſen/ um derer willen die Wilden ſo übel zu bekehren ſind.

ES gibt ſehr viel Hinderniſſe/ welche der Bekehrung der Wilden zum Chriſtenthum im Wege ſtehen/ welche theils von den Wilden/ theils von denen Holländern und Engelländern/ theils auch von denen Miſſionarien ſelbſt herkommen. Von Seiten der Wilden iſt die erſte Hindernis dieſe/ daß ihnen alles gleich gilt/ und ſich in

Glau-

Glaubens-Sachen keines Eiffers annehmen. Wann man ihnen die Historien von der Erschaffunng / und von
den Geheimnissen unserer Religion erzehlet; sagen sie / es sey wahr / wir hätten recht; und erzehlen uns darauf hinwiederum ihre Fabeln : wann wir denn
ihnen widersprechen / und sagen / es sey
nicht wahr was sie erzehleten / antworten sie; sie hätten alles lassen gut seyn/
was wir ihnen gesagt hatten / und wir
fielen ihnen in die Rede / und hiessen sie
lügen! es sey solches gar nicht vernünff-
tig gehandelt : ob gleich vielleicht / sagen
sie / solches in deinem Lande recht gehandelt ist / so ist es doch bey uns / die
wir von einer gantz andern Nation
seyn / nicht wol gethan.

Die andere Hindernis ist ihr Aber-
glaube : Die dritte ist / daß sie allzu un-
ruhig sind und niemals stille sitzen. Die
Hindernis am Glauben / so von denen
Holländern und Engelländern herkommt / ist / daß sie alle unsere Lehren
über einen Hauffen werffen; und daß
sie gewöhnlich / von allem / was sie den
Wilden

Wilden vorsagen / in ihrer Gegenwart das Widerspiel thun; indem sie kein Bedencken tragen / alle Augenblick sie zu belügen / wann sie nur meynen / daß solches ihnen einigen Gewinnst bringen könne / sie bemühen sich boßhaffter Weise / uns bey diesen Völckern verhaßt zu machen / damit sie der Warheit / so wir ihnen predigen / nicht Glauben geben sollen.

Die Hindernisse an der Bekehrung der Wilden zum Christenthum / so von denen Missionarien selbst herkommen / sind erstlich / daß der Wilden Sprache sehr schwer zu lernen ist: Zum andern / daß sie unter einander selbst nicht einerley Meinung seyn / wegen der Ordnung und Manier sie zu unterweisen / und den Catechismum ihnen beyzubringen: Zum dritten / wird die Kauffmannschafft den glücklichen Fortgang der Bekehrung nicht wenig verhindern / wofern sich die Missionarien / wider die Kirchen-Satzungen / mit in selbe einzumischen

P 6　　　schen

ſchen nicht ablaſſen ſollten / als da=
durch ſie ſich bey denen Wilden nur
verdächtig machen werden.

XXI.

Von der Wilden Unpar=
theilichkeit.

DJe Wilden ſind zu allen Dingen
ſo indifferent / daß ihnen alles
gleich viel gilt: ſo daß ihres gleichen in
dieſem Stück unter der Sonnen nicht
zu finden iſt. Sie ſind überaus gut=
willig / alles das anzuhören / was
man ihnen mit Ernſt erzehlet; und
alles zu thun / was man ſie heiſſet.
Sprechen wir zu ihnen: Bete mit mir
mein Bruder / ſo beten ſie; und ſpre=
chen die Gebete / ſo wir ſie lehren /
alles von Wort zu Worte nach; heiſ=
ſen wir ſie niederknien / die Mütze ab=
ziehen / oder ſtille ſchweigen / ſo thun
ſie es: Sagen wir / ſie ſollen nicht
Taback ſchmauchen / ſo laſſen ſie es
bleiben:

bleiben: Heisset man sie zuhören/ so
hören sie sittiglich zu: gibt man ihnen
Bilder/ Crucifix/ oder Rosen-Kräntze/ so tragen sie es zum Zierrath/
als ob es Kleinode oder Porcellan-
Corallen wären. Wenn ich zu ihnen
sagte/ Morgen ist Bet-Tag: so
antworteten sie/ Niasva; es ist gut:
sagte ich: trinck dich nicht mehr voll:
so antworteten sie; es ist gut ich wills
bleiben lassen. Nichts desto weniger/
so bald als sie nur/ entweder von den
Franzosen/ oder Holländern/ die ihnen um Peltz-Werck gerne geben/
zu trincken bekommen können/ sauffen
sie sich alsbald wieder voll. Wann
ich sie fragte/ ob sie glaubeten/ antworteten sie/ Ja. Alle wilde Weiber/ so viel ihrer von einigen Missionarien öffentlich für der Gemeine getauffet worden; verlassen und verändern öffters ihre Männer/ weil sie den
Kirchen-Satzungen sich nicht unterwerffen/ und sonsten die Freyheit haben/ nach ihrem Gefallen zu wechseln.
Man wird nothwendig zuvor müssen

P 7　　　eine

eine wol-beſtellete Regierung ben dieſen Völckern anrichten ehe man ſie dazu bringen wird / daß ſie den Chriſtlichen Glauben annehmen werden: Dann ſo lange die Chriſten nicht die völlige Gewalt über ſie haben werden/ wird ohne ſonderbahre Gnade GOTTES/ und ohne ein beſonderes Wunderwerck / welches Er nicht allen Völckern wiederfahren läſſet / das Chriſtenthum unter ihnen ſchlechten Fortgang haben. Dieſes iſt meine gäntzliche Meinung/ zu welcher mich der Patrum Recollectorum in America/ und meine eigne Erfahrung gebracht hat/ womit ich doch niemand / wer der auch ſey/ zu nahe zu tretten; ſondern nur die Warheit/ ſo ich zu melden ſchuldig bin/ zu ſchreiben begehre. Unſere Nachkommen/ werden künfftig den glücklichen Fortgang unſerer Entdeckung zu vernehmen haben: Denn man berichtet mich dieſes 1682ſte Jahr aus America/ daß der Herz de la Salle mit unſern Recollecten / bis in den Ausfluß des Fluſſes Colbert/ und bis ins Meer

ſelbſt

selbst gereiset sey: und daß sie die Alani-
sen / Taensen / Keroasen und Namät-
sen / angetroffen haben / welche Völcker
höfflich sind / und wol mit sich umgehen
lassen / sie haben Gesetze / und einen König / der unumschräncket über sie herr-
schet / dessen Beamptete gerecht / freygebig und sanfftmüthig sind. Sie haben ihre Wohnungen am Uffer des
Flusses Colbert / welcher über die 800.
Meilen lang sich strecket / davon wir
500. Meilen besichtiget haben / als wir
denselben aufwarts gereiset sind / die
andern 300. hat der Herr de la Salle
abwarts gereiset. Die letzt-genenneten
Völcker wohnen in einem sehr frucht-
barn Lande / in welchem ein Uberfluß ist
von allerhand Früchten / und da es so
warm ist / als wie in Italien: Das
Korn wird in 50. Tagen zeitig; und
die Erde bringet des Jahrs zweymal
Frucht: sie haben daselbst Palm-Bäu-
me / Zucker-Rohr Lorbeer-Bäume /
und gantze Wälder von Maul-Beer-
Bäumen angetroffen; eine grosse
Menge von Feder-Wildbret und wilden

den Thieren/ und allerley andere dergleichen Sachen/wovon wir ins künfftige ausführliche Nachricht zu geben
willens ſind.

Mein eiferiger Wunſch iſt / daß
GOTT zu dieſer unſerer Entdeckung der Landſchafft Loviſiana ferner
ſeinen Seegen geben wolle/ damit der
König alle mögliche Vortheil
davon empfangen
möge.

Beschreibung
Einer sonderbaren

Etlicher
bisher noch unbekannter
Länder und Völcker
im Mitternächtigen
America.

Welche im Jahr 1673.
Durch
P. Marquette S. J. und Herrn Jolliet
verrichtet worden.

Aus dem Französischen ins Teutsche
übersetzet.

Endeckung
Etlicher Länder und
Nationen/
im
Mitternächtigen America.

Eh und Herr Joliet / welcher
dieſen Anſchlag auszuführen erwehlet worden / giengen den
13. May 1673. mit noch fünff andern
Franzoſen zu Schiff in zweyen aus
Baum-Rinden gemachten Kähnen/
und hatten etwas Indianiſchen Wai-
hen und etliche Stücke geröſtet Fleiſch
zum Proviant mit uns. Man hatte zuvor her mit allem Fleiß von den Wil-
den/ſo viel immer möglich geweſen/die
Beſchaffenheit dieſer Lande erkundi-
get: ja man hatte nach Anleitung der
von

von ihnen erhaltenen Nachricht / eine
Charte aufgeriffen / die Flüffe darein
verzeichnet / die Namen der Völcker /
durch welche wir reifen folten / ange=
gemercket / und den Strich / welchen
wir auf unferer Reife halten folten / in
derselben angedeutet.

Die erste Nation/die wir antraffen/
war die/ so man vom tauben Haber be=
nennet: Ich schiffte in ihren Fluß / weil
ich diese Völcker / welchen wir von vie=
len Jahren her das Evangelium ge=
predigt haben/besuchen wolte; ich fand
auch viel gute Christen unter ihnen.
Der taube Haber/von welchem fie deß=
wegen den Namen tragen / weil er in
ihrem Lande gefunden wird / ist eine
Art eines Krautes / welches von fich
felbst in den kleinen Flüßlein / derer
Grund lettich ist / und in moraftigen
Orten wächfet: Er fiehet dem Haber/
fo unter unferm Geträidig wächst/ zim=
lich ähnlich; die Aehren ftehen auf den
Halmen an Knoten in gleicher Weite;
fie sproffen um den Brachmonat aus
dem

em Wasser hersür / und wachsen von
Tag zu Tag / bis sie ohngesehr zwey
Schuh hoch über das Wasser hersür
ragen; Das Körnlein ist nichts dicker
als unser Haber / ist aber noch einmal so
lang / dannenhero gibt es auch um so
viel mehrer Meel. Die Wilden sammlen und bereiten diesen ihren Haber
zur Speise auf folgende Weise. Im
Monat September / in welchem diese
Ernde geschiehet / fahren sie auf Kähnen mitten durch die Felder / wo dieser
Haber wachset / und schütteln im
Durchfahren die Aehren in die Kähne
aus / da denn das Korn / wann es zeitig ist / alsbald ausfället / dessen sie
so viel sammlen als sie vonnöthen haben: Selbes aber von der Spreu zu
reinigen / und von einem Häutlein /
darinnen es gleichsam verschlossen ist /
zu scheiden / lassen sie es im Rauche /
auf einem hölzernen Gegitter / unter welchem ein kleines Feuerlein
gehalten wird / etliche Tage lang
trocknen / und wann es dörre
genug

genug worden / ſchütten ſie es in ein
Fell / ſo die Geſtalt einer Taſchenhat/
und legen es in ein in der Erden mit
Fleiß dazu gemachtes Loch / oder Grube / tretten es hernach ſo lange mit den
Füſſen / bis das Korn von der Spreue
abgelöſet iſt / welche ſie hernach durch
ſchwingen leichtlich davon ſcheiden; hernach ſtoſſen ſie es entweder zu Meel
oder kochen es auch unzerſtoſſen in
Waſſer / und machen es mit Fett; und
auf ſolche Art hat dieſer dumme Haber
faſt ſo guten Geſchmack als der Reiß/
wann er eben auf dieſe Weiſe zugerichtet wird.

Ich offenbahrte dieſen Leuten mein
Vorhaben/ daß ich nemlich die entlege-
nen Nationen aufſuchen/ und ſie in den
Geheimniſſen unſerer Heiligen Religion unterweiſen wolte. Sie erſchra-
cken hierüber hefftig / und bemüheten
ſich/ aufs beſte als ſie konnten mich von
dieſem Vorſatz abwendig zu machen:
Sie ſtelleten mir vor/ daß ich unter ſolche Völcker gerathen würde/ die keines
Fremden verſchoneten / ſondern ihnen
ohne

hne alle Ursach die Hälse brechen: So
ürde auch der Krieg / den einige Na-
onen/ durch welche wir reisen müsten/
it einander führeten / uns in Gefahr
etzen / daß wir von denen stets zu Felde
genden Soldaten möchten gefangen
erden: Uber dißes / so sey der grosse
fluß höchst gefährlich / wenn man des-
elben nicht wol kundig sey: er sey voller
rschröcklicher Wunder-Thiere/welche
ie Menschen und Schiffe mit einan-
er verschlingen: Ja es halte sich gar
in Gespenste in selbem auf / welches
nan von weitem hören könne; daßelbe
perre den Durchgang und ersäuffe alle
ie jenigen / welche sich ihme zu nahen
nterstünden. Endlich wäre an denen
Orten / wo wir hinreisen wolten / so
grausame Hitze / daß sie uns ohnfehl-
bar den Todt verursachen würde.

Ich danckte ihnen / vor ertheilte
Nachricht und treuhertzige War-
nung/sagte aber dabey/daß ich dißfalls
hnen nicht folgen könnte / weil es um
die Seeligkeit vieler Seelen zu thun
wäre / um derer willen ich begierig sey
mein

mein Leben zu laſſen: Des vermeinten
Geſpenſtes ſpottete ich nur / und derer
Wunderthiere wolten wir uns wol er-
wehren/im übrigen/ würden wir fleiſſig
auf unſerer Hut ſeyn. damit wir denen
andern Gefahren / ſo ſie uns dräueten
entgehen möchten. Und nachdem ich
ſie hierauf vermahnet hatte für uns zu
beten / auch ihnen unterſchiedene Lehren gegeben / und Abſchied von ihnen
genommen ſaßten wir uns wieder in
unſere Kähne / und fuhren bis an den
Ort/ wo die Vätter unſers Ordens
fruchtbarlich in Bekehrung dieſer
Völcker bemühet ſind.

Dieſer See-Buſen hat einen Namen / welcher in derer Wilden Sprache bey weitem nicht ſo böſe iſt als in
der Franzöſiſchen: Denn bey ihnen
heiſt er viel mehr der geſaltzne See-
Buſem / als der ſtinckende/ wiewol bey
ihnen dieſes ſchier einerley iſt. Mit eben
dieſem Namen nennen ſie auch das
Meer; weßwegen wir aufs genaueſte
nachforſcheten / ob es vielleicht dieſer
Orten einige Quelle von geſaltzenem
Waſſer

Wasser habe/dergleichen bey den Iroquosen gefunden werden; wir haben
aber keine finden können / dannenhero
wir auf die Gedancken kommen sind/
daß dieser Busem vielleicht diesen Namen von dem häuffigen Schlam und
Morast/ so daselbst gefunden wird/ bekommen habe / als aus welchem unab-
läßlich böse Dünste aufsteigen / welche
so heftige und fast immerwährende
Donnerwetter verursachen / dergleichen ich sonst meine Lebtage kaum au-
derswo gehöret habe.

Dieser Busen ist ohngefehr dreissig
Französische Meilen lang / und achte
breit am Anfang / von dar wird er immer schmähler bis ans Ende / allwo
man Ebbe und Fluth deutlich spühret/
welche bey nahe so regular / als wie im
Meer ist. Es leidets hier die Gelegenheit nicht zu untersuchen/ ob es war-
haffte Ebbe und Fluth ist / ob selbe von
den Winden entstehe: ob nemlich
Winde sind/ welche entweder vor dem
Monden hergehen / oder demselben
nachfolgen/und den See bewegen/daß

Q   er

er eine ſolche Bewegung wie Ebbe u
Fluth im groſſen Meer iſt / bekomm
ſo offt der Monde über den Horizon
auffſteiget. Dieſes kan ich gleichwol vo
gewiß ſagen / daß / wenn das Waſſe
gantz ſtille iſt / man ſelbiges beſcheiden
lich ſihet ſteigen und fallen / nach de
Mondens Lauff; wiewol ich nicht läu
gnen will / daß es wol möglich ſey / da
dieſe Bewegung daher kommen / wei
die Winde / ſo mitten über dem Se
ſtreichen / das Waſſer alſo drücken
daß es am Uſer ſteigen und fallen müſſ
auf ſolche Weiſe / wie wir es ſehen.

Wir verlieſſen dieſen See-Buſem.
und fuhren in den Fluß ſo ſich darein
ergeuſt: Dieſer iſt im Eingang ſch)
ſchön und flieſſet gantz ſanfft. Er iſt vol
ler Trappen/ Antvögel/ Krick-Enden
und andern Gevögels/ ſo durch den dau
ben Haber herzu gezähmet werden/ wo
von ſie ſehr delicat werden.

Nachdem wir in dieſem Fluß ei
wenig aufwarts gefahren / beſunde
wir / daß es ſehr ſchwer darauf zu ſchif
fen war / eines Theils wegen des ſtar
cke

...en Stroms / andern Theils wegen
...er Felsen / welche die Kähne zerspal-
...en / und die Füsse derer / so dieselbe zie-
...en / verwunden / sonderlich wenn das
Wasser klein ist.   Wir kamen überall
glücklich durch solche Wasser-Schüsse:
und als wir zu den Maskuten/oder der
Feuer-Nation kamen / war ich so cu-
rieus / und tranck des mineralischen
Wassers / aus dem nicht weit von diesem Flecken vorbey fliessenden Bache:
Ich nahm mir auch so viel Zeit/ daß ich
das jenige Gewächse kennen lernete/
welches ein Wilder / so dieses Secre-
tum hat / dem P. Alloues entdecket:
Die Wurtzel dieses Gewächses dienet
wider den Biß der Schlangen / und
zwar hat GOtt sonderlich dieses Mittel allhier gegeben / weil dieses Gifft
hier zu Lande sehr gemein ist.   Diese
Wurtzel ist sehr hitzig / und schmecket
wie Staub / wenn man sie käuet: Sie
wird gekäuet auf den Biß der Schlangen geleget ; welche eine solche Abscheu
davor hat/ daß sie auch für dem jenigen
fliehet / welcher nur damit ist gerieben

Q 2   worden:

worden: ſie treibet viel Stengel eines
Schuchs hoch/ welche etwas länglichte
Blätter haben/ und weiſſe Blumen
tragen/ ſo den Nelcken ähnlich ſeynd.
Ich nahm etliche ſolche Gewächſe mit
in meinen Kahn/ daß ich es deſto ge-
nauer examiniren konte.

Bis hieher erſtrecken ſich die Entdeckungen derer Franzoſen/ als welche
bis auf dieſe Zeit nicht weiter kommen
ſind. Es beſtehet dieſer Flecken aus
dreyerley Nationen/ ſo ſich zuſammen
gegeben haben/ nemlich aus Miamiſen Maskuten und Kakabouſen: Die
Erſten ſind die Höflichſten/ die Frey-
gebigſten und die Anſehnlichſten: Sie
tragen lange Knebel-Bärte/ ſo bis unter die Ohren gehen/und ihnen ein Anſehen machen: Sie werden für gute
Soldaten gehalten/ und ſind ſelten in
ihrem Parthergehen unglücklich; ſie
ſind gelernig/ und mercken auf alles
was man ihnen vorſagt/ fleiſſig; ja ſie
ſind ſo begierig geweſen den P. Allove
als er ſie unterrichtete/zu hören/ daß ſie
ihm auch des Nachts wenig Ruhe gelaſſen

ssen. Die Mascuten und Kakabeu-
er / sind viel gröber / und sind gegen je-
en wie Bauren. Weil in diesem Lan-
e die Baumrinde sehr seltzam ist / be-
ienen sie sich zu Erbauung ihrer Hüt-
en der Binzen / welche ihnen Mauer
nd Dach geben müssen. Diese von
Binzen gemachte Hütten sind sehr be-
uem / indem sie sie / wenn sie auf die
Jagt ziehen / in Packette zusammen le-
en / und mit sich tragen / wohin sie wol-
en.

Als ich sie besuchte / erfreuete mich
hertzlich / daß ich ein schönes Creutze
mitten in dem Flecken aufgerichtet sahe / welches mit einer Menge weissen
Fellen / rothen Gürtel-Binden / Bogen
und Pfeilen gezieret war / welches alles
diese gute Leute dem grossen Makitou
geopffert hatten: Diesen Namen geben sie GOtt / wann sie ihme dancken /
daß er ihnen den Winter über gnädig
gewesen / und eine reiche Jagt gegeben.
Ich ergetzte mich in Beschauung der
Lage dieses Fleckens / als welcher wol
und lustig auf einem Hügel liget / wo-

Q 3 von

von man um und um / ſo weit man ſe=
hen kan/ſchöne Felder entdecket/welche
hin und wieder mit Büſchen und ho=
hen Wäldern durchſchnitten ſind: Der
Boden daſelbſt iſt fruchtbar/ und brin=
get das Indianiſche Korn reichlich ; die
Wilden ſammlen auch viel Pflaumen
und Weintrauben ein.

So bald wir bey ihnen angelanget
waren/lieſſen Monſieur Joliet und ich
die Aelteſten zuſammen kommen: Ich
ſagte ihnen / daß dieſer von unſerm
Gouverneur geſandt wäre / neue Län=
der zu entdecken / und ich wäre von
GOtt abgeſchickt / denen in ſelben Län=
dern wohnhafften Völckern/das Liecht
des heiligen Evangelii aufzuſtecken:
Es wolle der höchſte Herꝛſcher unſers
Lebens von allen Nationen erkannt
werden / und um ſeinen Willen zu er=
füllen/ ſcheuete ich mich nicht / auf ſo ge=
fährlichen Reiſen / mich in die Gefahr
des Todes zu ſetzen: Und weil wir zu
dieſer unſerer Reiſe zweyer Wegweiſer
von nöthen hatten / reicheten wir ihnen
ein Geſchenck / und baten / uns dieſelbe
mit

it zu geben; ſie verwilligten uns ſelbē
it aller Höflichkeit / und ſchenckten
ns hinwiderum eine Matten / ſelbige
uf der Reiſe/ an ſtatt eines Bettes/zu
ebrauchen.

Folgenden Morgen / war der 10.
Junii/ mengen zween Miamiſen/ ſo ſie
ns zu Geleits-Leuten mit gaben / mit
ns zu Schiff / in Angeſichts einer
groſſen Welt Volcks / welches ſich
nicht genugſam verwundern konnte/
daß ſich ſieben Frantzoſen in zweyen
Kähnen unterſtehen dörffen / ſich ſo eines ungewöhnlichen und abentheuerli-
chen Wercks zu unterfangen.

Wir wuſten zwar/daß drey Meilen
von den Maskuten ein Fluß ſey / welcher ſich in den groſſen Fluß Miſſiſſiph/
ergeuſt: ſo wuſten wir auch / daß wir
Weſt gen Weſten ſeegeln müſten: weil
aber der Weg von Moräſten und Lachen alſo zertheilet iſt / daß man ſich
leichtlich verwirren kan/zumal weil der
Fluß dahinwarts ſo ſehr mit dem dum-
men Haber angefüllet iſt / daß man
ſchwerlich den Strohm dafür erkennen

Q 4　　　kan;

kan; so hatten wir unserer zweyer Ge-
leits-Leute sehr von nöthen: sie führten
uns auch glücklich bis an eine Uberfahrt / von 2700. Schritten / und half-
sen uns unsere Kähne hinüber in den
andern Fluß tragen; und als solches
geschehen, kehreten sie wieder um / und
liessen uns in diesem unbekannten Lande allein in den Händen der Göttlichen
Vorsorge.

Wir verliessen also das jenige Ge-
wässer/ so bis nach Quebec gehet/ fünff
bis sechshundert Französische Meilen
von selbiger Festung / und setzten uns
auf das/ welches uns je länger je tieffer
in die Fremde Länder bringen solte. Ehe
wir aber zu Schiffe traten / fingen wir
ingesamt eine neue Andacht an die un-
befleckte heilige Jungfrau an / und wi-
derholten selbe alle Tage; nemlich wir
richteten besondere Gebete an dieselbe/
daß sie so wol unsere Personen als auch
den glücklichen Fortgang unserer Reise in ihren Schutz nehmen wolte: und
nachdem wir einander einen Muth zu-
gesprochen hatten/tratten wir in unsere
Kähne. Der

Der Fluß/ auf welchem wir uns ein-
schiffeten/ heist Mescousin; er ist sehr
breit/ und hat einen sandigen Grund/
dahero viel Sand-Bäncke entstehen/
welche die Schiffart sehr beschwerlich
machen; sonst ist er voller mit Wein-
stöcken bewachsener Insuln. An den
Ufern zeiget sich ein fruchtbares Erd-
reich/ mit Büschen/ Wiesen und Hü-
geln. Man sihet alldar Nuß-Bäume/
Eichen/ weiß Holtz/ und eine andere
Art Bäume/ derer Aeste mit langen
Dornen gewaffnet sind. Von Gevögel
und Fischen haben wir nichts gesehen/
wol aber grosse Heerden Ziegen und
Rinder. Als wir dreissig Frantzösische
Meilen geschiffet waren / entdeckten
wir einen Ort / so durchaus einem Ei-
sen-Bergwerck ähnlich schiene: und einer aus unserer Gesellschafft / welcher
vormals Eisen-Bergwercke gesehen
hatte/ versicherte uns / daß dieses/ was
wir allhie gefunden / sehr gut und reich
wäre; es ist dreyet Schuh tieff mit guter Erden bedeckt/ nahe an einer Reihe
Felsen / derer Fuß mit lustigem Gebü-

Q 5   sche

ſche bewachſen iſt.   Endlich / nachdem
wir vierzig Franzöſiſche Meilen immer
nach dieſem Striche geſchiffet hatten/
kamen wir zum Ausfluß dieſes unſers
Fluſſes / wo wir uns unter dem 42 ein
halben Grad der Polus-Höhe befunden: fuhren alſo glücklich am 17. Junii
in den Fluß Miſſiſſipy / mit ſo groſſer
Freude / daß ich ſie nicht beſchreiben
kan.

Als wir nun auf dem ſo berühmten
Fluſſe ankommen waren/habe ich nicht
unterlaſſen / alles/ was an ihm denck-
würdig iſt / mit Fleiß anzumercken.
Der Fluß Miſſiſſipy nimmt ſeinen Urſprung aus unterſchiedenen Seen in
denen Nordlichen Ländern ;   Er iſt
ſchmal an dem Ort/ wo ſich der Mis-
kouſin in ihn ergeuſt / weil deſſen
Strom/ſo von Süden herkommt / gar
ſanfftmüthig iſt; zur rechten Hand ſihet man eine lange Reihe ſehr hoher
Berge/ und zur Lincken ſchöne Lände-
rey/ welche an unterſchiedenen Orten
in Inſulen zertheilet iſt.   Wir ſunden
mit dem Loth 19. Ellen tieff Waſſer/

Die

die Breite ist fast überall gleich / und ist
zisweilen drey viertel Französische
Meilen. Wir folgeten gemächlich seinem Lauff / welcher sich Sud und Sud-
Ost erstrecket / bis unter den 42. der
Polus Höhe. Hier funden wir seine
Gestalt gantz und gar verändert; dann
es war fast nichts mehr von Gebüsch
oder Bergen zu spühren. Die Insulen
sind mit den schönsten Bäumen bewachsen; wir sahen auch nichts als Ziegen / Kühe / Trappen und Schwahnen
ohne Flügel / weil sie ihre Federn hier zu
Lande gehen lassen. Es stiessen uns auch
dann und wann ungeheure Fische auf /
deren einer so gewaltig wider unsern
Kahn anstieß / daß ich nicht anders
meinete / als daß es ein grosser Baum
wäre / an welchem unser Kahn zu Scheitern gehen würde; Dieses Ungeheuer
hatte einen Kopff gleich einem Tyger /
mit einer spitzigen Nasen / als einer wilden Katzen; es hatte einen Barth / auf-
gerichtete grade Ohren ; der Kopff
war grau / der Halß schwartz: wir haben dergleichen sonst keines mehr gese-

Q 6   hen.

hen. Wann wir unſere Netze auswarf-
fen/ ſo fiengen wir Störe/ und eine andere gantz fremde Gattung von Fi-
ſchen/ welche ſonſt den Forellen gleich
ſahe/ auſſer daß der Schlund/ Augen
und Naſen viel kleiner waren/ und daß
ſie bey der Naſen eine Grätte in Geſtalt eines Blanck-Scheits/ welches
die Weiber brauchen (buſque de fem-
me) hatten/ drey zwerch Finger breit/
und einer halben Ellen lang/ an deſſen
Ende eine runte Scheibe iſt/ als eine
Hand breit: Dieſe Grätte macht öff-
ters/ daß wann der Fiſch aus dem
Waſſer ſpringet/ er über Rücks wieder darein fallen muß. Als wir bis unter den 41. Grad und 28. Minuten den
vorigen Strich nach kommen waren/
funden wir anſtatt des andern Gevö-
gels/ ſo Indianiſche Hüner; und Piſi-
kouſen/ oder wilde Ochſen anſtatt der
vierfüſſigen Thiere.

Wir nennen die Piſikouſen wilde
Ochſen deßwegen/ weil ſie unſern zah-
men Ochſen ſehr ähnlich ſeynd: ſie ſind
zwar nichts länger als dieſe/ aber mehr
als

als noch einmal so dick / und mehr bey
Leibe: als unsere Leute einsten einen getödtet hatten / konten selben dreyzehen
Personen kaum fortschleppen : Sie
haben einen sehr grossen Kopff / eine
breite und flache Stirne / anderthalb
Schuch weit zwischen den Hörnern /
welche / ausser daß sie schwartz und viel
grösser sind / sonst unserer Ochsen Hörnern durchaus gleich sind : Sie haben
unter dem Halse etwas / gleich einem
grossen Kropffe / herunter hangen / und
auf dem Rucken einen zimlich hohen
Buckel : Der gantze Kopff / Hals / und
ein Theil der Schuldern / sind mit langen Haaren / wie denen Pferden / bedecket / sie haben einen Schopff eines
Schuchs lang / welcher sie grausam an-
zusehen macht / und wenn er ihnen über
die Augen fällt / sie hindert / daß sie nicht
für sich sehen können : sonst haben sie
über den gantzen Leib ein grobes kräuß-
lecht Haar / bey nahe wie unsere Ham-
mel / ausser daß es viel stärcker und dicker ist / welches sie im Sommer gehen
lassen / und alsdenn ist die Haut so linde

Q7   anzu-

anzugreiffen als ein Sammet: dannenhero brauchen ſelbiges die Wilden
alsdenn zu ihrer Kleidung / und mahlen ſelbe mit allerhand Farben. Das
Fleiſch und Fett von dieſen Thieren iſt
ſehr delicat / und gibt das beſte Tracta-
ment auf denen Freuden-Feſten derer
Wilden: im übrigen ſind ſie ſehr ſchäd-
lich / und gehet kein Jahr vorbey / daß ſie
nicht einige Wilden umbringen / wann
ſie von ihnen angegriffen werden: ſie
faſſen / wenn ſie können / den Menſchen
mit den Hörnern / werffen ihn in die
Lufft / und wann er wieder zur Erden
gefallen / tretten ſie ihn mit den Füſſen
zu tode.   Wenn man von weitem mit
Pfeilen oder Büchſen nach ihnen
ſcheuſt / ſo muß man alsbald wann man
geſchoſſen / zur Erden nieder fallen / und
ſich im Graſe verſtecken; dann wann ſie
den / welcher geſchoſſen hat / erblicken /
lauffen ſie auf ihn zu / und greiffen ihn
an: Sie gehen / weil ſie dicke und faſt
kurtze Schenckel haben / ſonſt nicht ſonderlich geſchwind / auſſer wenn ſie er-
zörnet ſind; ſie ſind Hauffen-weiſe auf
den

den Wiesen zerstreuet / und ich habe
selbst eine Heerde von 400. Stücken
gesehen.

Wir kamen also je länger je weiter;
weil wir aber nicht wusten; wo wir hin
kamen / und da wir bereits mehr denn
hundert Französische Meilen hinter
uns geleget hatten / sonst doch nichts
anders als wilde Thiere und Vögel
entdecketen / so waren wir fleissig auf
unserer Hut / und nahmen uns wol in
acht : wir machten derowegen gegen
Abend nur ein kleines Feuer am Lande / um unsere Speisen bey selben zuzu-
bereiten / und wenn wir zu Abend gessen hatten / so stiessen wir vom Lande /
entferneten uns davon / so weit wir
konnten / und blieben über Nacht auf
unsern Kähnen / welche wir im Fluß
weit vom Rande mit Anckern feste
machten / und nichts desto weniger muste allezeit einer von uns Schildwacht
halten / damit wir nicht etwan unversehens überfallen möchten werden. Wir
schiffeten also Sud und Sud gen Westen / und kamen bis 41. und gar 40.

und

und etliche Minuten zum Theil gegen
Sud-Weſten / und funden nichts / ob
wir gleich mehr denn 60. Franzöſiſche
Meilen von dar an / wo wir in den
Fluß kommen waren / geſchiffet hatten.

Endlich wurden wir den 25. Junii
am Uffer Menſchen-Fußſtapffen gewahr / und funden einen ſchmahlen /
aber zimlich gebahneten Fußſteig / welcher uns in eine ſchöne Wieſen führete:
und weil wir leicht ſchlieſſen konnten /
daß dieſer Weg uns in ein Dorff der
Wilden führen würde / entſchloſſen
wir uns dahin zu gehen / und es zu erkundigen. Wir lieſſen alſo unſere Leute
bey den Kähnen / ſie zu hüten und zu be-
wahren / und warnigten ſie / daß ſie ſich
niemand ſolten unverſehens auf den
Halß kommen laſſen : Ich aber und
Monſieur Joliet wagten dieſe Avan-
tur / ob es gleich vor zwey Perſonen alleine / eine groſſe Verwegenheit zu ſeyn
ſchiene / ſich der Gnade und Diſcretion
eines barbariſchen und unbekannten
Volckes zu ergeben.   Wir giengen in
aller Stille dieſem Fußſteige nach / und
als

als wir ohngefehr zwey Französische
Meilen hinter uns geleget hatten/ ersahen wir ein Dorff am Uffer eines Fluß-
ses/ und noch zwey andere auf einem
Hügel / welche ohngefehr eine halbe
Meile vom vorigen entfernet waren.
So bald wir solches gewahr worden/
befahlen wir uns GOtt von gantzem
Hertzen/und bathen ihn um Hülffe und
Beystand; giengen also immer fort/
ohne daß unser jemand gewahr wor-
den/ kamen auch endlich so nahe/ daß
wir die Wilden konnten reden hören/
weil es uns aber nunmehro Zeit zu
seyn dauchte/ uns zu melden/ schrien
wir aus vollem Halse einen Gall/ und
blieben an dem Ort wo wir waren/stille
stehen. Als die Wilden unser Geschrey
höreten/ kamen sie eilends aus ihren
Hütten/ und weil sie uns sonder Zwei-
fel für Frantzosen hielten / zumal da sie
die schwartze Kleidung sahen / oder
doch/ weil sie nichts zu fürchten hatten/
indem unser nur zween waren/und wir
sie über dieses unserer Ankunfft halber
gewarnigt hatten; schickten sie vier alte
Männer/

Männer / derer zweene wol gebußte
und mit unterſchiedlichen Plumagien
gezierete Taback-Pfeiffen trugen / mit
uns zu reden ab: Sie giengen Schritt
vor Schritt / und recketen die Pfeiffen
in die Höhe gegen die Sonne/als ob ſie
ihr wolten zu ſchmauchen geben / redeten aber kein Wort dabey. Sie brachten eine zimlich lange Zeit über dem
kurtzen Wege von ihrem Dorffe bis zu
uns zu; und als ſie endlich bey uns ankommen waren / ſtunden ſie ſtille / und
betrachteten uns mit allem Fleiß: Als
ich dieſe ihre Ceremonien / welche ſie
nur gegen ihre Freunde gebrauchen/
ſahe / faſte ich ein gutes Hertz / und dieſes ſo viel mehr / weil ich ſie in Zeug gekleidet ſahe; indem ich daraus ſchloß/
daß ſie von unſern Bundsgenoſſen
ſeyn müſten. Dannenhero redete ich
ſie erſtlich an / und fragte ſie / wer ſie
wären? Sie antworteten / ſie wären
Illinoſen / und reicheten uns zum Zeichen des Friedens ihre Taback-Pfeif-
ſen zu ſchmauchen. Hierauf bathen ſie
uns / in ihr Dorff einzukehren / allwo
die

die gantze Gemeine unser mit Verlangen erwarte. Diese Taback-Pfeiffen
nennen sie dort zu Lande Calumetten/
welches Wort daselbst gemein ist/ daß
ich/ um verstanden zu werden/ mich
desselben nothwendig forthin werde gebrauchen müssen/ so offt von dieser Sache zu reden Gelegenheit fürfallen
wird.

An der Hütten Thür/ in welcher
wir solten empfangen werden/ stund
ein alter Mann in einer fast wunderli-
chen Positur/ welches bey ihnen gebräuchlich ist/ wann sie einen Fremden
empfangen ; Er stunde gerichts auf-
recht/ gantz nackend ; streckte seine
Hände in die Höhe gegen die Sonne/
als ob er sich vor ihren Strahlen bedecken wolte/ welche nichts desto weniger
ihme zwischen den Fingern durch/ in
das Angesicht schiene. Als wir nahe bey
ihn kamen/ empfieng er uns mit folgenden Worten : Wie schöne leuchtet die
Sonne/ ihr Franzosen/ wann ihr kom-
met/ uns zu besuchen ! Unser gantzer
Flecken wartet auf euch/ ihr möget mit
Frieden

Frieden in alle unſere Wohnungen
einkehren. Als er dieſes geſaget/führete
er uns in ſeine Hütten / wo eine groſſe
Menge Leute waren / ſo uns alle mit ſo
ſtarren Augen anſahen / als ob ſie uns
durchſehen wolten / dabey aber gantz
ſtille waren / auſſer daß man denn und
wenn mit niedriger Stimme ſagen
hörte / es iſt gut / ihr Brüder / daß ihr
uns beſuchet.

Nachdem wir uns nieder geſetzt/
wurde uns die bey ihnen gebräuchliche
Ehre angethan/ mit Präſentirung des
Calumets. Dieſen darff man keines
Weges ausſchlagen/ wo man nicht für
einen Feind oder zum wenigſten für
ſehr unhöflich will angeſehen ſeyn; ſie
ſind aber zu frieden/ wenn man ſich nur
ſtellet/ als ob man ſchmauche. Indem
nun die Aelteſten uns zu Ehren mit
uns Taback ſchmaucheten wurden wir
im Namen des Ober-Hauptmanns
aller Illinoſen erſuchet/ zu ihm in ſeinen
Flecken zu kommen / allwo er mit uns
rathſchlagen wolle. Wir giengen hierauf zu ihm hin mit genugſamer Geſellſchafft;

ſchafft; denn alle dieſe Leute / welche ihr
Lebenlang keinen Franzoſen bey ſich geſehen hatten/ waren ſo begierig/ uns zu
ſehen/ daß ſie ſich längſt dem Wege hin
ins Graß nieder legten / bald lieffen ſie
voraus / und kamen dann wieder zu-
rück/daß ſie uns anſehen konnten: und
diß alles geſchahe ohn einiges Getümmel / und mit groſſer Ehrerbietung gegen uns.

Als wir in gedachtem Flecken anka-
men/ fanden wir den Hauptmann zwiſchen zweyen alten Männern an der
Thüre ſeiner Hütten; ſie ſtunden alle
drey aufrechts/und nackend und kehrten den Calumet gegen die Sonne:
Er redete uns mit wenig Worten an/
und wünſchte uns Glück zu unſerer Ankunfft; reichte uns darauf den Calu-
met/ und ließ uns / indem wir in ſeine
Hütten eingiengen / Taback ſchmau-
chen/ erzeigete uns auch / als wir hinein
kommen waren / alle bey ihnen gebräuchliche Höfflichkeiten.

Als ich nun ſahe/ daß die gantze Ge-
meine/ in höchſter Stille allda ver-
ſammlet

ſammlet war / redete ich ſie an / und
überreichte ihnen zugleich vier Geſchencke : Bey Überreichung des erſten ſagte
ich / daß wir friedlich reiſeten / in Willens / die Völcker / ſo an dieſem Strome / bis an das Meer wohneten / zu beſuchen. Als ich das andere übergab /
ſagte ich / daß GOtt / welcher ſie erſchaf-
fen hat / ſich ihrer erbarmet habe / und
wolle ſich ihnen nun / nachdem er ihnen
ſo lange Zeit unbekannt geweſen / zu erkennen geben : Ich ſey zu dem Ende
von ihm an ſie abgeſendet / ihnen gebüh-
re nun / ihn zu erkennen / und ihm zu gehorchen. Bey dem dritten ſagte ich / daß
der groſſe Hauptmann der Franzoſen /
ihnen zu wiſſen füge / daß er der jenige
ſey / welcher aller Orten Friede ſchaffe /
und welcher die Iroquoſen bezwungen
habe. Endlich als ich das vierdte Geſchencke überlieferte / bath ich / daß ſie
uns Nachricht geben möchten / von allem dem / was ihnen vom Meer / und
von denen Völckern / durch welche wir
reiſen müſten / ehe wir an ſelbiges gelangeten / wiſſend wäre. Hierauf ſchickte

te Der Hauptmann ſeinen kleinen Sclaven zu uns / und beſchenckte uns mit einem gantz Geheimnis vollen Calumet/
welchen ſie viel höher ſchätzen / als einen
Sclaven. Er ließ uns durch dieſes Geſchencke bezeugen / wie hoch er unſern
Herrn Gouverneur / und was wir ihm
von demſelben erzehlet hätten / achten;
und endlich bath er / im Namen ihrer
gantzen Nation / daß wir nicht weiter
reiſen möchten / weil wir uns anders in
die höchſte Gefahr ſtürtzen würden. Ich
ſagte hierauf/daß ich mich für dem Tode nichts fürchtete / und daß ich es für
mein gröſſeſtes Glück ſchätzete / wann
ich mein Leben um der Ehre GOttes
willen verlieren ſolte. Allein dieſes elen-
de Volck konnte dieſes nicht begreiffen.

Nach vollendetem dieſem Rath-
ſchlag / wurde ein groſſes Panquet angeſtellet / auf welchem vier Gerichte ge-
ſpeiſet wurden/ von welchen wir durchaus auf ihre Weiſe ſpeiſen muſten.
Das erſte Gerichte / war eine groſſe
höltzerne Schüſſel voll Sagamite /
oder Meel von Indianiſchem Korn/
welches

welches mit Waſſer gekocht / und mit
Fettem gemachet wird: Der Ceremo-
nien-Meiſter nahm einen Löffel voll
deſſelben / und hielt mir ihn an den
Mund / daß ich davon eſſen muſte/ und
ſolches thät er drey oder vier mal; dergleichen wiederfuhr auch dem Herzn
Joliet. Hierauf wurde eine andere
Schüſſel aufgetragen / worinnen drey
Fiſche waren / davon nahm er etliche
Stücklein / und thät die Gräthen heraus; bließ auf dieſelbe/ um ſie abzuküh-
len / und ſteckte ſie uns hernach in den
Mund / wie man einen Vogel zu äzen
pfleget. Drittens wurde ein groſſer
Hund aufgetragen / welchen ſie erſt erſchlagen hatten / als ſie aber höreten/
daß wir nichts davon eſſen / nahmen ſie
ihn wieder von uns weg. Das vierdte
Gerüchte war ein Stück wildes Ochſen Fleiſch von welchem uns die fette-
ſten Bißlein in den Mund geſtecket
wurden.

Nach vollendeter Mahlzeit/ muſten
wir gehen den Flecken zu beſehen / in
welchem zum wenigſten 300. Hütten
ſind,

ind. Als wir durch die Gassen giengen/
vermahnete ein Herold ohne unterlaß
das Volck uns anzuschauen / ohne uns
Beschwerlichkeit zu machen : indessen
verehrte man uns aller Orten Gürtel/
Kniebänder und andere aus Bären-
oder wilden Ochsen-Haaren gemachte
Sachen : als welches die einzige Selt-
samkeiten sind/ so sie haben. Wir lagen
über Nacht in des Hauptmanns Hütten / und den Morgen darauf nahmen
wir Abschied von ihm / mit Verspre-
chen/ innerhalb vier Monden wieder
durch seinen Flecken zurück zu kehren.
Er begleitete uns bis zu unsern Kähnen / mit fast noch 600. Personen/ welche zusahen wie wir zu Schiffe tratten/
und mit allerhand fremden Bezeugun-
gen uns erwiesen / wie lieb ihnen unsere
Besuchung gewesen war.

Ehe dann wir aller der Illinosen
Land verlassen/ will ich zuvor erzehlen/
was ich von ihren Sitten und Gebräuchen habe erfahren können.

Das Wort Illinosen heist in ihrer
Sprache so viel als Menschen; gleich
R   als

als ob die andern Wilden gegen sie nur
für Bestien zu halten wären; und zwar
muß man gestehen / daß man an ihnen
mehr Leutseligkeit verspühre/ als an irgend einer andern Nation / so wir auf
unserer Reise angetroffen haben; doch
habe ich / wegen der kurtzen Zeit / so ich
mich bey ihnen aufgehalten / nicht alle
ihre Gebräuche und Art zu leben/ so genau / wie ich gerne gewollt/ erkundigen
können. Was ich aber angemerckt / ist
folgendes. Sie sind in unterschiedene
Flecken zertheilet / derer etliche zimlich
weit von denen wo wir waren / entfernet sind/ und Perouacca heissen: Dahero auch ihre Sprache in etwas un-
terschiedlich ist; doch weil sie mit der Al-
gonquinischen einige Verwandschafft
hat / konnten wir einer den andern wol
verstehen: sie sind von Natur sanfftmüthig / und lassen wol mit sich umgehen; sie haben viel Weiber / und sind
um selbe sehr eifersüchtig und hüten sie
fleissig ; schneiden ihnen auch Nasen
und Ohren ab / wo sie sich nicht wol in
acht nehmen; wie ich denn etliche solche

Weiber

Weiber geſehen habe/ welche dieſe Zeichen ihrer Untreue mit ſich herum trugen. Sie haben einen wolgeſtalten
Leib; ſind munter und wol geübt mit
Bogen zu ſchieſſen/ wiewol ſie auch
Büchſen brauchen/ ſo ſie denen jenigen
Wilden/ ſo unſere Bunds-Genoſſen
ſind/ und mit denen Franzoſen han-
deln/ abkauffen. Sie brauchen ſelbe
aber meiſtentheils nur darum/ damit
ſie durch den Knall und Rauch ihre
Feinde/ welche dergleichen Geſchoß nie
geſehen haben/ und fremde vorkommt/
weil ſie allzuferne gegen Abendwarts
wohnen/ erſchrecken mögen. Sie ſind
ſtreitbar/ und werden von denen gegen
Sud und Weſten entferneten Völckern ſehr gefürchtet/ als aus denen ſie
Sclaven machen/ welche ſie andern
Nationen theuer gegen andere Wahren verhandeln. Dieſe ſo weit entferneten Wilden/ mit welchen ſie Krieg
führen/ wiſſen gantz nichts von denen
Europåern/ kennen auch weder Eiſen
noch Kupffer/ und haben nur ſteinerne
Meſſer.

R 2 Wann

Wann die Illinoſen in Krieg gehen
ſollen / wird der gantze Flecken Abends
und Morgends vorher / ehe der Aufbruch geſchiehet / aufgefordert / durch
ein lautes Geſchrey / ſo vor einer jeder
Hütten Thüre gemacht wird: Die
Hauptleute werden von den gemeinen
Soldaten durch die rothe Binden / ſo
ſie tragen / unterſchieden / und dieſe
Binden ſind entweder aus Bären-
oder wilden Ochſen-Haaren / ſehr fleiſſig gemacht / derer man an denen
Marcktägen in allen Flecken ſehr viel
findet.   Sie leben von der Jagt / und
vom Indianiſchen Waitzen/wovon ſie
allezeit ſich einen guten Vorrath ſchaffen; dannenhero ſie auch niemals einige Theurung erlitten: ſie zeugen auch
Bohnen und Melonen / ſo ſehr gut
ſind / inſonderheit die jenigen / ſo rothe
Kerne haben; Ihre Kürbis ſind nicht
viel werth / ſie dörren ſie an der Sonnen ab / und eſſen ſie im Winter und
Frühling: Ihre Hütten ſind ſehr groß/
und ſind mit Tecken aus Binſen geflochten zugedeckt / wie auch inwend:g

ans

am Boden damit bedecket/ ihren gantzen Hausrath finden ſie, im Walde/
und die Hirnſchaale derer Ochſen/ gibt
ihnen die Löffel/ welche ſie ſo artig zuzu-
bereiten wiſſen/ daß ſie ihr Sagamite
ſehr bequem damit eſſen können.   Sie
ſind in ihren Kranckheiten ſehr freygebig und glauben/ daß die gegebene Artz-
ney nach Proportion der Verehrung/
welche ſie dagegen dem Artzte geben/
wircke.

Sie haben keine andere Kleidung
als von Fellwerck: Die Weiber ſind
ſehr erbar und wolanſtändig gekleidet;
da hingegen die Männer ſich nicht
ſcheuen/ faſt gantz nackend zu gehen. Es
pflegen ſo wol unter denen Illinoſen/
als Nadoveſiſen/ einige aus einem beſondern Aberglauben/ weil ſie noch
jung ſind/ ſich in Weiber-Tracht zu
kleiden/ und ſelbe hernach bis an ihr
Ende zu behalten: und/ daß ſolches was
beſonders auf ſich habe/ erhellet daher/
weil ſolche ſich niemals verheyrathen/
ſondern darinnen gleichſam eine Ehre
ſuchen/ daß ſie alles das/ was ſonſt den

R 3   Wei-

Weibern zukömmt/ thun; und wiewol
sie mit den andern Männern in Krieg
gehen / dürffen sie doch weder Pfeil
noch Bogen führen / als welche Waf=
sen allein den Männern zukommen/
sondern gebrauchen sich nur eines
Streitkolbens / sie wohnen allen Gau=
ckelspielen/ und allen öffentlichen Dän=
tzen / so dem Calumet zu Ehren gehal=
ten werden/ bey; da sie zwar singen/
aber nit selbst dantzen dörffen. Sie wer=
den mit zu denen Rathschlägen geruf=
sen/ und darff ohn ihr Vorwissen nichts
beschlossen werden : mit kurtzem / ihre
ungemeine Art zu leben macht/ daß sie
für Manitusen/ das ist/ für kluge Köpffe
und Leut von grosser Würde gehalten
werden.

Anlangend endlich den Calumet / so
ist bey ihnen nichts so heilig und nichts
so hochschätzbares als derselbe: es wird
denen Königlichen Sceptern solche
Ehre nimmer erwiesen/ wie sie dem Ca=
lumet erweisen: er ist gleichsam der
GOtt des Friedens und des Krieges;
des Lebens und des Todes; wenn man
diesen

diesen mit sich träget / so mag man sicher mitten durch die Feinde reisen / als
welche mitten im eifrigsten Treffen die
Waffen nieder legen / wann dieser vor-
gezeiget wird : und um dieser Ursach
willen schencketen mir die Illinosen einen / damit ich unter seiner Beschir-
mung sicher meinen Weg durch die jenige Nationen / durch welche ich reisen
muste / fortsetzen möchte.

Sie haben aber zum Frieden einen
besondern Calumet / und einen besondern zum Kriege: sie gebrauchen sich
auch desselben zu Schlichtung ihrer
Zwistigkeiten / zu Bestättigung ihrer
Bündnisse / wie auch wenn sie mit Aus-
ländern Unterredung halten.

Er ist gemacht aus einem röthen polirten Stein / gleich einem Marmor /
und also ausgehölet / daß man auf einer Seiten den Taback hinein stecken
kan / das andere Ende aber ist einge-
zäpfft / in einen zwey Fuß langen / und
wie ein gemeines Indianisches Rohr
dickes holen stecken : er ist mit unterschiedener bundfärbig gefiederter Vo-

R 4   gel

gel Köpffen und Hälſen geſchmücket/
und mit groſſen rothen/ grünen und
andern Farben Federpüſchen gepußet;
Sie ſchätzen ihn ſonderlich deswegen
ſo hoch/ weil ſie ihn für den Calumet
der Sonnen halten; wie ſie demſelbi-
gen der Sonnen in der That zum
ſchmauchen präſentiren/ wann ſie
Wind-ſtilles Wetter/ oder Regen/
oder auch hellen Himmel verlangen.
Sie machen ſich Gewiſſen/ zu Anfang
des Sommers ſich zu Baden/oder von
den neuen Früchten zu eſſen/ wann ſie
ihn nicht zuvor gedanket haben. Selbiges aber geſchiehet auf nachfolgende
Weiſe:

Der Danß des Calumet/ welcher
bey dieſen Völckern ſehr berühmt iſt/
wird nur um erheblicher Urſachen willen gehalten: dann bisweilen geſchiehet es zu Beſtättigung des Friedens/
oder der Verbündnis einen groſſen
Krieg zu führen; bisweilen zu Bezeugung offentlicher allgemeiner Freude;
bisweilen geſchiehet es einer andern
Nation/ ſo hierzu beſonders eingeladen

den wird / zu Ehren; unterweilen wird
selber auch bey Empfahung einiger ansehnlichen vornehmen Person angestel-
let / gleich als ob sie selbiger zur Lust
und Zeitvertreibung ein Ballett oder
Schauspiel halten wolten.   Winters-
Zeit geschiehet solches in einer Hütten/
Sommers-Zeit aber in freyem Felde.   Alsdann / wann ein Ort hierzu
erwehlet worden / wird er um und um
mit Bäumen umgeben / damit jeder
sich unter derer Schatten für der Sonnen Hitze verdecken könne. Mitten auf
dem Platze wird eine grosse aus Binsen geflochtene Bund-färbige Decken
aufgebreitet/ auf welche / gleichsam als
auf eine Tapezeren/ der Abgott des jenigen / welcher den Tantz angestellet/
mit Ehrerbietung gesetzet wird: ein jeder aber hat einen eignen Abgott / welchen sie ihren Maniton nennen / und
selber ist entweder eine Schlange / oder
ein Stein / oder irgend was dergleichen / wovon ihnen schlaffende geträu-
met hat; auf diesen setzen sie ihr gantzes
Vertrauen und Hoffnung in ihren

R 5   Krie-

Kriegen/ Fischereyen und Jagten; nahe bey diesem Maniton/ und zwar zu seiner rechten Hand wird der Calumet/
dem zu Ehren das Fest gehalten wird/
geleget / und rings herum wird gleichsam ein Sieges-Zeichen aufgerichtet/
und die Waffen/ welcher die Soldaten
dieser Nationen sich gebrauchen / als
da sind Streitkolben / Streit-Aerte/
Bogen / Köcher und Pfeile / aufge-
hencket.

Wann auf solche Weise alles zube-
reitet ist / und die bestimmete Zeit an-
bricht / so stellen sich die jenigen / so zu
Singen bestellet worden/ an den vornehmsten Ort/ auf diesem Platze/ unter
den Schatten der Bäume: hierzu aber
werden so wol von Männern als Weibern die jenigen erkieset / so die helleften
Stimmen haben; welche auch einan-
der wol einzustimmen wissen. Hernach
setzet sich jederman rings herum in den
Schatten. Doch muß ein jeglicher/
wann er ankommt/ den Maniton auf
folgende Weise grüssen/ indem er Taback schmauchende hinzu gehet/ und ihn
mit

mit dem Rauch anbläset / gleich als ob
er ihm räucherte: Nach diesem stellet
sich der jenige / welcher den Dantz anfangen soll / mitten auf den Platz / gehet
dann mit Ehrerbietung hinzu / und
nimmt den Calumet / hält ihn zwischen
beyden Händen / und lässet ihn nach der
Cadantz des dazu gesungenen Liedes
dantzen; er machet allerhand Figuren
damit; bald zeiget er ihn der gantzen
Versammlung / und kehret sich mit
ihm von einer Seiten zur andern / bald
kehret er ihn gegen die Sonne / als ob
er ihr damit zu schmauchen reichen wolte; bald hält er ihn niederwärts gegen
die Erde; zuweilen zerret er ihm die
Flügel aus einander / als ob er fliegen
solte / dann hält er ihn an den Mund
der Umstehenden / daß sie daraus
schmauchen sollen / alles nach dem
Tact und Cadentz der Lieder: und dieses ist gleichsam der erste Auszug in diesem Ballet.

Der andere Auszug bestehet in einem Gesechte / so nach dem Klang einer
Art Trommeln geschiehet / diese Trom-

meln

meln werden entweder alleine geschla-
gen/ oder auch wol zugleich in die Lieder
gespielet/ und stimmen beyde wol zusammen. Wann dieses Gefechte angehen soll/ so giebet der Tänzer einem unter denen Krieges-Leuten ein Zeichen/
daß er kommen/ die Waffen/ so auf der
Decken ligen/ ergreiffen/ und sich mit
ihm herum schlagen solle: alsbald gehet
dieser hinzu/ nimmt Bogen/Pfeile und
Streit-Axt/ und lässet sich mit dem an-
dern/ welcher kein ander Gewehr als
den Calumet hat/in einen Zweykampff
ein. Dieses ist sehr anmuthig zu sehen/
zumal weil alles nach dem Tackt geschiehet; dieser greifft an/ der andere
schützet sich; der schlägt von sich/ der
andere nimmt den Streich aus; einer
weicht zurück/der andere setzt ihm nach/
bald setzt jener wieder frisch an/ und
treibet seinen Feind hinter sich; welches
alles so künstlich nach der Mensur und
gemessenen Klange der Stimmen und
Trommel geschiehet/ daß man es in
Franckreich selbst für eine zierliche En-
tree eines Ballets würde müssen passi-
ren lassen.

Der

Der dritte Aufzug beſtehet in einer
weitläuffigen Rede/ſo der/welcher den
Calumet hat / zu halten pfleget : denn
nachdem der Kampff ohn alles Blut-
vergieſſen geendiget worden / erzehlet
er die Schlachten/in welchen er mit geweſen iſt/ die Siege/ſo er erfochten/ er
nennet die Völcker / ſo geſchlagen worden / die Oerter / wo ſolches geſchehen/
die Gefangenen/ſo er bekommen; u.ſ.f.
worauf der jenige/welcher bey dieſem
Tantz präſidiret / ihm zum Preiſe ein
ſchönes Kleid von Bieberfellen / oder
ſonſt was anders verehret : Wann er
dieſes nun empfangen / überreicht er
den Calumet einem andern; dieſer gibt
ihn denn dem dritten / und der ferner
einem andern / bis daß alle ihre Pflicht
gethan haben / alsdenn ſchencket der
Präſident den Calumet der Nation/
welche zu dieſem Feſt eingeladen wor-
den/zur Bezeugung/daß zwiſchen beyden Völckern ein ewiger Friede ſey.

Zu Ende des Brachmonats nahmen wir von unſern Illinoſen Ab-
ſchied/ und traten ohngefehr um 3. Uhr

Nach

Nachmittag/ im Angesicht des gantzen
Volckes/ so sich über unsere kleine Käh-
ne/ dergleichen sie vorhin niemals gese-
hen/ verwunderte/ zu Schiffe.

Wir fuhren den Strom des
Flusses Pekitanoni / welcher von
Nord-Westen kommende / sich in den
Mississipy ergeust/ hinab/ von welchem
ich / wann ich zuvorher erzehlet haben
werde/ was ich auf diesem Flusse ange-
mercket habe / etwas sonderliches melden will.

Als wir an zimlich hohen Felsen hin
fuhren/ fand ich ein Kraut / so mir sehr
seltzam vorkame; seine Wurtzeln sind
wie kleine Rüblein/ so an kleinen Faden
aneinander hangen ; und wie gelbe
Möhren schmecken; aus dieser Wurtzel kommt ein Blat einer Hand breit/
und eines Fingers dicke/ mit Flecken be-
sprenget / mitten aus diesem Blate
wachsen andere Blätter/ welche alle gestaltet seyn wie Leuchter-Tillen / worauf wir auf unsern Sälen die Liechter
zu stecken pflegen ; und jedes solches
Blat träget fünff oder sechs gelbe Blumen wie Schellen. Wir

Wir traffen auch ein Hauffen Maul-Beere an/die ſo groß waren als die in Franckreich: wie auch eine kleine Frucht/ welche wir Anfangs für Oliven hielten; ſie ſchmeckte aber wie Pomerantzen; und eine andere Frucht/ welche ſo groß/als ein Hüner-Ey war/ als wir ſie zerſchnitten/ hatte zwey Fächer/ in derer jedem acht bis zehn Kerne verſchloſſen waren/ ſie ſehen aus wie Mandel-Kerne/ und ſind ſehr gut/ wann ſie reiff ſind; da doch der Baum/ auf welchem ſie wachſen/ ſehr übel riecht/ und ſeine Blätter ſehen dem Nußlaub ähnlich. Man findet auch auf den Wieſen eine Frucht/ ſo den Haſel-Nüſſen ähnlich/ aber viel zärter iſt; die Blätter dieſes Gewächſes ſind ſehr groß/ und wachſen auf einem Stengel/ auf welchem oben ein Kopff iſt gleich einer Sonnen-Blume/ in welchem dieſe Nüßlein ſehr artig an einander geſetzt ſind: ſie ſind beydes rohe und gekocht ſehr gut zu eſſen.

Als wir an dieſen Stein-Felſen/ die ſowol wegen ihrer Höhe als weiten

Si t

Streckung grauſam zu ſehen ſeyn/ hin=
fuhren/ wurden wir auf einem dieſer
Felſen/ zweyer gemahleter Ungeheuer
gewahr/ welche uns erſtlich ein Schre=
cken einjageten/ und welche auch die
Allerbeherztteſten unter denen Wilden
lange anzuſchauen/ ſich nicht unterſte=
hen. Sie ſind ſo groß wie ein Kalb/ ha=
ben Hörner am Kopffe wie die Ziegen/
entſetzliches Anſehens/ rothe Augen/ei=
nen Barth wie ein Tyger/ ein Ange=
ſicht/ ſo faſt einem Menſchlichen gleich
ſihet/ einen mit Schuppen bedeckten
Leib/ und einen ſo langen Schwantz/
daß er um den gantzen Leib herum rei=
chet/ indem er über dem Kopffe herum
gehet/ und ſich zwiſchen den Beinen
wieder hindurch ſchläget/ da er zuletzt
ſich in Geſtalt eines Fiſchſchwantzes en=
digt/ von Farben iſt er grün/ roth und
ſchwartz. Im übrigen ſind dieſe zwey
Ungeheuer ſo wol gemahlet/ daß es un=
glaublich ſcheinet/ daß einiger Wilder
ſelbige ſolle gemacht haben/ ſintemal es
den beſten Mahlern in Frankreich zu
ſchaffen geben ſolte/ es ſo gut zu ma=
chen:

hen: und über dieses stehen sie so hoch,
n der Höhe des Felsens/daß schwerlich
in Mahler solche Höhe füglich errei-
ben solte.

Als wir uns noch dieser gemahleten
Wunder halber mit einander unterredeten / und auf gantz hellem und stillem
Wasser dahin ruderten / höreten wir
das Rauschen eines Wasser-Falls/auf
welchen wir zuschiffeten: Ich muß gestehen / daß ich mein Tage nichts er-
schröcklichers gesehen; denn es stürtzten
sich eine Menge in einander verwickelt-
und verwirreter grosser Bäume/
Baum-Aeste und schwimmender kleiner Insulen mit so grausamer Unge-
stümmigkeit aus dem Munde des Pekitanoni / daß man sich ohne höchste
Gefahr hindurch zu fahren nicht unterstehen dorffte: wie dann das Wasser
von der hefftigen Bewegung stets
gantz dicke und trübe ist. Pekitanoni
ist ein ansehnlicher Fluß / welcher ferne
aus dem Nord-Westen herfleust / und
sich in den Mississippy ergeust; längst
hin an diesem Flusse ligen viel Flecken
derer

derer Wilden/und ich hoffe vermittelst
desselben das Mare Vermeille oder
den Golff von California zu entdecken.

Wir kunten aus dem Lauff Strich/
so der Fluß Mississipp hält/ leicht ur-
theilen/ daß wann er seinen Lauff allezeit so fort strecket/ er sich in den Mexicanischen Golff ergiesse. Es würde einen grossen Vortheil geben/ so man einen Fluß/ welcher in die Süder-See/
gegen Californien zu gehet/ finden könte: welches ich/ wie itzt gedacht/ durch
den Fluß Pekitanoni zu erhalten hoffe;
denn aus dem/ was mir die Wilden
gesagt haben/ vernehme ich/ daß so
man diesen Fluß fünff oder sechs Tag-
reisen aufwarts gehet/ man ein schönes
flaches Feld/ zwantzig bis dreyssig
Französische Meilen lang/ antreffe/
welches man Nord - West - warts
zwerch ein gehen müsse: Dann treffe
man einen kleinen Fluß an/ auf welchem man müsse zu Schiffe gehen;
massen die Kähne gar leicht über ein
so schönes Feld können getragen werden.

Dieser

Dieser letztere Fluß laufft gegen
Sud-Westen/ zehen oder fünffzehen
Französische Meilen lang/ alsdenn fället er in einen kleinen See/ aus welchem ein anderer tieffer Fluß entsprin-
get/ so gegen Westen laufft und sich ins
Meer ergeust. Ich zweiffle nicht/ daß
dieses Meer nicht das Meer Vermeille
seyn solle/ und hoffe solches dermaleinst
mit GOttes Hülffe/ und dafern ich gesund verbleibe/ zu entdecken/ damit ich
allen in dieser Neuen Welt wohnenden Völckern/ welche so lange Zeit in
der Finsternis des Unglaubens geste-
cket haben/ das Evangelium verkündigen möge. Wir wollen aber itzo weiter
erzehlen/ wie wir/ nachdem wir/ so gut
wir gekonnt/ der Gefahr von dem
Strudel verschlungen zu werden ent-
gangen/ unsere Reise weiter fortgese-
tzet haben.

Nachdem wir ohngefehr zwantzig
Französischer Meilen gegen Süden/
und etwas weniger gegen Sud-Ost
geschiffet hatten/ kamen wir zu einem
Flusse Uabuskigou genannt/ dessen
Mund

Mund unter dem 36. Grad Norder⸗
Breite liget. Ehe wir aber bey ſelbem
anlangeten / muſten wir durch einen
Ort / für welchem ſich die Wilden heff⸗
tig fürchten / weil ſie dafür halten / daß
daſelbſt ein Manitou oder Teuffel ſich
aufhalte / welcher die Durchreiſende
freſſe: und eben hiermit wolten uns die⸗
jenige von unſerem Vorhaben abſchre⸗
cken / welche uns die Reiſe widerrie⸗
then. Dieſer Teuffel aber iſt nichts an⸗
ders / als eine kleine Zunge etlicher Fel⸗
ſen / zwantzig Schuh hoch / auf welché
der gantze Strom des Fluſſes ſtöſſet /
und wieder zurück dem folgenden
Waſſer entgegen geſchlagen wird /
welches / indem es durch eine nahe da⸗
bey ligende Inſul aufgehalten / und
durch einen engen Canal zu lauffen /
gezwungen wird / verurſachet es mit
ſeinem raſenden Zuſammenſchlagen
und durch einander brudelndes Stoſ⸗
ſen / ein überaus hefftiges Getöſe / wel⸗
ches die Wilden / die ſich ohnedas für
allem fürchten / in ſo groſſes Schrecken
ſetzet; dieſes aber alles hindert die
Durch⸗

Durchfarth nicht/ massen wir glücklich
an den Fluß Uabuskigou gelangeten.
Dieser Fluß kommet aus denen gegen
Morgen gelegenen Ländern her/ wo
die Chuouanons in so grosser Menge
wohnen/ daß in einem Theil desselben
bis auf 23. und in einem andern fünffzehen Dörffer eines nahe an dem andern gezehlet werden. Diese Leute sind
keine Soldaten/ und werden von denen Iroquosen ohne alle Ursache angefallen und bekrieget/ und weil sich diese
arme Leute nicht zu wehren wissen/ lassen sie sich fangen und wie das Vieh
weg treiben/ und ungeachtet sie gantz
unschuldig sind/ müssen sie doch die
Grausamkeit derer Iroquosen/ welche
sie lebendig verbrennen/ über sich erge-
hen lassen.

Ein wenig oberhalb des itztgemelde-
ten Flusses ist ein niedriges Gebürge/
in welchem unsere Franzosen ein Eisen-
Bergwerck entdecket haben/ welches
sie für sehr gediegen halten.

Es streichen daselbst viel Adern/und
ein Bette eines Schuhes hoch: man
findet

findet allda groſſe Stücker mit Kiſel-
ſteinen vermenget / man findet daſelbſt
ein fettes Erdreich von dreyerley Farben / nemlich purpurfärbig / violenblau /
und roth / das Waſſer / worinnen man
ſie wäſchet / wird bluthroth. Es hat auch
einen rothen ſehr ſchweren Sand allda / ich thät davon etwas auf ein Ruder / welches ſich ſo ſehr davon färbete /
daß innerhalb fünffzehen Tagen / ſo
lang ich es zum ſchiffen brauchete / ſolche
Farbe durch das Waſſer nicht ausge-
bracht werden konnte.

Allhier ſahen wir auch zum erſten-
mal von dem groſſen Schilff oder
Rohr / ſo an den Uffern der Flüſſe
wächſet: ſelbes hat eine ſehr annehmli-
che grüne Farbe / jeder Knote iſt rings
um mit langen ſchmalen und zugeſpitz-
ten Blättern umſetzet; ſolches Rohr iſt
ſehr hoch / und ſo häuffig / daß die wilden Ochſen kaum hindurch zu kommen
vermögen.

Bisher hatten wir noch keine Ungelegenheit von denen Maringouins gehabt / aber nun kamen wir gleichſam in
ihr

ihr Land. Die Wilden dieser Gegend
schützen sich auf folgende Weise für ihnen; sie machen ein Gerüste von blossen Stecken/ welches dahero wenig befestiget und gantz offen ist/ damit der
Rauch von dem darunter gemachten
Feuer hindurch streichen könne/ und
dieses Ungezifer/ so selben nicht vertragen kan/ verjage: auf diese Stecken le-
get man sich/ unter aufgebreitete Rin-
den/so den Regen abhalten; dieses Gerüste dienet auch wider die unmässige
und fast unerträgliche Hitze dieser Län-
der/ denn man setzet sich in Schatten
des unteren Stockwercks/ allwo man
für den Sonnenstrahlen verdecket ist/
und geniesset der Lufft/ so ungehindert
durch solches Gerüste hindurch streichen kan.

Aus eben der Ursache wurden wir
genöthiget eine Art einer Hütten aus
unsern Segeln auf dem Wasser zu
machen/ damit wir uns für den Ma-
ringoüins/ und für den Sonnenstrahlen bedecken konnten. Als wir nun
in solchem Stande uns das Wasser
treiben

treiben lieſſen / wurden wir auf dem
Lande einiger Wilden gewahr / ſo mit
ihren Röhren unſer erwarteten : Ich
zeigete ihnen unſern mit Federn gezie-
reten Calumet / indeſſen ſich unſere
Franzoſen zur Gegenwehr rüſteten /
und loß zu brennen ſich fertig hielten/
ſo bald die Wilden zu erſt Feuer geben
würden.   Ich rieff ihnen in Huroni-
ſcher Sprache zu / ſie gaben mir aber
nicht ein einiges Wort Antwort/ woraus ich vermuthete / daß ſie uns den
Krieg ankündigten: allein ſie fürchteten ſich ja ſo ſehr als wir / und was wir
für ein Zeichen des Krieges hielten/
war eine Einladung zu ihnen zu kom-
men/ und mit ihnen zu eſſen. Wir lan-
deten derowegen an/ und giengen in ihre Hütten / wo ſie uns wild Ochſen-
Fleiſch und Bären-Schmaltz fürſetz-
ten/wie auch weiſſe Pflaumen/ ſo überaus gut waren; ihre Gewehre ſind
Feuer-Röhre /   Streit-Aexte und
Beihel/ ſie haben Meſſer/Glaß-Coral-
len/und dicke gläſerne Flaſchen/ worinnen ſie ihr Pulver halten: ſie tragen
lange

ange Haare / und zeichnen sich wie die
Jroquosen: der Weiber Kleider und
Hauben sind eben so wie bey denen
Huronen: sie sagten uns für gewiß daß
s nur noch zehen Tagreisen bis ans
Meer wären: daß sie ihre Wahren
von denen Europäern gegen Morgen
rhandelten: daß diese Europäer Bil=
er und Rosenkräntze hätten / daß sie
auf Justrumenten spieleten / daß unter
denenselben einige so gestaltet wären
wie ich / und daß sie bey denselben gern
gesehen wären: allein ich spührte gleich=
wol unter ihnen niemand der nur im
wenigsten in Glaubens=Sachen wäre
unterwiesen worden: ich thät dißfalls
bey ihnen so viel als ich konnte / und
theilete einige Medaillen unter sie
aus.

Auf erhaltene Nachricht schöpffeten
wir frischen Muth / und griffen aufs
neue begierig nach den Rudern: im
fortfahren sahen wir nicht mehr so
viel Wiesen / weil beyde Ufer des Flus=
ses mit hohem Holtze bewachsen sind;

S   Die

Die Ulmen-Bäume / Baumwollen-
Bäume / und das weiſe Holtz können
ihrer Dicke und Höhe halber nicht ſon-
der Verwunderung angeſehen werden / wiewol wir urtheileten / daß die
Wieſen nit weit ſeyn müſten / weil wir
die wilden Ochſen in groſſer Menge bul-
len höreten. Wir ſahen auch am Uffer
des Fluſſes Wachteln : und ſchoſſen
einen kleinen Papagey / deſſen Kopff
halb roth und halb gelbe war / inglei-
chen war der Halß gelbe und der übrige gantze Leib grüne.

Nachdem wir nun alſo ſtets Sud-
warts gefahren und faſt bis 33. Grad
Norder-Breite kommen waren / wurden wir am Uffer des Waſſers eines
Fleckens mit Namen Mitchigamea
gewahr: nahmen derowegen unſere
Zuflucht zu unſerer Patronin und Ge-
leitsmännin / der heiligen unbefleckten
Jungfrauen / wie wir denn ihres Bey-
ſtandes auch höchſt nöthig hatten.
Dann wir höreten ſchon von weitem
wie die Wilden einander durch un-
aufhörliches Zuſchreien zum Streit
anfri-

anfriſcheten. Ihre Waffen waren
Bogen/ Pfeile/ Streit-Kolben/ Aexte
und Schilde / mit welchen ſie ſich / uns
zu Waſſer und Land anzugreiffen /
rüſteten ;: maſſen ein Theil derſelben
in groſſe höltzerne Kähne ſich einſchiffe-
ten / und ſo wol den Fluß aufwarts
als unterwarts giengen/uns den Weg
abzuſchneiden / und allenthalben einzu-
ſchlieſſen. Die andern ſo am Lande
blieben waren / lieffen zu und ab / als
ob ſie den Streit anfangen wolten.
Inſonderheit ſprungen zwey junge
Kerle ins Waſſer / und ſchwummen
auf meinen Kahn loß/ um ſich deſſelben
zu bemächtigen / weil aber der Strom
ſie zwang wieder nach dem Lande zu
ſchwimmen / warff der eine ſeinen
Streit-Kolben nach uns/ welcher aber
über uns hinflog und uns nicht berüh-
rete. Ich zeigte ihnen zwar den Calumet / und gab ihnen mit Geberden zu
verſtehen / daß wir nicht als Feinde
kämen/ oder was feindliches im Sinne
hätten / nichts deſto weniger währete

S 2　　　der

der Tummult immer fort / und war
eben an dem / daß man uns von allen
Seiten her mit Pfeilen zu durchschies-
sen dräuete / als GOTT plötzlich
das Hertze der Alten / so am Uffer des
Wassers stunden / rührete / Zweiffels
ohn weil sie den Calumet / den sie von
ferne nicht erkennen können / endlich
gesehen / weil ich ihn stets vorzeigete:
Diese besänfftigten die erhitzte Jugend / und zweene von ihnen / nachdem
sie ihre Bogen und Streit-Kolben in
unsere Kähne und gleichsam zu unsern
Füssen geworffen / und uns also versi-
chert / daß wir nichts zu fürchten hätten / kamen zu uns auf unser Schiff /
und liessen es ans Land bringen / da
wir nicht sonder Furchte ausstiegen.
Wir redeten Anfangs mit einander
durch Gebärden / weil nicht ein einiger verhanden war / welcher von denen
sechs Sprachen / so ich reden kunte /
etwas verstanden hatte: endlich fand
sich ein alter Greiß / welcher ein wenig
Illinosisch reden konnte: wir gaben
ihnen

ihnen durch unsere Geschencke zu erkennen / daß unser Vorhaben wäre/
nach dem Meere zu reisen; diesen unsern Vortrag verstunden sie alsbald:
Ich weiß aber nicht ob sie auch das/
was ich ihnen von GOTT und von
ihrer Seeligkeit vorsagte / haben fas-
sen können: es ist zum wenigsten ein
auf die Erden gestreueter Saame/
welcher zu seiner Zeit Frucht zu bringen nicht ermangeln wird.   Wir erhielten keine andere Antwort/ als daß
wir von allem dem / wornach wir fragten / in einem grossen Flecken Aranisca
genannt/ welcher noch acht oder zehen
Frantzösische Meilen den Fluß hinab
gelegen ist / sattsame Nachricht bekommen würden.   Sie setzten uns hierauf
Sagamite und Fische vor / und nach
vollbrachter Mahlzeit brachten wir
die Nacht in zimlicher Unruhe bey ihnen zu.

Des folgenden Tages giengen wir
gantz frühe wieder mit unserm Dolmetscher zu Schiffe/ und sechs Wilde

S 3   fuhren

ſuhren auf einem andern Kahne nicht
altzuweit vor uns her.   Als wir auf
eine halbe Franzöſiſche Meile dem
Flecken Aramſca genähert waren/
ſahen wir zwey Kähne gegen uns herwarts gefahren kommen; Der Vornehmſte auf ſelben/ ſtunde aufgerichts/
und hatte mit dem in der Hand hal-
tenden Calumet nach Landes Gewonheit allerley Gauckeley vor: Er ſang/
indem er an unſer Schiff anlegte/
gantz anmuthig/ reichte uns zugleich in
ſeinem Calumet zu ſchmauchen/ und
gab uns Sagamite und Brod von
Indianiſchem Korn gemacht/ wovon
wir ein wenig aſſen ; hierauf ſuhr er
ein wenig voraus/ und winckte uns/
daß wir gemächlich hernach kommen
ſolten.   Man hatte uns auf ihres
Feld Hauptmanns Gerüſte/ welches
gar artig gebauet/ und mit hübſchen
aus Sembden geflochtenen Matten
bedecket war/ und auf welche man uns
ſitzen ließ/ einen Platz eingeräumet;
wir hatten rings um uns die Alten/

nächſt

nächst diesem waren die wehrhaffte
Männer / und hinter diesen der gantze
Hauffe des Volckes. Wir traffen
alldar zu unserm Glücke einen jungen
Menschen an / welcher die Illinosische
Sprache weit besser als unser von
Mitchigamea mitgebrachte Dolmet=
scher verstunde; und durch seine Hülffe
redete ich alsobald durch die gewönli=
chen Geschencke diese gantze Versamm=
lung an: sie wunderten sich über dem /
was ich ihnen von GOTT und de=
nen Geheimnussen unsers heiligen
Glaubens sagte / und bezeigeten ein
grosses Verlangen uns bey sich zu be=
halten / damit wir sie unterweisen
möchten.

Hierauf erkundigten wir uns / ob
sie uns einige Nachricht von dem
Meer zu geben wüsten / und erfuhren /
daß wir mehr nicht als zehen Tag=
Reisen davon entfernet wären / wel=
che wir wol in fünff Tagen würden
haben verrichten können: Es sey ihnen
nicht wissend / was für Volck an sel=

bem

ben wohne / weil ihre Feinde ſie verhinderten mit denen Europäern zu
handeln: die Aexte / Meſſer / und dergleichen / was wir bey ihnen ſehen /
würden ihnen theils von denen gegen
Oſten wohnenden Völckern verkaufft /
theils bekämen ſie ſie aus einem Flecken der Illinoſen / ſo auf vier Tage-
Reiſen weit gegen Weſten gelegen
wäre. Die mit den Feuer-Röhren
gewaffnete Wilden / ſo uns aufgeſtoſ-
ſen waren / wären ihre Feinde / welche
ihnen den Weg nach dem Meer ver-
ſperreten / und ſie verhinderten mit den
Europäern Bekanntſchäfft oder einige Gemeinſchafft zu pflegen: wir würden im übrigen uns in groſſe Gefahr
begeben / wo wir weiter fort reiſeten /
weil ihre Feinde unabläſſig auf dem
Fluſſe kreutzeten.

Zeit währender ſolcher Unterredung trug man uns ſtets in groſſen
hölzernen Schüſſeln Eſſen auf; bald
Sagamite / bald gantzes Korn / bald
ein Stück von einem Hund: ſo daß der
gantze

gantze Tag mit dergleichen Festinen zu-
bracht wurde.

Es ist dieses Volck aufwartsam
und freygebig genug / von dem jenigen
was sie haben; allein sie müssen sich
schlecht und fast elend behelffen / weil
sie sich für ihren Feinden nicht auf die
Jagt der wilden Ochsen wagen dörffen. Jedoch haben sie das Indianische Korn in Überfluß / welches sie
durchs gantze Jahr säen; wie wir
denn sahen daß dasselbe eines Theils
reiffete / das andere schossete / wieder
anders in der Milch stand / so daß sie
des Jahrs dreymahl säen; sie lassen
dasselbe in grossen erdenen wol formir-
ten Töpffen kochen : sie haben auch
Teller von gebrannter Erde / welche
sie zu vielen Sachen brauchen. Die
Männer gehen nacket / tragen kurtze
Haar / und haben die Ohren und
Nasen durchbohret / um selbe mit
Schmeltz-Corallen zu zieren. Die
Weiber gehen in liederlichen Fellen
gekleidet/ sie haben ihre Haare in zwey

S 5 Zöpffe

Zöpffe geflochten / welche sie hinter die
Ohren legen / und haben nichts son-
derlichs sich damit zu schmücken. Ihre Gast-Mahle werden ohne einiges
Gepränge gehalten : sie setzen denen
Eingeladenen grosse Schüsseln vor/
davon ein jeder nach Wolgefallen
nimmt / und das übrige dem andern
giebet. Ihre Sprache ist sehr schwer/
so daß ich nicht ein einiges Wörtlein
recht auszusprechen / zuwege bringen
konnte / wie sehr ich mich auch bemühete. Ihre Hütten / so aus Baum-
Rinden gebauet sind / sind lang und
geraum; sie ligen an den beyden Enden
derselben / auf einer zwey Schuh hoch
erhabenen Banck von Erden; in solchen Hütten verwahren sie ihr Geträi-
de / in grossen aus Rohr geflochtenen
Körben / oder dicken Stöcken / gleich
halben Fässern.

Sie wissen von den Biebern
nichts: ihr gantzer Reichthum bestehet
in wild Ochsen-Fellen: es schneyet bey
ihnen niemals / und machet allein der
Regen

Regen den Unterscheid des Winters
und Sommers/ weil es in jenem öffter
regnet als in diesem.   Wir haben bey
ihnen keine andere Frucht als Wasser-
Melonen gessen : sie würden aber allerley Gattung Früchte haben/ wenn sie
das Erdreich zu bauen wüsten.

Des Abends hielten die Alten
Geheimen Rath/ über dem Anschlage/
den einige hatten uns die Hälse zu brechen und uns zu berauen : allein ihr
Ober-Haupt unterbrach alle diese be-
drauliche Rathschläge; er ließ uns ruffen zum Zeichen vollkommener Sicher-
heit/ er tantzte für uns den Calumet
auf oben beschriebene Weise/ und damit er uns alle Furcht benehme/ be-
schenckte er mich mit demselben.

Ich und Herr Joliet hielten gleichfalls Rath/ was uns weiter zu thun
wäre / ob wir nemlich weiter gehen
wolten / oder ob wir mit dem / was wir
bishero entdecket hatten / uns vergnügen solten.

S 6   Nach-

Nachdem wir nun reifflich
erwogen / daß wir nicht mehr
weit vom Mexicaniſchen Meer-
buſen entfernet; und weil deſſelben nordliches Uffer unter dem
31. Grad 40. Minuten Norder
Breite läge/ wir ſchwerlich mehr
als zwey oder drey Tag-Reiſen
an denſelben haben könnten / ſo
daß der Fluß Miſſ-ſipy ſich ſon-
der einigen Zweiffel in der Landſchafft Florida in den Mexicaniſchen Meer-Buſen/ und keines
Weges Oſtwarts in Virginien
ſich ergieſſe/ weil das alldortige
See-Geſtaade unter dem 34.
Grad liget / welche Höhe wir bereits überſchritten / ungeachtet
wir noch kein Meer angetroffen
hatten.   Viel weniger könne er
gegen Weſten ins Californiſche
Meer flieſen / ſonſt hätten wir
müſſen unſern Strich Weſt oder

Weſt-

West=Sud=West halten / anstatt
das wir jederzeit gegen Süden
gefahren sind. Wir überlegten
ferner / daß wann wir weiter
giengen/ diese unsere Reise nicht
zu Nutz kommen dörffte indem
wir von selber keine Nachricht
würden ertheilen können / wenn
wir denen Spaniern in die Hände geriethen/ als welche uns zum
wenigsten bey sich gefangen halten würden. Uber dieses sahen
wir gar wol / daß wir keines Weges in dem Zustande wären/ daß
wir denen Wilden / so mit denen
Europäern in Bündnis stehen /
genugsam widerstehen könnten/
als derer sehr viel an der Zahl ist/
die mit Feuerröhren wol umzugehen wissen/und diesen Fluß gegen
seinem Ausfluß mit ihren Streif-
fereyen gantz unsicher machen:
Und endlich hatten wir sattsame
Kund=

Kundschafft von allem dem was
man von dieser Entdeckung wün-
schen könnte/eingeholet. Wurden
derowegen schlüssig wieder zurücke zu kehren / welchen unsern
Schluß wir denen Wilden entde-
ckefen/ und uns/ nachdem wir einen Tag ausgeruhet / zu solcher
Ruck-Reise schicketen.

Nachdem wir nun erzehlter
massen einen gantzen Monat
lang den Fluß Mississipy vom
24. Grad Norder Breite bis auf
den 34. und drüber abwarts ge-
schiffet/ und ich das Evangelium
so viel ich gekönnet / denen uns
Aufgestossen Völckern verkündi-
get hatte/reiseten wir am 17. Julii wieder von dem Flecken Akam-
sea ab / unsern Weg rückwarts
nehmende.   Schifften derowegen den Fluß Mississipy wieder
aufwarts/ welcher uns mit seinem

seinem strengen Strome viel zu
schaffen machte; wir verliessen
aber denselben/ als wir gegen den
38. Grad kamen / und fuhren in
einen andern Fluß / welcher uns
den Weg sehr verkürtzete/ und
uns ohne Mühe in den See der
Illinosen brachte.

Wir haben auf dieser gantzen
Reise nichts gesehen/ was mit diesem letzt-gedachten Flusse wegen
Fruchtbarkeit des Bodens/ der
schönen Wiesen und Wälder/ der
Menge wilder Ochsen/ Hirsche/
wilden Böcke / wilden Katzen/
Trappen / Schwanen / Antvögel / Papageyen / und sonderlich der Bieber; weil es in selber Gegend sehr viel kleine
Seen und Flüßlein giebet / zu
vergleichen wäre. Itzt-gedachter Fluß / worauf wir schiffeten / ist breit und tief/ und fliesset
bis

bis fünff und ſechzig Franzöſiſche
Meilen lang gantz ſtille: im Frühlinge und einem Theil des Sommers hat man mehr nicht als eine halbe Frantzöſiſche Meile die
Kähne überzutragen. Wir traffen allda einen Marckflecken der
Illinoſen an / Namens Kuilka/
welcher in vier und ſiebentzig
Hütten beſtunde: Dieſe nahmen
uns ſehr freundlich auf / und nöthigten mich / daß ich ihnen wieder zukommen und ſie zu unterweiſen verſprechen muſte.

Einer ihrer Hauptleute mit
ihrer jungen Mannſchafft begleiteten uns bis an den See der Illinoſen / auf welchem wir endlich
in den ſtinckenden See-Buſem/
daraus wir zu Anfang des Monats Junii ausgefahren waren/
zu Ende des Septembers ankamen.

Wann

Wann mit dieser gantzen
Reise mehr nicht als die Seeligkeit einer einigen Seele wäre gewonnen worden / schätzte ich alle
meine Mühe sehr wol belohnet zu
seyn / welches geschehen zu seyn
ich gäntzlich glaube. Dann in unserer Ruckreise zogen wir bey denen Jllinosen zu Perovacca durch
allwo ich mich drey Tage aufhielt / und ihnen die Geheimnisse
unsers Glaubens in allen ihren
Hütten vortrug / worauf / als
wir gleich zu Schiffe tretten wolten / man mir an das Uffer des
Wassers ein sterbendes Kind
brachte/welches ich aus sonderba-
rer Versehung GOttes zur Se-
ligkeit dieser unschuldigen Seele/
noch kurtz vorher ehe es starb/
tauffete.